当马克思遇见新时代

祝和军◎著

中国人民大学出版社
· 北京 ·

图书在版编目（CIP）数据

当马克思遇见新时代/祝和军著. --北京：中国人民大学出版社，2021.7
ISBN 978-7-300-29494-0

Ⅰ.①当… Ⅱ.①祝… Ⅲ.①马克思主义-发展-研究-中国 Ⅳ.①D61

中国版本图书馆 CIP 数据核字（2021）第 111688 号

当马克思遇见新时代
祝和军　著
Dang Makesi Yujian Xinshidai

出版发行	中国人民大学出版社		
社　　址	北京中关村大街 31 号	**邮政编码**	100080
电　　话	010－62511242（总编室）		010－62511770（质管部）
	010－82501766（邮购部）		010－62514148（门市部）
	010－62515195（发行公司）		010－62515275（盗版举报）
网　　址	http://www.crup.com.cn		
经　　销	新华书店		
印　　刷	北京宏伟双华印刷有限公司		
规　　格	148 mm×210 mm　32 开本	**版　　次**	2021 年 7 月第 1 版
印　　张	10 插页 2	**印　　次**	2021 年 7 月第 1 次印刷
字　　数	205 000	**定　　价**	65.00 元

序

何中华*

祝和军先生的新作《当马克思遇见新时代》一书（以下简称“祝著”），近期即将付梓，作者嘱我为之作序。盛情难却，只好应命。

在我看来，哲学与时代的勾连，其内在的可能性，既取决于何种哲学，也取决于何种时代。因此，哲学回应时代质询，从而显示其“实践能力的明证”，是需要条件的。单纯从哲学本身的角度看，这种条件既包括哲学是否具有向现实敞开自身的内在诉求，也包括我们对待哲学的态度是否恰当。这是因为，即使是一种内在地把握住了自己时代的哲学，倘若为人所误读，其亲近时代的优点也将被遮蔽。

马克思主义哲学的高明之处在于，向时代敞开自身不再是一种囿于一厢情愿的主观诉求，而是变成了一种客观的必然性。关键在于，马克思主义哲学做到这一点，究竟是靠什么来得以保证的？由此就不能不追溯到马克思在哲学的原初基础上所实现的那

---

* 山东大学哲学与社会发展学院教授、博士生导师。

场脱胎换骨式的革命性变革。当马克思把人的感性活动亦即实践作为初始范畴加以奠基时，其整个哲学就已然获得了向时代敞开自身的内在必然性。人们只要认同并接受这一哲学立场，就必须以其自身的“此在”性与置身其中的时代相遇。马克思之所以“首先是一个革命家”（恩格斯语），其哲学理由也正在于此。马克思的这一“革命家”的角色，归根到底乃是出于其特有的哲学立场的要求，而非出于个人的偏好。所以，在马克思那里，“实践的唯物主义者”同“共产主义者”不过是同义词。对于马克思来说，哲学家与革命家的双重角色，原本就是无法剥离开来的。马克思意义上的哲学家角色，本然地是“此在”性的。正是这一哲学立场，确保了它所固有的实践的本性。实践范畴的原初性，为马克思主义哲学的真实的历史感和自觉的历史意识，提供了最深刻的根基。马克思说过：“历史是人的真正的自然史。”这意味着，唯有在历史中，人作为人才是如此这般地自然而然的，从而才能够本真地现身。

不仅如此，马克思一生都痛恨教条主义，更反对把自己的学说变成新的教条到处加以套用。例如，马克思坚决拒绝将其“关于西欧资本主义起源的历史概述彻底变成一般发展道路的历史哲学理论”；他自称，这样做“会给我过多的荣誉，同时也会给我过多的侮辱”。这是因为，在马克思看来，“抽象本身离开了现实的历史就没有任何价值”。因此，在一定意义上，回到历史的语境正是马克思主义哲学的活的灵魂。马克思为了避免自己的学说被教条主义地对待，甚至不接受“马克思主义者”的称谓。恩格斯同样反复强调马克思的学说只是行动的指南，而不是理论的信条。

马克思说过一句人们耳熟能详的话："任何真正的哲学都是自己时代精神的精华"。他认为，作为"文明的活的灵魂"，"人民最精致、最珍贵和看不见的精髓都集中在哲学思想里"。马克思主义哲学本身正是自己时代的产物，是时代精神的反思形式。黑格尔说："哲学是被把握在思想中的它的时代。"但对时代的把握，有消极与积极之分。并不是所有的哲学都能够同自己的时代相遇，都能够内在地切入自己的时代，不然何以会有马克思对青年黑格尔派所作的尖锐批评："这些哲学家没有一个想到要提出关于德国哲学和德国现实之间的联系问题，关于他们所作的批判和他们自身的物质环境之间的联系问题。"作为意识形态的旧哲学，是消极地反映时代的；它本身虽然也是时代的产物，但它误以为自己是与时代不相干的。马克思之前的一切旧哲学，貌似切中时代要害，实则脱离时代诉求，其产生固然也有相应的社会根源和历史基础，但其本身却并不同时代发生内在联系。德国古典哲学就是一个明显的例子。

黑格尔说："密纳发的猫头鹰要等黄昏到来，才会起飞。"这一形象的说法旨在强调哲学的反思性质。黑格尔认为："哲学就是反思。"其实，马克思承认自己的探究方法是"从后思索"，实质上就是反思。这种"从后思索"的运思方式，也就是"历史地思"。也正因此，它才能成为马克思所谓的那种"为历史服务的哲学"。我们知道，马克思特别强调："对它（指共产主义——引者注）的思维着的意识来说，又是它的被理解和被认识到的生成运动”。显然，在马克思的语境中，共产主义是有着一个反思的层面在的。但马克思哲学意义上的“反思”，绝非脱离时代精神的思辨功夫，而是即历史结果而领会历史过程，是一种强烈而自觉的历史意识。如果说黑格尔所代表的思辨传统同时代的联系是消极的，那么必须承认，马克思主义哲学同时代的联系则是积极的。马克思说得好：“哲学不是世界之外的遐想……哲学首先是通过人脑和世界相联系，然后才用双脚站在地上”。尽管哲学要通过人的大脑同世界相联系，亦即哲学是以其独特的反思方式同世界发生关系的，但它毕竟还是要“用双脚站在地上”。哲学不是游离世界之外的思辨游戏。但很遗憾，马克思之前的一切旧哲学在总体上都不过是“世界之外的遐想”，从而沦为与现实无关的玄思。这归根到底乃是因为它们不过是在那里“解释世界”。而在马克思看来，哲学的真正使命仅仅在于“改变世界”。应该说，这乃是马克思主义哲学回归现实的内在诉求之最深刻的学理依据所在。

祝著对于马克思主义哲学朝向时代的内在开放性是有着深刻领会的，不仅从学理上予以阐明，尤为难得的是，作者还能够进而结合中国古典思想，来体认马克思主义哲学的强烈时代感，这种融会贯通的视野和功夫是值得肯定的。要知道，哲学在某种意义上就是所谓求通的学问。在一定意义上，没有达观，离开通达，就无所谓哲学。张申府先生当年说得好：“我始终相信哲学最后一个目的只是一个通字。”此乃体道之言。四通八达，圆融无碍，方能真正凸显哲学的意境。哲学一旦沦为匠气十足的技巧，就将与哲学爱智的本意和初衷南辕北辙，从而不可能同哲学照面，即使看上去句句谈的都是哲学。在今天，支离日益成为学问的时尚，仿佛不如此便不是真学问。但这恰好是治学之大忌，尤以哲学为然。难怪海德格尔曾发出如此慨叹：知识发生了，而“思”却消逝了。这说明，哲学的智慧已被知识论规训窒息掉了。祝著给人的一个深刻印象，就是融会贯通。

哲学与时代的内在关联，表征为哲学对时代质询的应答。正是在这种应答中，哲学的潜在智慧被诱发并激活，变成时代的实践建构的重要变量。那么，我们所处的这个时代的问题又是什么呢？按照马克思的说法，“问题就是公开的、无畏的、左右一切个人的时代声音。问题是时代的口号，是它表现自己精神状态的最实际的呼声”。在马克思看来，“主要的困难不是答案，而是问题。因此，真正的批判要分析的不是答案，而是问题”。我认为，我们时代的问题，归根到底就在于对现代性的批判地反省。

应该说，马克思晚年提出的“跨越资本主义卡夫丁峡谷”的设想，正是一种超越现代性支配及其带来的消极后果的实践建议。它并非基于策略考量而临时得出的权宜之计；恰恰相反，它深深地植根于马克思一以贯之的历史观前提所提供的学理的可能性之中，从而具有历史观的本质意义。从某个角度说，东方国家基于自己的特有国情和历史机缘，选择并实际地走上了社会主义道路，不过是执行了马克思晚年的“政治遗嘱”罢了。新中国成立后的两个“三十年”之所以不能相互否定，一个重要原因就在于，它们共同构成东方国家跨越资本主义“卡夫丁峡谷”的两个前后相继、彼此互补的不可或缺的历史步骤。如果说前一个“三十年”主要是实现“跨越”本身，那么后一个“三十年”则主要是批判地移植马克思所说的资本主义的一切肯定的成果。这两个阶段的艰巨探索，被浓缩并积淀在了新时代中国特色社会主义的理论和实践之中。它的历史地完成，正是对现代性的实际的扬弃（它包括逻辑的和历史的双重含义）。中国特色社会主义历史实践的巨大成功，充分证明马克思的历史观以及据此提出的设想之洞见何其深邃，何其具有历史的穿透力。

马克思当年提出了避免资本主义带来的痛苦的问题，它实质上意味着如何在实现现代化的过程中免遭现代性所带来的异化。马克思关于“跨越”的设想，正是基于其整个历史观而得出的对这个问题的解答。在走向现代化的过程中，我们以自己的切身感受，深刻地意识到了这样一系列难以逃避的时代课题：在一个物质主义时代，如何保有自己的灵性，不致被遮蔽和沉沦？在一个日益现代化的时代，何以能够对现代性保持足够的批判地反思的能力？一种非西方化意义上的现代化是否可能？又如何可能？在实现现代化的历史进程中，我们何以找寻到“谁的现代化，又是为谁的现代化”这一问题的答案？如此等等。从马克思主义哲学意义上寻求这些问题的解答，既是我们今天的当务之急，也是马克思主义哲学本身对时代质询的回应。正是在这些方面，祝著为读者提示并开辟了多维度、多层面的思想空间。作者立足于中国文化所塑造的我们的“此在”性，把一种文化眼光同马克思主义哲学视野内在地融合起来，从而为我们这个时代、为我们当下中国的历史逻辑和心路历程“立传”。这不仅有助于增进当代中国人在文化上的自我意识，也有助于深化我们对于自身的历史方位及内在诉求的自我理解。而这本身恰恰构成马克思主义哲学同时代相遇的一种实现和表征方式。

是为序。

2021 年 5 月于山东大学

自序　马克思主义与新时代中国三问

当这本著作付梓出版之际，伟大的中国共产党正迎来她的100岁生日。

曾几何时，我一直在思考一个近乎不切实际的问题：如果马克思在21世纪的今天“复活”，他会如何看待社会主义的中国和中国的社会主义？他又会对社会主义建设理论作出怎样的新思考？

我们应该承认：马克思是人不是神。作为人，他也是受时代局限的，甚至他在某个历史时期的个别论断和具体行动纲领也会出现失误。比如，马克思当年所设想的在西欧资本主义国家内部爆发革命并建立社会主义制度的路径至今仍没有成功的范例。但我们不能忘记，马克思主义基本原理的应用，是“随时随地都要以当时的历史条件为转移”的。海尔布隆纳在《马克思主义：赞成与反对》一书中曾引用罗纳德·布莱克韦尔的观点说，“马克思主义者”的一大失误是，他们从来都没有打算沿着马克思确立的路线继续思考，而是热衷于在马克思主义理论中寻找最抽象的命题，而后将这些命题直接应用于经济生活。这种做法产生了截然对立却同样无效的两种反应：一是经验主义/折中主义——为了解释现实而扭曲理论，削履适足是也；二是教条主义——为了维护理论而否定现实，削足适履是也。就此，布莱克韦尔说，在仔细研究马克思主义理论和经济生活现象的基础上，建立它们之间的间接联系。

这种所谓的“间接联系”，实际上正是马克思主义理论发展创新的不竭动力。试想，理论和实践之间若不存在必要的张力，所谓的“发展”和“创新”又从何谈起？马克思主义之所以实现了人类历史上最伟大的思想变革，正在于它是始终紧贴着历史实践前行的。它追求的是对现实世界的“改变”，而不仅是对现实世界的“解释”。因此，它必然要在不断地回应时代课题和实践问题的过程中向世人呈现自身。如果不顾历史条件的变化而偏执地囿于抽象、干瘪的理论教条，这种理论注定不是“马克思主义”的。相反，一旦能够“当作实践去理解”，很多伟大的思想（无论是东方的还是西方的）都能够与马克思主义发生相激相荡的内在沟通。

一、马克思主义为什么行

马克思主义为什么行？是因为马克思主义作为指导实践的理论在人类历史上第一次实现了科学性和革命性的统一，重塑了人类信仰的展现形态。从一定意义上讲，对马克思主义的种种误解或肢解，都不过是片面地割裂了马克思主义的这种内在统一性和整体性。“全部社会生活在本质上是实践的”。实践观点是马克思主义理论体系的基本观点，实践就像一个“全息元”，逻辑地蕴含着马克思主义所有的理论生长点。即使按照“教科书”式的理解，实践作为人有目的、有意识地改造客观世界的活动，也是一个连接着“物质”和“精神”的能动概念。强调实践的物质前提和历史条件，凸显了马克思主义科学性的一面。也正是基于对物质前提和历史条件的重视，马克思才与形形色色的唯心主义意识形态划开了界限并对之展开了犀利的批判。唯心主义者迷恋思想的自由驰骋，思想也似乎能够摆脱物质的羁绊。殊不知，思想根本无法超越社会实践所提供的历史边界。正是因为自觉地向实践和历史回归，马克思主义在人类历史上才真正地将唯心主义打回了原形。

但无论如何，马克思主义都不是物质主义，更不是部分后来者所标榜的实证主义。因为实践本身并不是通过自然科学方法加以考察的纯粹物质的活动，人的意志、精神、意识必然参与其中。否则，人的实践活动和动物的本能活动就没有什么区别。马克思主义奠基于实践，自然强调精神力量的极端重要性，注重人的精神能动性对于物质条件的能动反作用。在马克思那里，实践之所以是历史的诞生地，历史科学之所以在他看来是“唯一的科学”，正是因为历史是通过“革命的实践”创造出来的，是在“现有”（物质性）和“应有”（精神性）之间斗争性地展开的。实践既是这种“斗争”的载体，也内在地蕴含着“斗争”的形式——辩证法。辩证法是通过人的能动实践对物质前提的超越得以呈现的，这里面蕴含的正是马克思主义革命性的一面。在这个意义上，马克思肯定了唯心主义，认为唯心主义高扬了能动性，是“理想主义”，而旧唯物主义却是“敌视人”的。当庸俗的唯物主义将马克思主义理论概括为不以人的意志为转移的客观规律时，实际上是把辩证法所彰显的立体的革命关系偷换成了自然科学意义上平面的因果关系。如此一来，马克思主义内在的革命精神就荡然无存了。

由此看来，“实践”“历史”“辩证法”这三个关键词才是正确打开马克思主义的“钥匙”。马克思主义当然强调规律，但这种规律是通过人的实践性参与方能彰显的历史规律，而不是单纯的物质因果规律。否则，人在这种抽象的因果规律面前又能做些什么呢？习近平总书记一再强调，“实现伟大梦想必须进行伟大斗争”，“必须准备进行具有许多新的历史特点的伟大斗争”。这些重要论述的马克思主义理论意蕴至今仍没有在实践和辩证法的层面得到系统的研究阐释。在思想政治理论课教学中，笔者经常会“遭遇”学生提出的这个问题：“资本主义是必然要灭亡，还是需要我们推一把?”实际上，离开了奠基于实践之上的辩证法，离开了马克思主义科学性和革命性的内在统一，这个问题就很难得到很好的回答。

二、中国共产党为什么能

中国共产党为什么能？最根本之处正在于中国共产党以巨大

的理论勇气科学把握了世界历史发展大势，实现了马克思主义基本原理与中国具体实际的内在结合，推动了马克思主义的中国化。马克思晚年提出的东方国家跨越资本主义“卡夫丁峡谷”直接进入社会主义的理论设想，是以“历史向世界历史的转变”为历史条件的。基于这一历史条件，在资本主义最为薄弱的地区爆发革命成为可能。正是由于正确把握了这一“世界历史”的特点，在仍然保留着封建农奴制残余的俄国，以及曾深处半殖民地半封建社会、经济文化落后的中国，社会主义革命都取得了成功。如果深入马克思主义的理论深处，我们就会发现，这种成功在很大程度上得益于一种革命精神的高扬。如前所述，“革命的实践”是一个连接着“物质”和“精神”的能动概念，奠基于“实践”之上的马克思主义实现的是科学性和革命性的统一。至于在具体的革命过程中，是偏重于“物质”还是偏重于“精神”，只能根据所面临的历史条件有所抉择。正如恩格斯在一封信中所指出的：“马克思的历史理论是任何坚定不移和始终一贯的革命策略的基本条件；为了找到这种策略，需要的只是把这一理论应用于本国的经济条件和政治条件。但是，要做到这一点，就必须了解这些条件。”①

马克思、恩格斯当年在阐述历史唯物主义原理的时候，其面临的是唯心主义四面包围的历史处境。因此，批判唯心主义的意识形态，凸显“物质”在社会发展中的基础性、前提性作用，成

① 马克思，恩格斯. 马克思恩格斯文集：第10卷. 北京：人民出版社，2009：532.

为他们重要的理论任务。但是，这并不代表“精神”的作用无关紧要。中国共产党人在中国大地上续写马克思主义，正是通过自身的伟大斗争弘扬了马克思主义的革命精神，说出了马克思、恩格斯等经典作家想说而没有说出的话，阐述了他们因为时代局限力图阐述而没有阐述出来的理论。实际上，单纯地考量物质条件和力量对比，中国革命在逻辑上是无法取得成功的。“小米加步枪”装备起来的人民军队如何抗衡美式装备武装起来的国民党军队？二万五千里长征，如何突破了人的生理极限而成为西方人无法想象的人类奇迹？新中国成立初期，美国的御用专家顾问们在中美力量对比方面几乎穷尽了所有的分析，一致认为中国没有勇气出兵朝鲜，但我们偏偏出兵而且还打赢了战争……纵观百年奋斗历程，中国共产党人的成功基本上都是在物质条件不很成熟、不很具备的条件下通过张扬信仰力量和革命精神取得的。改革开放以来，在中国特色社会主义理论的指引下，虽然我们党也建立起了社会主义市场经济体制，也注重市场在资源配置中的决定性作用，但是中国共产党人却没有将市场逻辑运用于自身的组织建设，仍然突出了思想建党、理论强党的极端重要性，把马克思主义信仰视为安身立命之本，自觉地抵制了资本逻辑对党的纯洁性和先进性的“染指”，经受住了市场经济的考验。由此，中国共产党才能够带领全国各族人民，在极为艰苦的条件下取得一个又一个胜利。中国的发展道路之所以难以复制，在很大程度上缘于中国共产党人为崇高理想而奋斗的革命精神难以复制，缘于中国共产党领袖“我将无我，不负人民”的人民情怀难以复制。

三、中国特色社会主义为什么好

中国特色社会主义为什么好？是因为中国特色社会主义是科学社会主义理论逻辑和中国社会发展历史逻辑的辩证统一，是根植于中国大地、反映中国人民意愿、适应中国和时代发展进步要求的科学社会主义。按照马克思的理论设想，东方国家之所以能够在生产力不发达的历史条件下建设社会主义、发展社会主义，正在于社会主义制度和资本主义制度在世界上的同时并存这一特殊的历史环境。正是由于两种社会制度的并存，社会主义才能够"不经受资本主义生产的可怕的波折而占有它的一切积极的成果"，才能够把西方几个世纪才创造出来的物质成果一下子"引进到"自己这里来。因此，我们依靠独立自主建立起了社会主义制度，却必须以融入世界的姿态发展社会主义。

习近平总书记指出，中国特色社会主义是改革开放以来党的全部理论和实践的主题。在马克思、恩格斯的视域下，社会主义不是"现实应当与之相适应的理想"，而是"消灭现存状况的现实的运动"，而且"这个运动的条件是由现有的前提产生的"。实际上，中国特色社会主义道路所彰显的历史运动内在把握的也是"物质"和"精神"之间的辩证关系。这不但不是对马克思主义的背离，反而是对科学社会主义原则的回归。邓小平同志就曾把社会主义的本质概括为："解放生产力，发展生产力，消灭剥削，消除两极分化，最终达到共同富裕。"社会主义作为一种制度安排，承担着解放生产力和发展生产力的历史任务。贫穷不是社会主义，我们无法在生产力不发达的情况下追求生产关系的超前变革。正是在这一意义上，发展仍然是解决我国所有问题的关键。但和西方现代化的路径不同，中国的现代化既不是“资本主义的”，也不是“西方社会的”，而是深深扎根于中华传统文化和社会主义制度的一种独特的现代化道路，其鲜明地定位在了“中国”和“社会主义”的所有格中。这种现代化路径的一个显著特征就是社会主义制度所体现出来的深刻而广泛地对民众进行动员和组织的能力。如果说西方社会的现代化是“个人主义”的，那么，中国社会的现代化则是“集体主义”的。这种集体主义方式之所以能够焕发出令人惊叹的变革历史的力量，用几十年时间走完了西方发达国家几百年走过的现代化历程，一方面得益于根植于中国五千年文化传统的爱国主义精神，另一方面则源自坚持人民立场的中国共产党的集中统一领导。那么，到底哪一种现代化模式更能代表未来世界的发展方向？对此，英国著名历史学家汤因比早在20世纪70年代就预言说：“就中国人来说，几千年来，比世界上任何民族都成功地把几亿民众，从政治文化上团结起来。他们显示出的这种在政治、文化上统一的本领，具有无与伦比的成功经验。这样的统一正是今天世界的绝对要求。”

社会主义不仅是一种制度安排，更是一种价值理想。这种理想就是在生产力不断发展的基础上推动生产关系的变革，最终实现共同富裕。仅仅突出“解放生产力，发展生产力”的维度，社会主义是无法在本质上与资本主义划开界限的。马克思就曾直言，推动社会生产力的发展是资本主义的历史任务。但是，资本所推动的生产力发展是自发的，而不是自觉的，本身并没有精神目标和价值导向。或者说，追逐私利本身就是资本的价值目标。美国从全球化的倡导者蜕变为今天逆全球化而动的始作俑者，只有通过分析资本的逐利本性才能得到很好的解释。而社会主义之所以是社会主义而不是其他别的主义，正在于社会主义在“发展”的基础上能够自觉地突出“为谁而发展”这一价值主题，追求社会主义这一内在的价值理想。作为制度安排的社会主义和作为价值理想的社会主义之间的这种辩证关系，也就内在地构成了中国特色社会主义的历史运动。改革开放四十多年来，中国社会生产力水平显著提高，经济社会快速发展，物质财富成几何倍数增加，十几亿人的温饱问题稳定解决，我国社会主要矛盾发生新变化，中国特色社会主义进入了新时代。新时代的中国特色社会主义之“新”，在一定意义上在于其更加注重在价值理想方面凸显社会主义的内在本质。关于此，党的十九大报告将人民日益增长的美好生活需要和不平衡不充分的发展之间的矛盾视为我国社会在新的历史方位下的主要矛盾。“美好生活”的表述本身就带有鲜明的价值色彩，需要在物质生活和精神生活两个维度上加以理解。当前，我国脱贫攻坚战取得了全面胜利，即将全面建成小康社会，顺利实现第一个百年奋斗目标。显而易见的是，资本主义国家在新自由主义的支配下，是不可能进行精准扶贫的；相反，贫富分化已经被资本主义逻辑视为正当和应然。“脱贫路上一个也不能少”，“消除贫困、改善民生、实现共同富裕，是社会主义的本质要求”，“推动全体人民共同富裕取得更为明显的实质性进展”……习近平总书记的这些重要论述，我们只有结合社会主义的价值理想才能有更为深切的理解。这种对于初心使命的价值坚守，体现的是中国共产党人坚持远大理想的政治品格。而对于初心使命实现路径的选择，则体现了百年大党鲜明的历史唯物主义态度。

站在两个一百年的历史交汇点上，中国共产党正在开启全面建设社会主义现代化国家新征程，向第二个百年奋斗目标进军。我们坚信，中国特色社会主义的新时代，必将是中华民族伟大复兴的新时代、科学社会主义伟大复兴的新时代、中国走向国际舞台中央的新时代。伟哉，中国共产党！壮哉，中国人民！

是为序。

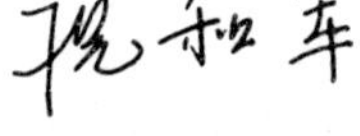

2021 年 5 月

目　录

第一篇

坚持历史唯物主义的基本原理和方法论

一、抽象的理论与现实的历史

马克思在其博士论文中曾敏感地提出过一个至今仍关注甚少的问题：哲学的实践是理论的，还是意志的？事实上，一旦把哲学的实践本身看作理论本身，哲学就是一种非常简单的事物了，因为不触及现实的理论活动总是轻松的，它仅仅在思想的逻辑中能够自圆其说就足够了，完全可以不顾及或回避其与现实的种种抵牾。从历史上看，醉心于理论构造的哲学传统总是在内部进行着自我瓦解。古希腊哲学辉煌一时，但在后期瞬间崩塌，何尝不是囿于理论思辨而无法解决理论中的相对主义问题而带来的必然结果？西方哲学史上的唯心主义和唯物主义之争之所以会陷入困局，正是因为它们把问题的解决仅仅看作理论的任务。即使是马克思主义之前的唯物主义，也不过是通过抽象的“物”来构建理论体系罢了。可见，试图在理论中解决理论问题，尝试在思想中解决思想矛盾，无异于缘木求鱼，是不得要领的。正如马克思所说：“这种对立的解决绝对不只是认识的任务，而是现实生活的任务，而哲学未能解决这个任务，正是因为哲学把这仅仅看做理论的任务。”①

停留于理论，热衷于头脑，体现的是一种思想上的懒惰和面对现实的疲软和无能。正因为此，在思想频发的时代，仍有很多人对之趋之若鹜。今天的种种形式主义、教条主义之所以屡禁不止，其思想根源正在于其把头脑中问题的解决（通过数字、报表、汇报等方式）有意无意地视为现实问题的解决。实际上，“思想本身根本不能实现什么东西。思想要得到实现，就要有使用实践力量的人”②。具有讽刺意味的是，越是不敢于投身实践、关注现实，理论活动越是表面繁荣。马克思当年所批判的德意志意识形态正是如此。正因为此，相对于哲学的理论性，马克思更倾向于哲学的意志性，因为意志是直接指向实践的：

> 当哲学作为意志反对现象世界的时候，体系便被降低为一个抽象的整体，这就是说，它成为世界的一个方面，于是世界的另一个方面就与它相对立。哲学体系同世界的关系就是一种反映的关系。哲学体系为实现自己的愿望所鼓舞，同其余方面就进入了紧张的关系。它的内在的自我满足及关门主义被打破了。那本来是内在之光的东西，就变成为转向外部的吞噬性的火焰。③

作为意志的哲学不满足于停留于自身，它必然通过现实的实

① 马克思，恩格斯．马克思恩格斯文集：第1卷．北京：人民出版社，2009：192.
② 同①320.
③ 马克思，恩格斯．马克思恩格斯全集：第40卷．北京：人民出版社，1982：258.

践力量冲出自身，直面外部世界。马克思主义作为科学理论和指导思想，如果不能诱发我们自觉的实践，转变为物质力量，其理论意义又在哪里呢？由此，马克思对于以哲学的形态出现的知识理论的基本态度也就呼之欲出了："世界的哲学化同时也就是哲学的世界化，哲学的实现同时也就是它的丧失"①。

"实现"与"丧失"的贯通，形象地浓缩了辩证法的精髓。哲学以实践为最终归旨，它的实现就是它的丧失。只有当它在头脑中不能以理论的形式被对象化的时候，它才得以真正实现。对此，我们可以举一个并不很恰当的例子：你把一把沙子放在水里，过一会儿，沙子还是沙子，水还是水。沙子没有"丧失"，当然也没"实现"。但是，如果你把一把糖放在水里，过一会儿，糖溶化不见（"丧失"）了，但糖却使水变甜进而"实现"了自己。正是基于这一理解，马克思在《〈黑格尔法哲学批判〉导言》中一再强调："不使哲学成为现实，就不能够消灭哲学。"② 而当时的实践政治派的根本缺陷在于："它以为，不消灭哲学，就能够使哲学成为现实。"③ 在这里，唯心主义的疲软性和保守性就暴露无遗了，因为它对理论只是敢于进行理论式的否定，而逃避实践的批判。它天真地认为："只要背对着哲学，并且扭过头去对哲学嘟囔几句陈腐的气话，对哲学的否定就实现了。"④

---

① 马克思，恩格斯．马克思恩格斯全集：第40卷．北京：人民出版社，1982：258.

②③④ 马克思，恩格斯．马克思恩格斯文集：第1卷．北京：人民出版社，2009：10.

这种“实现”与“丧失”的辩证法，对马克思主义同样适用。马克思主义“消灭哲学”的主张正在于其追求自身实现的理论旨趣。既然“批判的武器当然不能代替武器的批判，物质力量只能用物质力量来摧毁”[①]，那么，马克思主义必然要求“哲学把无产阶级当作自己的物质武器”以实现自身。这正是马克思主义特有的实践品格。正如恩格斯对马克思的评价：“马克思首先是一个革命家”，“斗争是他的生命要素”，“他毕生的真正使命，就是以这种或那种方式参加推翻资本主义社会及其所建立的国家设施的事业，参加现代无产阶级的解放事业”[②]。他还说：“我们决不想把新的科学成就写成厚厚的书，只向‘学术’界吐露。正相反，我们两人已经深入到政治运动中”[③]。马克思主义者之所以能够汇聚在马克思主义的旗帜之下，归根到底在于他们通过学习和实践“分享”了马克思、恩格斯等经典作家的理论气质，即能够自觉地运用马克思主义特有的立场、观点和方法分析自己所面临的时代问题，进而追求马克思主义在自身“此在”境遇中的实现。在这里，“得意”而“忘言”具有足够的正当性。与之相反，“得言”而“忘其意”恰恰偏离了马克思主义的要义。但是，无论在历史上还是在现实生活中，一些教条主义者往往比真的马克思主义者更像“马克思主义者”，正是因为他们总是把马克思主义挂在口头，动辄就把马克思和恩格斯说的具体结论奉为神

① 马克思，恩格斯．马克思恩格斯文集：第1卷．北京：人民出版社，2009：11.
② 马克思，恩格斯．马克思恩格斯文集：第3卷．北京：人民出版社，2009：602.
③ 马克思，恩格斯．马克思恩格斯文集：第4卷．北京：人民出版社，2009：233.

明，不敢越雷池半步。比如，在中国革命时期，王明就能够把马恩的经典著作倒背如流，但是一触及中国实际和中国问题、一落实到实践层面，他就无法做一个真正的马克思主义者了，可谓“为者败之，执者失之”。对此，习近平总书记在哲学社会科学工作座谈会上深刻指出：“坚持以马克思主义为指导，最终要落实到怎么用上来。”

作为一种理论形态，马克思主义特有的理论旨趣，一言以蔽之，就是“当作实践去理解”。对于这一理论旨趣，说“学习”也许不是很合适，用“领会”一词可能更恰当一些。对于这一革命性的运思方式，马克思曾在《关于费尔巴哈的提纲》中有过明确的表述：

> 从前的一切唯物主义（包括费尔巴哈的唯物主义）的主要缺点是：对对象、现实、感性，只是从客体的或者直观的形式去理解，而不是把它们当做感性的人的活动，当做实践去理解，不是从主体方面去理解。因此，和唯物主义相反，唯心主义却把能动的方面抽象地发展了，当然，唯心主义是不知道现实的、感性的活动本身的。①

《关于费尔巴哈的提纲》，是马克思清算费尔巴哈的哲学从而建立自己“新唯物主义”的经典之作。这个提纲只有十一条，一千多字，但是，字字珠玑，堪称哲学史上的典范。恩格斯称这个

① 马克思，恩格斯．马克思恩格斯文集：第 1 卷．北京：人民出版社，2009：499.

提纲是“包含着新世界观的天才萌芽的第一个文件”和“历史唯物主义的起源”。在这个《提纲》中，马克思不仅将实践看作自己“新世界观”的根基，还确立了“当作实践去理解”的运思方式。实际上，任何伟大的哲学家，他的世界观和方法论总是一体的，即世界观的方法论化，或者说方法论的世界观化。通过《提纲》，马克思不仅批判了包括费尔巴哈在内的一切旧唯物主义，同时也批判了唯心主义。也就是说，马克思通过其“新唯物主义”实现了对旧唯物主义和唯心主义的双重超越。这主要体现在笔者下面将要展开论述的几个方面。

1. 新唯物主义与旧唯物主义的区别到底在哪里

20世纪西方著名的哲学家海德格尔曾言，西方哲学从柏拉图开始就走错了路，因为西方哲学把对“在”的沉思当作了对“在者”的追问。也就是说，西方的哲人们自古希腊开始就把“我”（主体）和外在世界（客体）分裂开来，而后再去寻找二者相统一的基础，从而把握这个世界的根基和本质。对于主体和客体的关系而言，唯物主义一般认为客体是优先的。与之相反，认为人的思维处于优先地位的观点或学说，自然就是唯心主义。但是，无论是唯物主义还是唯心主义，都把外在世界当作一个现成的对象来把握了，都预设了“我”与“世界”的分离。当我在世界中抽身而出的时候，当我作为一个旁观者来打量这个世界的时候，无论把握的方式如何，不论是唯物的还是唯心的，都是一种外在的态度，要么是经验的，要么是思辨的。

这种外在的态度是认识论所要求的，我们借此完成的是“解释世界”的知识性理论建构。只不过，唯物主义者强调的是经验的知识，以物理学为代表；唯心主义者看重的则是抽象的、思辨的知识，以数学为代表。经验主义者认为，我们的心灵里什么也没有，我们的一切认知都来自外在世界的刺激。就此，培根说，我们要学会做自然的奴仆，听自然的话，顺应自然才能控制自然，知识就是力量。洛克也认为，人的一切知识都来自经验，人的心灵就好比一块白板，并没有所谓的“天赋观念”，所谓的知识都来自涂抹在“白板”上的后天经验。与之相反，唯心主义认为，外在世界中根本就不存在所谓的本质和规律，科学知识中所谓的本质和规律都是人所赋予的，是人的理性为自然确立了法则，而不是相反。正如康德所说的：人为自然立法。所以说，近代是自然科学发展最快的时代，也是唯心主义和唯物主义在“科学如何可能”这个问题上斗争最为激烈的时代，谁也说服不了谁。难怪恩格斯说：“全部哲学，特别是近代哲学的重大的基本问题，是思维和存在的关系问题。”①

但是，科学不是哲学。科学是以知识论的面目出现的，哲学却不是。毋宁说，哲学以知识论的面目出现，则表明它已经误入歧途。这在很大程度上是由知识、理论的“旁观”性质决定的。或者说，我们要得到理论化的知识，必然要求“超然物外”。理

---

① 马克思，恩格斯．马克思恩格斯文集：第4卷．北京：人民出版社，2009：277.

论（theoria）一词的本来意思就是“看”。从词源学角度追溯，希腊词 theoria 意指“心灵中关于真实的影像，得自 theorein（沉思或思辨）和 theasthai（注视），赋予沉思以视觉上的联系”①。阿伦特也说：“‘理论’一词就来自希腊语的‘旁观者’（theatai），在几百年之前，‘理论性的’这个仍然表示‘沉思’，也就是从外边、从位于参与演出和完成演出的那些人后面的角度来观察某种东西。根据行动和理解之间的这种最早区分，显然能得出一个结论：作为旁观者，你能理解演出所包含的‘真理’，不过，你必须付出的代价是不参与演出。”② 在这里，“理论”同时作为“看”或者“旁观”并不矛盾。“看”的认识论发生，必然要求一种旁观的姿态，而旁观的姿态则是趋向于“看”。从这个意义上，理论往往意味着“外在地观看”，这应该是其不能被剥夺的原初含义。对此，巴雷特同样指出：“专擅理论的人，哲学家或纯粹科学家也是以超然的态度看存在，一如我们坐在戏院里观看台上的场面一样。”③

马克思的历史唯物主义之所以被称为“新唯物主义”，正在于其通过将其全部理论奠基于实践之上，从而实现了对那种思辨、旁观的知识论态度的根本超越。在马克思看来，唯物主义和

---

① 布宁，余纪元．西方哲学英汉对照辞典．北京：人民出版社，2001：993.

② 阿伦特．精神生活·思维．姜志辉，译．南京：江苏教育出版社，2006：102. 转引自何中华．解释世界和改变世界：是补充还是超越？．天津社会科学，2019（3）。

③ 威廉·巴雷特．非理性的人：存在主义哲学研究．段德智，译．上海：上海译文出版社，1992：80. 转引自何中华．解释世界和改变世界：是补充还是超越？．天津社会科学，2019（3）。

唯心主义预设的主客二分这一前提本身就是有待于被清算的。实践本身在逻辑上是先于主客分离的，它远比这种分离更原始、更本源。而所谓的主客分离，只有在对实践进行自觉反思的基础上才是可能的。因为，人和世界的关系在根本处本来就不是认识论意义上的理论关系，而是一种为了生活和生存的实践关系。从认识论切入，我们是无法对人和万物予以澄明的。比如，世界的本质是什么？我面前这个杯子的本质是什么？我们就去看它，摸它，掌握它，而后，我们似乎发现了它的本质。但对马克思来说，这种姿态不是哲学的姿态，而是科学的姿态。科学总是需要预设外在客观对象客观、本然地存在。正如爱因斯坦所说："相信有一个离开知觉主体而独立的外在世界，是一切自然科学的基础。"[①] 如果眼前没这个东西，我又研究什么呢？因此，以前的哲学家总是在解释世界。不论是唯物的还是唯心的，总是设定一个外在的对象，然后再去寻找主体和客体相符合的办法。只不过，唯物主义是经验的把握，唯心主义是思辨的把握罢了。所以，马克思说，以前的唯物主义"只是从客体的或者直观的形式去理解"。我们可以接着马克思讲，唯心主义，只是做到了抽象地、思辨地去理解，因为他们"不知道现实的感性的活动本身"。那么，对马克思而言，我们应该怎么去理解呢？马克思说，应该当作实践去理解。离开了实践，任何的理解都只能是书斋式的形而上学。正如他所说："关于思维——离开实践的思维——的现

① 爱因斯坦．爱因斯坦文集：第1卷．许良英，范岱年，编译．北京：商务印书馆，1976：292.

实性或非现实性的争论，是一个纯粹经院哲学的问题。”①

实践必须依靠人的参与，必须投入其中而行动。在这里，旁观的姿态也就被消解了。这本身就是观照视野（世界观）的转换。正如马克思所说：“哲学家们只是用不同的方式解释世界，问题在于改造世界。”② “解释”与“理解”是不同的。“解释”带有明显的知识论色彩，而“理解”则是在生存意义上被谈及的。因此，马克思说，要从主观的方面去理解，当作人的活动去理解，当作实践去理解。实践，内在地要求人必须参与到里面去，而不能处于一个旁观者的角色。也就是说，你必须到“物”里面去，你到里面去了，恰恰没有对象了。而没有对象，恰恰是新哲学的开始。比如，我们眼前的一个黑板擦，直观地看，它就是黑板擦，我闭上眼，我是不是在意，我在与不在，它都在这里。这是一种什么样的态度？这是静观的、外在的、现成的、科学认识的态度。马克思说，这种态度对于“世界观”而言是不恰当的，尽管它应和我们的日常经验。那么，黑板擦什么时候才是黑板擦（“是其所是”）？只有当我用黑板擦来擦黑板的时候，它才是黑板擦的本真状态。也就是说，我只有通过实践参与进来，黑板擦的本真状态才会显示出来，我们才能领会、理解黑板擦，而不仅仅在认识论或者知识论的意义上“解释”黑板擦。这正是“当作实践去理解”的深刻含义。在这里，黑板擦并不是我的外在之物，它与我融为一体了。后来的海德格尔将这种状态称为

① 马克思，恩格斯．马克思恩格斯文集：第1卷．北京：人民出版社，2009：500.
② 同①502.

"当下上手状态"，并将其与认识论意义上的"现成在手状态"区别开来。后者是认识论的姿态，前者则是实践的姿态。他举例说，我们眼前的一个锤子，我们观看它时，它只是一个死物，是封闭了的、完成了的，与我的关系是外在的，所以说是"现成在手"。而当我们用它敲打的时候，视角就完全不一样了，它是活的，表现为过程，意义是开放的，向未来敞开的。在一下下敲打的过程中，锤子不见了，我们也不见了，剩下的只是浑然一体、难分彼此的"事件"。事物也好，事实也好，都融入了"事件"当中。海德格尔说，正是在这一事件中，锤子才成其为锤子。"对锤子这物越少瞠目凝视，用它用得越起劲，对它的关系也就越原始，它就越发昭然若揭地作为它所是的东西来照面，作为用具来照面。"① 还有我们穿的鞋，我们穿着它去走路、跑步，我们很少去看它。只有在这里，鞋才是鞋。海德格尔以梵高的名画《鞋》举例说："田间的农妇穿着鞋，只有在这里，鞋才是存在。农妇在劳动时对鞋想得越少，看得越少，对它们的意识越模糊，它们的存在也就益发真实。"② 农妇在劳动时，显然进入了一种实践状态，只有在这种实践状态中，"鞋"的真理才得以现身，而这恰恰消解了"鞋"作为"看""想"的外在对象。

马克思所强调的"当作实践去理解"，是我们理解历史唯物

---

① 海德格尔．存在与时间．陈嘉映，王庆节，译．北京：生活·读书·新知三联书店，1987：86.

② 海德格尔．海德格尔选集：下卷．孙周兴，选编．上海：上海三联书店，1996：926.

主义的枢要。而这种理解方式，却是我们经常不注意的日常生活常识，它隐匿于我们的生活中，可谓“日用而不知”。比如，我们玩电子游戏，我们进入角色了，我们非常着迷，那是因为游戏将我们和游戏里的东西打成了一片、融为了一体。在当场玩（实践性地参与）和在一边观战（置身于外的打量），效果和体验绝对是不一样的。因为，你只有参与进去，身临其境，才能感觉到游戏的魅力。再比如，我们骑自行车、开机动车，我们的眼睛不会盯着驾驶工具和各个部件，认识清楚了再去骑。相反，我们感觉自行车或机动车和我们就是一体的。而且，我们骑得越好、开得越熟练，越觉得它们就像我们的四肢一样。我们学开车，一开始的时候，我们要不停地记忆，哪里是离合器，哪里是刹车板，一挡、二挡、三挡、四挡，必须记住。这是一种认知的姿态。可是，一旦我们学会了开车，开得非常熟练了，我们踩刹车、踩离合器，脚不自觉地就伸过去了，浑然一体，很轻松，也很自然。我们从不会用眼睛去找“准头”，我们要的是进入到实践状态中的那种感觉。这种心物一体的状态是人最陶醉的、最惬意的。对此，我们无法在认知的意义上来谈论，这里产生不了认识论和科学，但我们却很享受这种“以神遇而不以目视”的境界。

中国古代哲学家王阳明的经典命题“心外无物”，表达的也是同样的道理。这个命题来自王阳明和他的朋友同游南镇时的一段对话。友人指着岩中花树问道：“天下无心外之物，如此花树在深山中自开自落，于我心亦何相关?”王阳明回答说：“你未看此花时，此花与汝心同归于寂；你来看此花时，此花颜色一时明白过来，便知此花不在你的心外。”很多人就这番对话认为王阳明是唯心主义者，理由是他否认了事物的客观存在。就像英国近代哲学家贝克莱的那个经典命题“存在即被感知”一样：闭上眼，事物就不存在了；睁开眼，事物就存在了。试想，一个伟大的哲学家会如此浅薄吗？实际上，王阳明在这里拒绝的是那种主客体分离的认识论姿态，而是强调实践（“观看”本身就是一种广义的实践活动）对于意义的生成作用。正是在眼睛看花这一实践动作中，花的意义和人的意义才得以同时敞亮。未开花时，花是有的，但它不存在。眼睛也是有的，但它也不存在。是实践，使得心物同时得到了澄明。这正是实践的生成和意义的绽放。

在日常生活中，我们经常说一句俗语：骑驴找驴。骑驴，是一种实践的姿态。我们骑在驴上，进入了一种和驴一体化的状态，因此，让我们找驴的时候，我们找不到了。为什么？找驴意味着驴必须是一个外在的对象，这仍然是认识论的姿态。而骑驴，则表明了实践境域中二者的一体化。这种一体化导致了对象的“丧失”，进而实现了对认识论的超越。苏轼有一首诗：“横看成岭侧成峰，远近高低各不同。不识庐山真面目，只缘身在此山中。”前两句“横看成岭侧成峰，远近高低各不同”，是站在庐山之外观察庐山，这是一种典型的认识论姿态。而我们进入了庐山，在庐山之内，和庐山融为了一体，庐山作为一个外在的对象自然也就消解了，我们也就看不见庐山了。这正是实践的姿态。辛弃疾那首著名的《丑奴儿·书博山道中壁》表达的也是同样的道理。“少年不识愁滋味，爱上层楼。爱上层楼，为赋新词强说愁。”年少轻狂，对于“愁”没有体认，但是这丝毫并不影响对“愁”进行言说和谈论。但是，一旦“而今识尽愁滋味”，“愁”就再也不是认识、谈论的对象了，因而只能是“欲说还休。欲说还休，却道天凉好个秋”了。黑格尔对此也有一个非常精妙的比喻：人不能在下水之前学会游泳。

2. 马克思为什么把历史科学视为“唯一的科学”

马克思是经由实践观走进历史的。实践最大的特点就在于它的生成性，马克思用的一个词是“生产”。“生成”或者“生产”是由无到有的创造，而创造、生成、生产，只有在实践中才会得到领会。物的意义、人的意义，都是在实践中生成的。比如，劳动创造了人，无异于说，劳动生成了人的本质。用马克思的话来说，这是自然的人化和人的自然化。离开了实践，其中的味道就没有了，剩下的只是干巴巴的外在的知识论姿态。这种知识论的姿态只是外在地追问事物现成的本质，而遮蔽了事物生成的鲜活过程。正因为此，马克思对纯粹经院哲学的思辨问题非常反感，而是主张“亲证”，即在实践中去理解。正如他所说的：“被抽象地理解的，自为的、被确定为与人分隔开来的自然界，对人来说也是无。”①

实践具有原初的“时间性”，即是说，实践是在“时间”中

① 马克思，恩格斯．马克思恩格斯文集：第1卷．北京：人民出版社，2009：220.

展开的，因而具有本真的“历史性”。正因为此，“人”“实践”和“历史”之间就有了无法剥离的关系。这正是历史唯物主义的核心要义。在马克思看来，费尔巴哈强调感性的直观，看起来无比的“唯物”，但是这种感性的直观如果贯彻到底，就是“唯心”了，因为这种直观是没有被当作实践、当作历史去理解的。我们还是以黑板擦举例子。按照费尔巴哈的理解，这就是黑板擦，客观地摆在我们眼前。但在马克思看来，这个黑板擦凝结了人类的劳动和人类的历史，映衬着人类的文明的发展历程。它之所以能够被我们“直观”到，恰恰是历史发展、文明进步的结果。对于古代人而言，黑板擦还是能够被他们感性地直观到的客观之物吗？肯定不能。对此，马克思深刻而形象地指出：

> 他（费尔巴哈——引者注）没有看到，他周围的感性世界决不是某种开天辟地以来就直接存在的、始终如一的东西，而是工业和社会状况的产物，是历史的产物，是世世代代活动的结果，其中每一代都立足于前一代所奠定的基础上，继续发展前一代的工业和交往，并随着需要的改变而改变他们的社会制度。甚至连最简单的“感性确定性”的对象也只是由于社会发展、由于工业和商业交往才提供给他的。大家知道，樱桃树和几乎所有的果树一样，只是在几个世纪以前由于商业才移植到我们这个地区。由此可见，樱桃树只是由于一定的社会在一定时期的这种活动才为费尔巴哈的“感性确定性”所感知。[①]

---

① 马克思，恩格斯．马克思恩格斯文集：第1卷．北京：人民出版社，2009：528.

如此一来，马克思借助实践和历史的思维方式就把费尔巴哈的“感性确定性”给消解掉了。费尔巴哈是通过对感性直观的推崇走向了唯物主义，而当他把这种感性直观推向极致的时候，他反而背离唯物主义了。这归根到底是由他的理论逻辑起点的内在缺陷造成的。这一根本缺陷就是：“费尔巴哈不满意抽象的思维而喜欢直观；但是他把感性不是看做实践的、人的感性的活动。”① 费尔巴哈意识不到，“意识在任何时候都只能是被意识到了的存在，而人们的存在就是他们的现实生活过程”②。因此，他是不能够对“现实的本质”进行批判的，相反，他总是不自觉地受到现实的“污染”，总是以直观的姿态面对社会和人，进而把人的“本质”理解为“类”，而又把“类”理解为“一种内在的、无声的、把许多个人自然地联系起来的普遍性”，而不能在实践的维度和历史的视野中把人的本质理解为“社会关系的总和”。他总是从感性直观出发去设定“人”，而无法用历史的眼光去设定“现实的历史的人”。他自认为自己设定的是“人”，实际上他找到的不过是“德国人”。这是因为，他的感性直观是无法摆脱意识形态的遮蔽的，甚至他的感性直观本身就是历史性的。就此，马克思打比方说：“费尔巴哈在曼彻斯特只看见一些工厂和机器，而100年以前在那里只能看见脚踏纺车和织布机；或者，他在罗马的坎帕尼亚只发现一些牧场和沼泽，而在奥古斯都

① 马克思，恩格斯．马克思恩格斯文集：第1卷．北京：人民出版社，2009：501.
② 同①525.

时代在那里只能发现罗马富豪的葡萄园和别墅。”[①] 甚至，自然科学的那种所谓的“本质的直观”也是无法摆脱历史的。“如果没有工业和商业，哪里会有自然科学呢？甚至这个‘纯粹的’自然科学也只是由于商业和工业，由于人们的感性活动才达到自己的目的和获得自己的材料的。”[②]

施密特在其名著《马克思的自然概念》中说：“如果在唯物主义里找一个统一的概念，把唯物主义的历史纯粹看作是一种内在思想的发展，那末这种人一开始就走错了道。如果把整个唯物主义哲学中某种特有的形式撇开不谈，唯物主义在它的方法上、在它的特殊兴趣上、最后在它的内容的重要特征等方面，都会随着历史的变化而变化。在某一世纪里最重要特征的东西，在下一世纪里则可能被证明为是次要的了。”[③] 可见，仅仅在物质层面界定唯物主义，这样的唯物主义只能跟着自然科学后面亦步亦趋，被逼迫着改变自己的表现形式。而马克思的“实践的唯物主义”则从根本上摆脱了这种困境，因为“唯物”的“物”在这里已经不再是“物质”，而是历史性的“物质生活”。可见，“当作实践去理解”，在一定意义上就是“当作历史去理解”。实践和历史只有在马克思这里才发生了真正意义上的沟通。“全部社会生活在本质上是实践的。”[④] 意思就是说，社会生活是被实践出来

---

①② 马克思，恩格斯．马克思恩格斯文集：第1卷．北京：人民出版社，2009：529.

③ 施密特．马克思的自然概念．欧力同，吴仲昉，译．北京：商务印书馆，1988：21.

④ 马克思，恩格斯．马克思恩格斯文集：第1卷．北京：人民出版社，2009：501.

的，因而具有历史生成的特点。既然是历史生成的，就必须做一种历史的理解，否则就只能是一种弄虚作假的形而上学。正如马克思所说："只有这样按照事物的真实面目及其产生情况来理解事物，任何深奥的哲学问题……都可以十分简单地归结为某种经验的事实。"① 这里的关键是，只有按照其"产生状况"来理解事物，我们才能找到事物的"真实面目"。而这些，只有实践地进入到历史之中才是可能的。海德格尔在《关于人道主义的书信》中对马克思的历史唯物主义进行了高度的评价。他说："马克思在体会到异化的时候深入到历史的本质性的一度中去了，所以马克思主义关于历史的观点比其余的历史学优越。"② 就从一定意义上讲，这种历史的唯物主义正是马克思所完成的哲学史上的哲学革命，是世界观和方法论的双重变革。

马克思非常推崇意大利的近代思想家维科——因为维科在历史哲学方面的独特见解。在《资本论》第一卷的一个相当长的脚注中，马克思写道：

> 如维科所说的那样，人类史同自然史的区别在于，人类史是我们自己创造的，而自然史不是我们自己创造的。工艺学揭示出人对自然的能动关系，人的生活的直接生产过程，从而人的社会生活关系和由此产生的精神观念的直接生产过程。甚至所有抽象掉这个物质基础的宗教史，都是非批判

---

① 马克思，恩格斯．马克思恩格斯文集：第1卷．北京：人民出版社，2009：528.

② 海德格尔．海德格尔选集：上卷．孙周兴，选编．上海：上海三联书店，1996：383.

的。事实上，通过分析找出宗教幻象的世俗核心，比反过来从当时的现实生活关系中引出它的天国形式要容易得多。后面这种方法是唯一的唯物主义的方法，因而也是唯一科学的方法。那种排除历史过程的、抽象的自然科学的唯物主义的缺点，每当它的代表越出自己的专业范围时，就在他们的抽象的和意识形态的观念中显露出来。①

费尔巴哈那种感性直观的唯物主义正是一种“排除历史过程的、抽象的自然科学的唯物主义”，因而一进入历史领域，这种唯物主义的抽象性和唯心性就显露出来了：“当费尔巴哈是一个唯物主义者的时候，历史在他的视野之外；当他去探讨历史的时候，他不是一个唯物主义者。在他那里，唯物主义和历史是彼此完全脱离的。”② 实际上，这种自然主义是无法抵抗唯心主义的非难和攻击的。正如帕尔默在谈及自然主义的理解方式时所说的：“自然科学有理解自然对象的方法；‘作品’则需要一门诠释学，需要一门适合于理解作为作品之作品的‘科学’。毋庸置疑，‘科学分析’的方法能够而且应当被运用于作品，不过在这样做的时候，作品已被当作沉寂无言的自然客体了。”③ 在这里，“作品”作为人造物，显然与自然对象有着本质的差别。如果以理解自然对象的方式去对待“作品”，“作品”只能是“沉寂无言”的冰冷之物。因此，用自然科学的方法来理解它是无法奏效的，唯

---

① 马克思，恩格斯．马克思恩格斯文集：第5卷．北京：人民出版社，2009：429.
② 马克思，恩格斯．马克思恩格斯文集：第1卷．北京：人民出版社，2009：530.
③ 帕尔默．诠释学．潘德荣，译．北京：商务印书馆，2012：19.

有与作品展开对话，通过对话这种实践活动，激活作品的意义，同时也激活自己存在的意义。同样，对人类历史的理解，只有置身于其中才是可能的，因为人是无法摆脱“剧中人”和“剧作者”双重身份的纠缠的。因此，马克思坚定地说：“我们仅仅知道一门唯一的科学，即历史科学。”①

马克思一生都在致力于意识形态的批判，而历史唯物主义作为一个重要的方法论原则，正是开展意识形态批判的利器。可以说，离开了一种历史的运思方式，这种批判的有效性就会大打折扣。因为，意识形态的虚假性正在于它本来是产生于某一历史阶段的意识形式，但却被虚幻地当作了永恒的意识形态。比如，在《哲学的贫困》中，马克思就讨论了“原理”和“世纪”的关系。唯心主义者错误地认为：“每个原理都有其出现的世纪。例如，权威原理出现在 11 世纪，个人主义原理出现在 18 世纪。因而不是原理属于世纪，而是世纪属于原理。换句话说，不是历史创造原理，而是原理创造历史。”② 但问题是，为什么该原理出现在 11 世纪或者 18 世纪，而不出现在其他世纪？对此，“我们就必然要仔细研究一下：11 世纪的人们是怎样的，18 世纪的人们是怎样的，他们各自的需要、他们的生产力、生产方式以及生产中使用的原料是怎样的；最后，由这一切生存条件所产生的人与人之间的关系是怎样的”③。这就意味着，一旦回到人的存在及其“现象”的历史本身，资产阶级有意无意间所编造的一些抽象规

① 马克思，恩格斯．马克思恩格斯文集：第 1 卷．北京：人民出版社，2009：516.
②③ 同①607.

定就不攻自破了。实际上，不是社会意识决定社会存在，而是社会存在决定社会意识。这些抽象的意识形态只存在于特定的历史情境和历史土壤之中，根本就不具有永恒的性质。相反，这种意识形态只具有暂时性的特点，随着历史的发展必然会退出历史的舞台。正如马克思所说的：“这些观念、范畴也同它们所表现的关系一样，不是永恒的。它们是历史的、暂时的产物。”①

3. 学会像马克思那样思考问题

习近平总书记在哲学社会科学工作座谈会上的重要讲话中指出，坚持以马克思主义为指导，最终要落实到怎么用上来。因此，坚持马克思主义的指导地位不能悬空化、抽象化、标签化，而是要把马克思主义的立场观点方法自觉地运用到对理论问题和现实问题的研究之中去。“当作实践去理解”就是历史唯物主义重要的方法论原则，对这一方法的运用，既是继承和发展马克思主义的重要内容，也是推动哲学社会科学繁荣发展的基本原则。下面，笔者尝试运用这一方法论原则对几个典型的文化事件进行解读和分析，以深化对历史唯物主义的理解。

（1）*濠梁之辩*

所谓“濠梁之辩”，是发生在庄子和惠施之间的一场辩论。

---

① 马克思，恩格斯．马克思恩格斯文集：第1卷．北京：人民出版社，2009：603.

因这场辩论发生于濠梁之上，所以哲学史上也称作“濠梁之辩”。原文的记载如下：

> 庄子与惠子游于濠梁之上。庄子曰：“鲦鱼出游从容，是鱼乐也。”惠子曰：“子非鱼，安知鱼之乐?”庄子曰：“子非我，安知我不知鱼之乐?”惠子曰：“我非子，固不知子矣；子固非鱼也，子不知鱼之乐，全矣。”庄子曰：“请循其本。子曰汝安知鱼乐云者，既已知吾知之而问我，我知之濠上也。”

庄子和惠施是最要好的朋友，也是辩论对手。庄子和惠子一起在濠水的桥上游玩。庄子指着桥下说：“白鲦鱼游得多么悠闲自在，这就是鱼儿的快乐。”惠子说：“你不是鱼，怎么知道鱼的快乐?”庄子说：“你不是我，怎么知道我不知道鱼儿的快乐?”惠子说：“我不是你，固然不知道你；你也不是鱼，你不知道鱼的快乐，也是完全可以肯定的。”庄子说：“还是让我们顺着先前的话来说。你刚才所说的‘你怎么知道鱼的快乐’的话，就是已经知道了我知道鱼儿的快乐而问我，而我则是在濠水的桥上知道鱼儿快乐的。”

发生在庄子和惠施之间这场关于“子非鱼，安知鱼之乐”的诡辩，好像无从破解。确实，你不是鱼，怎么会知道鱼的快乐呢？同样，你不是我，又怎么能知道我不知道鱼儿的快乐呢？这里的关键问题在于：一些隐私的感受，比如快乐，别人是否能同样地体验到？如果不能体验到，是否可以知道？进一步说，“体验”和“知道”二者之间的关系是不是对等的？

毋庸置疑，每个人都有属于自己的主观感受和特殊的内心世界。比如，“疼痛”，就是一个典型的带有隐私性的心理现象。我的疼痛感觉，别人是体会不到的。当我喊叫“疼痛”的时候，别人所能观察到的只是我的表情和行为，而不是我的疼痛状态本身。只有我自己能够知道我确实是处于疼痛状态之中，抑或是假装疼痛。再比如，一个人失恋了，痛苦只有他自己能够体会到，旁观者也许只能表示理解和同情，而不能“感同身受”。正因为此，有些人说起别人的事情往往口若悬河、头头是道，事情摊到自己身上，就束手无策了。孩子得病了，很难受，也很痛苦。妈妈看着心疼，恨不得能够替代孩子承担痛苦，可惜，什么都可以替代，而痛苦却是替代不了的。

但是，心理体验具有隐私性，表达指示这种心理体验的语言也同样具有隐私性吗？当我们运用“疼痛”“快乐”这些词的时候，当我们运用这些词汇来进行沟通交流的时候，恰恰是承认了“疼痛”“快乐”是每个正常人都可感觉的现象。正因为此，我们才可以说“我和你感到同样痛苦”这样的话。当然，我们在日常生活中听说过关于一对双胞胎可以同时感觉到同样疼痛的新闻报道。但是，我们在日常语言中说“同样痛苦”的时候，似乎表达的意思不是这种在体验的意义上绝对等同的“疼痛”，即由于同样的原因，在同样的身体部位，感到同等程度的痛苦。用科学实验的方法来论证两个人不可能有着共同的疼痛是一回事，我们在日常语言中说“同样疼痛”又是另外一回事。二者其实是“同样”这种说法的不同用法。当我们说“一个人不能感觉到别人的疼痛”，其实是错误地用心理科学严格、精确的用法代替了日常语言的用法。

沿着这个思路走下去，“濠梁之辩”似乎就有解了。不错，人不是鱼，不可能体验到鱼的快乐；惠子不是庄子，也不可能知道庄子是真的知道鱼儿的快乐还是假装知道鱼儿的快乐。但有一点是肯定的：他们都在公共语言的范围内使用了“快乐”这个词。快乐的体验是隐私的，而“快乐”这个词的“使用”却是公共的。既然在大家都能理解的意义上使用了这个词，就完全可以使用“知道”这个词。正如庄子反驳惠子时所说的：“你刚才所说的‘你怎么知道鱼的快乐’的话，就是已经知道了我知道鱼儿的快乐而问我。”

不难看出，庄子和惠子之间的对话实际上是一个艺术家和科学家之间的对话。作为艺术家的庄子关注的是诗意的“相似”；而作为科学家的惠子，则是像做科学实验一样较真：鱼儿的快乐就是鱼儿的，别人不可能知道。但是，惠子没有意识到，如果非要把“快乐”“痛苦”这些词语还原回个体的、隐私的、微妙的心理体验，我们就无法说话了。比如，我们就不能说“这张桌子和昨天一样”，因为从微观的角度观察，桌子现在的状态肯定和它在昨天的状态并不完全相同。既然如此，我们怎么能说这张桌子和昨天一样呢？

通过对日常语言的分析来破解哲学难题，是当代著名哲学家维特根斯坦的强项。日常语言正是我们在实践生活中运用的语言，而不是头脑里想象的语言。仅仅在思维中想象语言的本质、语言的用途，就会陷入形而上学无法自拔。正如马克思所说的：“关于思维——离开实践的思维——的现实性或非现实性的争论，是一个纯粹经院哲学的问题。”① 可以说，维特根斯坦关于日常语言的思考，正是贯彻了马克思“当作实践去理解”的方法论原则。维特根斯坦认为，一切让人想破脑筋的哲学问题，都是由于语言的误用和误解造成的。我们在使用语言的时候，总是用相似的形式来表达差异很大的概念。比如，动词“to be”“to exist”看上去与“to eat”“to drink”这样的东西没有区别。但是，询问大学里有多少人不吃肉或者不喝酒是有意义的，而询问大学里有多少人不存在是没有意义的。再比如，我们可以说“红色”是某些事物具有而其他事物缺乏的属性，但我们却不能说“存在”也是某些事物有而其他事物缺乏的属性。

还是以上面的“濠梁之辩”为例。套用维特根斯坦的话，“只有我知道我是否快乐”是没有意义的，因为“知道”这个概念同时设定了它的对立面“不知道”。比如，我们经常在电视剧里听女主角说：“我知道他是爱我的。”而实际上，当她说出这句话的时候，她自己也在怀疑那个男人是否真的爱他。也就是说，任何知识的对象都是可以怀疑的。但是，“我的快乐”却不是知识的对象，因此也不是怀疑的对象。所以，说“我快乐”或“我不快乐”是有意义的，而说“我知道我快乐”或“我知道我不快乐”则是没有意义的。我们不能把自己确信无疑的事情当作所知

---

① 马克思，恩格斯．马克思恩格斯文集：第1卷．北京：人民出版社，2009：500.

道的事情。在这里，是“知道”和“确信”两个词误用了，从而造成了一系列的问题。

为了说明这个问题，维特根斯坦专门讲了一个“匣子里的甲虫”的比喻：我们可以设想在某地人人都有一个匣子，匣子里装着一种他们称作“甲虫”的东西。维特根斯坦说，各人匣子里的甲虫可能不完全一样；甚至，有些人的匣子里可能就没有甲虫。但是，这丝毫没有妨碍他们谈论自己匣子里的甲虫。虽然每个人都看不到别人匣子里的甲虫，但他们完全可以根据自己匣子里的东西知道别人匣子里装的也是甲虫。在这个比喻中，匣子就好比是人的身体，甲虫就好比是发生在身体之内的“快乐”。虽然各人都从自己的感觉中理解了“快乐”这个概念的意义，虽然各人观察不到别人身体内的“快乐”，虽然各人所感觉到的“快乐”不尽相同（就好比每个匣子中的甲虫不完全相同一样），虽然有人在假装快乐（好比有个匣子根本没有甲虫），但这一切并不妨碍我们使用“快乐”这个公共概念来谈论每个人对于“快乐”的不同感受。

为什么呢？因为“快乐”不是一件事物，“快乐”也不是指示事物的名称。这个词所对应的是快乐的自然表达方式，而不是快乐这一心理状态本身。因此，白鲦鱼游得悠闲自在，我们就可以说它是快乐的。同样，一个人悠闲地在田间小路上散步，我们也有理由说他是快乐的。只要我们，包括动物，拥有共同的表达疼痛的自然方式，就完全可以用一个大家都知道的符号（快乐）来表达。

(2) 夫子何以老而好《易》

在中国哲学史中，孔子对待《周易》的态度是一个非常重要的文化事件。按照学术界较为普遍的说法，孔子对《易经》的态度经历了一个明显的变化，即前期对《易经》不予重视，但在后期却是“老而好《易》”“晚而喜《易》”，甚至达到了“居而在席，行则在橐”的痴迷程度。虽然很多学者对孔子开始“好《易》”“喜《易》”的时间节点存在着很大的争议①，但都未否认孔子后期对《易经》的重视。李学勤先生据《论语》中“五十以学《易》”章句指出：“从他（孔子——引者注）所说学《易》可以无过，也能看出《易》已经不仅是卜筮之书，而是被认为有深邃的哲理。”② 其他学者也有类似的看法，即认为孔子早期之所以对《易经》存有偏见，在于他视《易经》为卜筮之书。晚年的

---

① 学界关于孔子与《易经》关系的争论，主要集中于两点：一是孔子晚年“喜《易》”“好《易》”的时间节点，二是孔子晚期对《易经》的态度转变。关于第一点，《论语·述而》篇记载：“子曰：加我数年，五十以学《易》，可以无大过矣。”这里的关键信息点是确定孔子说这段话的时间。司马迁在《史记·孔子世家》中将这段话编排在孔子晚年返鲁之后，推算应在孔子六十八岁时。但是，从东汉的郑玄、三国时期的何晏，再到南朝的梁皇侃等人，都认为孔子说这段话的时间应在五十岁之前。对此，廖名春先生曾专门撰文予以分析考辨，认为孔子“喜《易》”“好《易》”应在晚年，而不是五十岁之前。而《论语》此章，也应看作“孔子晚年深入学《易》之后的追悔之言”。（廖名春．孔子真精神：《论语》疑难问题解读．贵阳：孔学堂书局，2014：162－173.）对此，笔者表示赞同。但是，关于孔子对《易经》的态度，笔者则不认为晚年的孔子否定了自己早期对《易经》的观点，而只是在继承的基础上有所创新。从“无大过”的慨叹之语可以看出，孔子在晚年只是开辟了新的解释学路径，进而据《易经》改变了对“德义”的观照方式。而孔子早期对《易经》的理解恰恰构成了其晚期据《易经》以“演德”的解释学前提和方法论支撑。

② 李学勤．周易经传溯源．长春：长春出版社，1992：49.

孔子虽仍然轻视卜筮，但对《易经》的看法却有重大的改变，认为“《周易》未失也，且又（有）古之遗言焉”①。

实际上，这种将《易经》的卜筮性质与“有深邃的哲理”分成两截，看作非此即彼的关系的观点是不妥的。《易经》为什么不能既是卜筮之书而同时又包含深邃的哲理呢？难道将《易经》视为卜筮之书就一定是“信其筮”“安其用”？这里的关键是，我们应该以一种什么样的致思方式切入对“夫子老而好《易》”这一文化事件的解读。从帛书《要》的记载来看，孔子在后期从没否认《易经》是一部卜筮之书，更没有轻视卜筮。相反，他“居而在席，行则在橐”，迷恋的恰恰正是卜筮。从子赣对孔子的批评来看，这一点应该是确定无疑的。子赣是这样说的：“夫子它日教此弟子曰：‘德行亡者，神灵之趋；知谋远者，卜筮之繁。’……夫子何以老而好之乎？”而后又直截了当地问道：“夫子亦信其筮乎？”（子赣在这里用了一“信”字，而不是“好”“喜”等字，表明孔子至少在形式上是在卜筮吉凶。）试想，若孔子当时迷恋的不是卜筮，而仅是《易经》的经文（卦爻辞），何至于招致学生如此不留情面的质疑和指责？何况孔子本人也说：“吾百占而七十当，唯周梁山之占也，亦必从其多者而已矣。”

但是，孔子在迷恋卜筮的过程中又强调自己是“不安其用”的。即是说，孔子虽然抛弃了卜筮之用，但却没有抛弃卜筮本身。也就是说，卜筮作为一种特殊意义上的实践活动，孔子并没

① 廖名春．孔子真精神：《论语》疑难问题解读．贵阳：孔学堂书局，2014：171.

有将其放弃，而只是转换了这一实践活动的意义和指向。这种现象学上的意义转换是我们经常遇到的。比如，我们去钓鱼。钓鱼可能指向功利目的，即以钓鱼为生。但是，钓鱼也完全可以看作一种自娱自乐的活动。这种活动关心或关注的不是钓鱼的成效（钓了多少鱼，能不能填饱肚子），而是享受钓鱼活动的整个过程。但无论你是把钓鱼当作谋生的方式还是享受钓鱼的过程，都不能离开钓鱼这一实践活动。钓鱼的意义是无法脱离开这一实践活动的。同样，我们不能因为卜筮的原初目的是占卜吉凶就想当然地认为它最终导向的永远是占卜吉凶。正如《易·系辞上传》中所言："君子居则观其象而玩其辞，动则观其变而玩其占。"在这里，所观之"象"和"变"对所玩之"辞"和"占"是具有优先地位的，而"象"和"变"正是在具体的卜筮过程中向我们呈现的。也就是说，"象"和"变"只有在卜筮这一具体的实践活动中才能得到真正切实的理解。离开了这一实践活动，卦爻辞作为意义符号只能表现为马克思所说的"脱离开实践的思维"。而这种抽象，一旦脱离实践，就有着沦为教条的危险。孔子不放弃卜筮，正是强调卦象（"象"）及卦象推演（"变"）与卦爻辞之间相互交通、彼此参与、意义共生的关系。只不过，孔子力求在卜筮的过程中完成解释学上的视角转换，超越占卜吉凶的功利用途。孔子就此区分了研究《易经》的三个境界："幽赞而达乎数，明数而达乎德……赞而不达于数，则其为之巫；数而不达于德，则其为之史。"在这里，"赞"是最初级的层次，即通过推演卦象预测吉凶。从事这个行当的是"巫"。"数"是第二个层次，即是在研究《易经》的过程中看到了象数的推演，感受到了卦象与卦爻辞之间的密切关联。能够领会到这一层次的是"史"。而"德"是最高的层次，即在卦象形式设定的不同情势中切身地体会如何修德。领会其中道理的是君子。但无论哪个层次，都脱离不开以卜筮为表象的卦象推演。因此，孔子才说自己与史巫是"同途而殊归者也"。也正是因为自己与史巫之间这种"形似而神不似"的关系，他才发出了"后世之士疑丘者，或以《易》乎"的慨叹。

不难看出，在孔子那里，"幽赞""明数""达德"是一种依次递进的关系，而后者总包含着对前者的扬弃，而不是单纯而简单的否定。卜筮的实际操作不仅能够预测吉凶，还衍生出了"象数"的变化，"象数"的变化又进一步构成了《易经》文本意义的生发之源。所谓"圣人立象以尽意，设卦以尽情伪"，正是暗示作为卦、爻的"象"和作为卦爻辞的"意"是须臾不可分离的，二者相互参与，相互建构，彼此交融，共生共存。正如王树人先生所说："'易道'的根本在于，观物取象，并进而在象的流动与转化中洞察出卦象，由卦象以尽意。"对"易"而言，"象"之所以根本，正是因为卦象推演所开启的是一个"原发创生"的境域。① 离开了这一境域，所谓的卦爻辞不过是形而上的僵化教条和抽象原则罢了，甚至还可能是"东说一句，西说一句，迷离散乱，几乎理不出个头绪"② 的乱码。

---

① 王树人．"象思维"视野下的"易道"．周易研究，2004（6）．

② 张祥龙．思想避难：全球化中的中国古代伦理．北京：北京大学出版社，2007：97．

正因为此，后来的朱熹始终坚持认为《易经》为卜筮之书，并对魏晋以来“直弃卜筮而虚谈义理，致文义牵强而无归宿”[①]的流弊表示了批评：“要须先以卜筮占决之意求经文本义，而复以传释之，则其命词之意与其所自来之故，皆可渐次而见矣。”[②]据此，朱熹将卜筮与义理辩证地结合在了一起：“《易》以卜筮用，道理便在里面。”[③] 他虽强调《易经》是卜筮书，但又不认为卜筮即无义理。相反，义理正是在卜筮中生发而出的。尚秉和先生对朱熹的这一观点颇有体认。他深刻地指出：“夫曰观象系辞，则今之易辞，固皆古圣人瞪目注视卦象而为者也。《易》之卦爻辞，既由象而生，后之人释卦爻辞，而欲离象，其不能识卦爻辞为何物，不待智者而决矣。”[④] 当时有些学者认为强调《易经》的卜筮性质会败坏其“开物成务，冒天下之道”的美名，以至于在卜筮问题上闪烁其词。针对这一心理，朱熹反驳说，这种担心大可不必：“今人说易，所以不将卜筮为主者，只是嫌怕少却这道理。故凭虚失实，茫昧臆度而已。殊不知由卜筮而推，则上通鬼神，下通事物，精及于无形，粗及于有象，如包罩在此，随取随得。”[⑤] 朱熹的这一解释也许正是《四库全书总目提要》“易道广大，无所不包，……皆可援《易》以为说”这句话的奥秘所在。由此不难看出，我们古代的哲人虽然没有像马克思那样

---

①② 朱熹．答孙季和//朱熹．晦庵先生朱文公别集：卷三．四部丛刊本.

③ 朱熹：朱子语类．北京：中华书局，1986：1635.

④ 尚秉和．左传国语易象释·绪言//尚秉和．周易尚氏学．北京：中华书局，1980：339.

⑤ 钱穆．朱子新学案：第四册．台北：三民书局，1989：11.

将实践的重要性上升到自觉的理论形态，却是已经对“当作实践去理解”有了深刻的领会。这也正是马克思主义与中国传统文化能够内在沟通的一个重要方面。

实际上，孔子对《易经》中所表现出的这种“当作实践去理解”的境域化、原生创发式的哲理思维早就有所体悟，只不过还未曾沿着“观其德义”“求其德”的方向进行阐释。这种体悟是建立在他对“艺”的理解基础之上的。早在孔子之前，周人实施教化的“六艺”中就已经包含《易经》的内容了。《周礼·保氏》有云：“养国子以道，乃教之六艺：一曰五礼，二曰六乐，三曰五射，四曰五御，五曰六书，六曰九数。”这里的“九数”，指的就是《易经》数字卦推演过程中表现出来的象数之学。《易经》以卜筮吉凶为直接用途，周人却直取“九数”为“艺”实施教化，本身就值得我们深思。这至少说明，《易经》虽是卜筮之书，但周人也并未简单地将其用于卜筮吉凶，而是沿着象数卦的方向进行了解读和发挥。这也印证了孔子所说的“幽赞而达乎数”的观点。孔子最欣赏周文化，对于周人实施教化的“六艺”不能不知。根据史料的记载来看，孔子对周之“六艺”非常重视，他不仅身体力行地去演“艺”，还把“礼、乐、射、御、书、数”进一步“文”化为“六经”以教育学生。[①] 《史记·孔子世家》记载说：“孔子以诗书礼乐教，弟子盖三千焉，身通六艺者七十有二人。”可见，早期的孔子就已经对《易经》之“象数”作了

① 张祥龙．仁与艺//赵汀阳．论证：3．桂林：广西师范大学出版社，2003：301.

“艺”化的理解，或者说，他已经在“幽赞而达乎数”的层次上来理解《易经》，而不是将其视为卜筮之书全盘否定，更不像有些学者那样认为孔子早期与《易》毫无接触。[①] 正如清代的毛奇龄所说：“（孔子）幼习六艺，便当学《易》，何况五十?”[②]

在孔子生活的时代，“艺”总是表现为“技”，却又不止于“技”。“艺”和“技”都是实践性的，但二者又有所不同。“技”对人而言带有明显的马克思意义上的“谋生”的意味，即它是有着明显的外在实际用途的。比如，庄子笔下的庖丁，他完成“解牛”这项工作需要的即是“技”。但是，一旦他不再关心如何能将“解牛”这个技术活完成好（以便能够拿到报酬养家糊口），而是看重怎样才能达到“以无厚入有间”“游刃有余”的水平，甚至在节奏上也要产生“合于桑林之舞，乃中经首之会”的美感时，“技”就完成了向“艺”的转化。而要做到这一点，就必须抛弃功利心态，保持住技术运作中的灵性，“以神遇而不以目视，官知止而神欲行”；否则，“目无全牛”，仅把牛看作一个待屠宰的对象，永远也不可能达到“艺”的境界。[③] 正是在这个意义上，庖丁说：“臣之所好者，道也，进乎技矣。”还有欧阳修笔下的卖油翁，他不仅要完成滴油这么一项工作，还要把铜钱盖在葫

① “五十以学《易》”章有所谓“鲁读”的问题。唐代陆德明在《论语音义》中说：“《鲁》读‘易’为‘亦’，今从《古》。”如此一来，“五十以学《易》，可以无大过矣”，就变为了“五十以学，亦可以无大过矣”。就此，历史上很多学者都否认孔子与《周易》有关，包括近人钱玄同、钱穆、李镜池、郭沫若等人。

② 李学勤．周易经传溯源．长春：长春出版社，1992：51.

③ 祝和军．精技近乎艺．光明日报，2014－01－04.

芦口上，让油从钱孔中滴过去而不沾湿铜钱。前者是实现功利用途的“技”，后者则是自己陶醉于其中的“艺”。

马克思在《资本论》中说：“自由王国只是在必要性和外在目的规定要做的劳动终止的地方才开始；因而按照事物的本性来说，它存在于真正物质生产领域的彼岸。”[①] 早在《1844 年经济学哲学手稿》中，马克思也说：“动物只是按照它所属的那个种的尺度和需要来构造，而人却懂得按照任何一个种的尺度来进行生产，并且懂得处处都把固有的尺度运用于对象；因此，人也按照美的规律来构造。”[②] 古代意义上的“艺”正是马克思所暗示的“自由劳动”，因为在这种劳动实践中，人已经深入到了“美”的境界中去了，而没有在单纯功利性的异化劳动中丧失自己。可见，“艺”所昭示的“美”是以超越功利性为绝对前提的，也就是马克思所说的“存在于真正物质生产领域的彼岸”。比如，打麻将、斗地主本身是一种游戏，但若用来赌博，美感就荡然无存了，剩下的只是胆战心惊和大喜大悲。《庄子·徐无鬼》也曾记载过一个“运斤成风”的故事。里面的那个技艺高超的工匠若是总担心伤害别人的身体，也就无法把砍削的本领运用得出神入化，拿捏得恰到好处了。

“艺”以超越功利性为前提，但超越功利性并不是“艺”的全部。“艺”之所以是“艺”，是因为兼具了实践性和境域化的双重特点。所谓实践性，即对“技艺”而言，人必须以身临其境的

① 马克思，恩格斯．马克思恩格斯文集：第 7 卷．北京：人民出版社，2009：928.

② 马克思，恩格斯．马克思恩格斯文集：第 1 卷．北京：人民出版社，2009：163.

方式投身于其中加以领会，而不能外在地观摩和打量。正如游泳，无论你以旁观者的姿态了解了多少关于游泳的专业知识，都照样无法掌握游泳这项技能。要想学会游泳，必须亲自下水，现场体验，别无他途。正如黑格尔所说的，人无法在下水之前学会游泳。孔子说："吾少也贱，故多能鄙事。"又说："吾不试，故艺。"（《论语·子罕》）他一生对"艺"身体力行，正是强调"艺"的实践性。同样，孔子视《易经》为"艺"，自然反对脱离开卦象推演这一具体实践而对卦爻辞妄加揣摩，虚谈义理。所谓境域化，则是指实践性的"艺"开启了一种非现成、在当下永远保持鲜活的原发创生性的态势，有着鲜明的游戏特征。游戏（包括当今社会的电子游戏）之所以令人着迷、引人入境，正是因为实践性的"游戏"开启的境域不是现成的，也不是预成的，而是不断生成和变换的。正如"丸之走盘"，"横斜圆直，计于临时，不可尽知"（《樊川文集》卷十《注孙子序》）。作为游戏者，在游戏过程中既没有具体的规则和套路可以遵循，也没有现成的知识和经验可以利用，而只能依局势的变换、转换而有所选择和决断，讲究的是"运用之妙，存乎一心"，追求的是"出神入化""炉火纯青"。从这个意义上讲，游戏只能"玩"，而也只有"玩"，才是游戏的最高境界，因为游戏本就是人性深处的自娱自乐。只有在这种自娱自乐中，美感才会油然而出。所谓"君子居则观其象而玩其辞，动则观其变而玩其占"，说的正是这个道理。若从"艺"而非"技"的角度来审视《易经》，孔子为什么就不能把推演卦象当作一个"游戏"来把玩呢？难道推演卦象就一定是追求预测吉凶的外在功利目的吗？在这里，一个“玩”字足以表明孔子在卜筮过程中的“游戏”心态，而所谓的“韦编三绝”也就不足以大惊小怪了。

邵雍在《梅花易数·观物玄妙歌诀》中说：“观物戏验者，虽云无益于世，学者以此验数而知圣人作《易》之灵耳。物之于世必有数焉。”可见，“技”一旦“艺”化，就能成为领会天道运行的几微和契机。从这一意义上讲，学“艺”即是“知几”。“几者，动之微”，只有“知几其神乎”才能“通道”。在中国文化的背景下，“道”不是一种对象化的存在，像西方的“上帝”那样悬在空中，而是一个借助不离世间的“机缘”即能进入的境界。而机缘，恰恰是通过现实生活教育中的技艺来开启的。《论语·卫灵公》中记载：“子曰：‘赐也，女以予为多学而识之者欤？’对曰：‘然，非欤？’曰：‘非也，予一以贯之。’”技艺不是今天意义上的专业分工，因此并没有高低贵贱之分，也不是越多越好，关键是能够滴水藏海、转识成智，从而能够一通百通，知人知天，出神入化。因此，孔子说：“六艺治于一也。”又说：“君子不器。”“器者，各适其用而不能相通。”君子无论从事什么职业，一旦像器物那样被外在的使用目的所局限，艺境就会荡然无存。

可以说，孔子一生中对各种技艺的学习和体认深刻地塑造了他境域化的思维模式。这种思维方式不过是马克思主义“当作实践去理解”的另外一种表述罢了。这种观照方式也成为孔子晚期引申、发挥《易经》的方法论原则。孔子后期迷恋《易经》，正在于他认识到了在艺境中修德，即实现“明数而达乎德”这一目标的重要性，而不是因为他在“古之遗言”中发现了某种新的道德理论或道德原则。正如李学勤先生所指出的，孔子此处所观的“德义”，不能作道德、仁义解，而应理解为《系辞上传》中的蓍、卦之德，六爻之义，也就是神智和变易。① 由此看来，孔子并没有在《易经》中发现一种新道德，而是改变了观照、阐释道德的视野和方法。所以说，孔子后期“喜《易》”“好《易》”，并不是要解决“修德应否可能”的问题，而是在方法论上着力解决“修德如何可能”的问题。而《易经》参与到儒家思想的理论建构当中去，正是得益于孔子对《易经》的态度。因此，孔子研修《易经》的过程，已不是孔子个人的私人事件，而是“中国学术史、文化史上的一个重大问题”②。孔子对《易经》的阐释在解释学维度上直接构成了后来儒者“援《易》以为说”的“前理解”，从而决定了孔子之后儒学自我革新、自我发展的方向。

(3) 尽人事而知天命

在中国文化的传统中，“天”无疑是至上的存在。但是，“天”却是无法外在地加以规定和言说的。这是因为，它似乎不是一个东西，而是一个超验性无限存在，所以无法在语言结构中被纳入宾格。西方宗教崇拜的对象是人格神，无论是上帝还是耶稣，他们都是人的形象。他们有脾气，有性格，有好恶，因此可

① 李学勤．周易经传溯源．长春：长春出版社，1992：229.

② 同①49.

以被当作一个“东西”来描述。可是，中国人的“天”呢？好像却无法描述。它是刮风下雨的天？好像不是。它是奖善惩恶的“老天爷”？好像也不全面。它是人命运的掌控者，是如来佛的手心？好像也有失偏颇。它是《西游记》中描述的天宫——神仙居住的宫阙？好像又有失真实。

总之，我们无法为中国人眼中的“天”下一个定义，也无法通过知识性的概念来把握它。它在外形上像一个无限的苍穹，在人的生存过程中则成为人永远也无法脱离其中的生存境域。正如我们每个人抬头所看到的那样，蓝天白云，无边无际。它的含义是如此丰富，以至于我们在那一声声“天啊!”的呐喊和发声语境中，可以通过各种各样的方式来体会和体现这天的蕴意：当遭受天灾时，我们会心生恐惧，总以为这是天下凶兆，以罪人间丑恶；当风调雨顺时，我们会认为这是政令畅通、国泰民安的祥兆；当六月飞雪，出现灵异现象时，我们会认为人间可能存在着重大冤情，需要昭雪和平反；当人们的努力无法改变趋势，抱终天之憾时，我们会“认命”，认为是“天意”使然……总之，天离我们很远，又离我们很近；它是有形的，又是无形的。它似乎高高在上，却永远不会死板地向人间颁布命令；它似乎就在我们身边，却又是神鬼莫测，“时事无常”“造化弄人”般地消解着我们的狂妄，嘲弄着我们的命运。

“天”在孔子心目中的位置非常重要。孔子说：“君子有三畏：畏天命，畏大人，畏圣人之言。”（《论语·季氏》）他的弟子也记载说：“子罕言利，与（天）命与仁。”（《论语·子罕》）但是，令人奇怪的是，尽管“天”对孔子而言如此重要，孔子对“天”却是从不直言。下面，我们就可以看一段孔子与学生之间的对话：

> 子曰：“予欲无言。”
>
> 子贡曰：“子如不言，则小子何述焉？”
>
> 子曰：“天何言哉？四时行焉，百物生焉，天何言哉？”
>
> ——《论语·阳货》

孔子说：“我想不说话了。”子贡说：“你如果不说话，那么，我们这些学生还传述什么呢？”孔子说：“天何尝说话呢？四季照常运行，百物照样生长。天说了什么话呢？”

在孔子看来，天何曾直白地向世间兜售真理？它总是在世间万物身上或隐或显地呈现自己。你没有看见吗？四时运行，百物枯荣，里面就已经有“天机”了，天还需要说话吗？最后，子贡只好慨叹：“夫子之文章，可得而闻也；夫子之言性与天道，不可得而闻也。”（《论语·公冶长》）

确实如此，老师写的东西，可以拿来学习，可是，老师重视却从不直言的“性”和“天道”，学生又从何学起呢？正因为此，孔子的很多学生不大满意，总以为老师在故弄玄虚，有意向他们隐瞒了一些什么。孔子听到这些言论后说：“二三子以我为隐乎？吾无隐尔。”（《论语·公冶长》）意思是说，有几个人说我对他们隐瞒了什么，其实我把所有的东西都说了，一点儿都没有隐瞒。

既然没有隐瞒，为什么不说呢？听起来好像是笑话，但道理其实很简单：无限的东西是无法落入语言的，而身在其中的境域更是人无法置身事外地进行谈论的。正如《道德经》中所说："道可道，非常道；名可名，非常名。""道"一旦被说出来，就不再是"无待"的"绝对"，而是"有待"的"相对"了。因此，老子说："道隐无名"。"有名"的都是有限的。按照康德的说法，能够成为我们知识对象的，必须要向我们提供感性的经验材料。那些不能为我们提供经验材料的，我们却无法言谈，并使之成为知识的对象。而"天"又向我们提供了什么感性经验呢？什么也没有提供，因为无限的东西是我们的经验捕捉不到的。正如康德所说："每一个个别经验不过是经验领域的全部范围的一部分；而全部可能经验的绝对的整体本身并不是一个经验。"[①] 在中华传统文化中，"天"就是如此。尽管"天"在某一个方面让我们有了个别经验，但这些经验作为一个整体却没有给我们提供任何经验。正是按照这个思路，康德把知性和理性、现象和本体、有限和无限严格区别开来，并以矛盾的方式显示它们之间的对立。比如，对康德来说，要想体认无限，就必须抛弃现象和有限。这就直接否定了通过有限进入到无限的可能性。这种致思取向在一定意义上仍然是西方形而上学传统的翻版和延续。因此，黑格尔后来在《小逻辑》中对康德这样批评：

> 康德是最早明确地提出知性和理性的区别的人。他明确地指出：知性以有限的和有条件的事物为对象，而理性则以

---

① 康德．任何一种能够作为科学出现的未来形而上学导论．庞景仁，译．北京：商务印书馆，1978：104.

无限和无条件的事物为对象。他指出只是基于经验的知性知识的有限性，并称其内容为现象。这不能不说是康德哲学之一重大成果。但他却不可老停滞在这种否定的成果里，也不可只把理性的无条件性归结为纯粹抽象的、排斥任何区别的自我同一性。如果只认理性为知性中有限的或有条件的事物的超越，则这种无限事实上将会降低其自身为一种有限的或有条件的事物，因为真正的无限并不仅仅是超越有限，而且包括有限并扬弃有限于自身内。同样，再就理念而论，康德诚然使人知道重新尊重理念，但确证理念是属于理性的，并竭力把理念与抽象的知性范畴或单纯感觉的表象区别开。（因为在日常生活中，我们大家漫无区别地称感觉的表象为观念，也称理性的理念为观念。）但关于理念，他同样只是停留在否定的和单纯的应当阶段。①

黑格尔对康德的批评是切中要害的。确实如此，仅仅将有限与无限严格区别开来，并否定知性、知识、概念等认知性思维方式能够进入无限，仍然是消极的。就像维特根斯坦在《逻辑哲学论》结尾处所说的那句著名的话："对不可说的，要保持沉默。"这句话充分地表现出西方形而上学在这个问题上的深沉无奈。因此，真正高明的手法应该是经由有限进入无限。这在康德那里是完全不可能的。但在黑格尔那里，这一任务是通过概念的自我辩证运动实现的。黑格尔的思路和手法无疑启发了后来的马克思，

① 黑格尔．小逻辑．贺麟，译．北京：商务印书馆，1980：127.

但马克思不满足于这种思维中的辩证运动，而是强调人类历史自身的辩证性，从而将有限和无限通过现实的历史运动辩证统一起来。这一革命性的世界观无疑更具有彻底性和深刻性。中华传统文化之所以是“早熟”的，正在于其对于这个问题保持着高度的敏感。如前所述，孔子的“天何言哉”，正是在康德的意义上否定了通过言语进入“天”的可能性。但是，中国传统文化并没有像西方文化那样采取一种消极的态度，而是自觉地进行着经由有限进入无限的努力。这种努力的姿态和处理的手法也与马克思有几分“神似”，那就是“当作实践去理解”，从“主观方面去理解”。但在我们古代文化的语境中，它的表述应该是“当作人事去理解”，即“尽人事而知天命”。古代的思想家和马克思一样认为，离开了“人事”，任何的言说和描述都不过是一种仅仅停留在思维中的形而上学而已。因此，孔子虽然把“天”与“命”看作最为重要的东西，但却从来不去“直言”。“巍巍乎，唯天为大。”“五十而知天命，……七十而随心所欲，不逾矩。”……从这些言语中不难看出，孔子一生都在领会、领悟天之玄机。但是，天何言哉？天既然什么都没有说，我们就无法直言天。我们的古人虽然认为“天”和“道”至关重要，但一张嘴谈论的却都是地下的“俗事”。在他们看来，领会天的契机和机缘就在地下，就在人的实践和人事中。我们无法直言天，而只能通过世间的“人事”去领会天，去体悟“天意”。比如，周人的祖先是后稷，并不是什么叱咤风云的人物，顶多不过是种庄稼的能手。对于他，《史记·周本纪》中是这样记载的：

弃为儿时，屹如巨人之志。其游戏，好种树麻、菽，麻、菽美。及为成人，遂好耕农，相地之宜，宜谷者稼穑焉，民皆法则之。帝尧闻之，举弃为农师，天下得其利，有功。帝舜曰："弃，黎民始饥，尔后稷播时百谷。"封弃于邰，号曰后稷，别姓姬氏。

看来，"稼穑"本身就是一种实践性的游戏。种庄稼这个游戏的规则并不简单，不仅要"相地之宜，宜谷者稼穑焉"，还要靠老天爷的帮忙：风调雨顺，才有可能五谷丰登。因此，在这样一种生成性的实践游戏中，后稷不仅体悟到了土地的神奇，还升华了对上天的敬畏。也许，在后稷看来，唯有脚踏实地，敬畏上天，才能可以让老百姓丰衣足食。在中国文化的传统中，天地之所以能够相参，原因也在于此。具体说来，在最原本的意义上，中华文明中的中国人正是在种植或者稼穑的过程中获得这种启示的。如果说天暗藏了一切玄机，那么，它必然要通过土地，通过土地上的禾苗来显示这种玄机。没有上天，土地将丧失其滋养生化之能力。试想，如果没有天上的阴晴圆缺，没有上天的风雨雷电，土地上何以能够孕育生命？反过来说，没有土地，没有天地之间的这些生命，天之玄机也不过是一片抽象的空无，纵有万般风情，弦断与谁听？正是在庄稼的成长过程中，天之奥秘和几微得到了淋漓尽致的体现。天气大旱，禾苗将死，此时你费多少人力灌溉浇水都不可能尽如人意。可是，一旦春风化雨，天降甘露，立即就会生机盎然，绿色一片。后来，孟子就是用这个道理来批评魏襄王的："王知夫苗乎？七八月之间旱，则苗槁矣。天油然作云，沛然下雨，则苗浡然兴之矣。其如是，孰能御之?”（《孟子·梁惠王上》）禾苗一旦受到雨水的滋润，生机顿起，岂是人力所能比拟？治理国家也是一样，一旦德行蔚然成风，所到之处，必然也是所向披靡，无恶不化。正因为此，后稷的全部事业就是一地一天：对地种谷，对天祭祀。没有刀剑的荣耀，没有征服的桂冠，也没有体系的构造；耕祀就是一切，因为一切都是从社、稷中生长出来的，而风水、四时的奥秘就在于这土地之中。所谓“尽人事而知天命”，不过是说“人事”中已经体现了“天命”。盲目地去崇拜天，恰恰已经失去了“天命”。

天地互相依托，彼此成全，将造物主的神奇毕现无遗。而从天地之间走来的人，则成了呈现这种“神奇”的精灵。他们要扎根于土地，却不能不仰视天空；他们要在土地上劳作，却又不能不去领略天之几微。于是，在劳作中去体悟天道，在体悟天道中去劳作，就成了中国人的存在方式。所以说，天之几微，不离世间；而世间之事，天又参与构建。这种天与人、天命和人事的纠缠，使得在我们的文化中，根本无法只言天或者只言人。赤裸裸的“人事”是没有的，否则就是“天不怕，地不怕”，谁也不敢担当这样的罪名。而直接去谈论“天意”“天命”这些东西又是如此的虚幻，以至于我们抓了半天，仍然是两手空空，有着陷入神秘主义的嫌疑。因此，尽人事才能知天命，成为中国人的行事风格和处事原则。

二、马克思主义信仰的科学性与革命性

马克思主义作为信仰如何可能？对这一问题的回答，我们必须深入历史唯物主义之中去，并直面马克思主义学说中世俗性和超验性之间所构建的内在张力。实际上，马克思的历史唯物主义正是在这种看似矛盾的张力结构中呈现的，不能正视这种张力，就不能说深刻理解了历史唯物主义。但在实际的理论研究中，历史唯物主义所内在蕴含的这两个方面却有着被割裂的危险。实际上，这种危险已经存在了。比如，西方马克思主义思潮中就存在着将“青年时期人文的马克思”和“成熟时期科学的马克思”对立起来的观点。[①] 前者注重马克思思想中人文性和超验性的一面，后者则偏执于马克思思想中科学性和世俗性的一面。实际上，这两种倾向都带有片面性，在根本上是由于不能够自觉地运用马克思主义的方法论原则理解马克思主义本身造成的，其理论后果不可避免地带有消极性和偏激性：过于执着于其世俗性的一面，马克思主义就潜在地存在着被庸俗化的危险；与之相反，片

---

① 阿尔都塞就坚持认为马克思的思想在发展过程中出现了所谓的“断裂”——成熟时期的马克思抛弃了青年时期的马克思的很多观点。而他之所以如此认为，恰恰是因为西方理论界有一股将青年马克思视为“真正马克思”的声音。但无论如何，对马克思的解读存在着沿着人文性和科学性两条路线解读的趋势，而这两条路线之间的鸿沟已逐渐无法弥补。参见：阿尔都塞．保卫马克思．顾良，译．北京：商务印书馆，2010：35－75。

面强调其超验性的一面，马克思主义就难以摆脱被悬空化，甚至是妖魔化的命运，特别是不能和宗教信仰严格地划开界限。事实上，马克思主义的伟大之处正在于其通过历史唯物主义的建构开辟了一条人类在世俗中实现自我解放、自我超越的崭新路径，从而使得信仰获得了既在本质上不同于传统形而上学又内在地超越了包括宗教在内的诸多意识形态的全新模式。特别是在今天相信“知识”取代了“信仰”的现代性征候下，这种信仰模式更是表现出了强大的生命力。有鉴于此，笔者在下文中论述了马克思主义作为科学信仰和革命学说的内在特质，以进一步深化我们对历史唯物主义丰富内涵的理解。

1. 马克思主义实践观中的奥秘

在哲学的视野下审视，人之信仰的确立，根本处源于人的超越性存在方式。而超越性，顾名思义，本身就意味着从有限到无限、从经验向超验的跃出。从一定意义上讲，作为“爱智慧”的哲学，不过是人对自身超越性存在的反思性体认和观念性表达罢了。柏拉图就曾借苏格拉底之口说：智慧这个词太大，它只适合神，而“爱智慧”这词却适合于人类。黑格尔也认为，哲学的最高目的就在于确认思想与经验的一致。但问题的关键是：这种“一致”是如何达成的？

西方自古希腊时期开始所形成的形而上学传统的一个典型特点就是预设了“实存”与“本质”的分离。柏拉图关于理念世界和现象世界两个领域的划分，亚里士多德关于“第一哲学”的理解，都在根本处塑造了西方哲学的致思取向。按照亚里士多德的解释，真正的哲学所研究的对象应该是“所是的东西”及其本质属性。而对“所是的东西”的追问，只能导致对“存在”（being）在抽象和思辨的意义上做一种本质主义的规定。于是，“本质”挟裹着概念化的表达方式就获得了优先于“实存”的优先地位，而且，经验层面上的“实存”毫无展现超验“本质”的可能性。如此一来，人作为超越性的存在，其拯救抑或解放的标志无非是实现自己“本质”，而这又需要以否定和放弃自身的世俗存在（“实存”）为前提。柏拉图就比喻说：人的灵魂本来就属于上天的精灵，“那时它追随神，无视我们现在称作存在的东西，只昂首于真正的存在”①。可后来，灵魂坠入了肉体，依附于躯体，从而遗忘了过去的一切。因此，人生的意义无法在现实的此岸世界里实现，而只能依靠“回忆”到形而上的彼岸世界中去探求。前者是有限的，后者才是永恒的。这种寻求和超越的姿态，塑造了西方理智思辨的文化传统。

“真理的彼岸世界消逝以后，历史的任务就是确立此岸世界的真理。”② 在马克思这里，所谓“此岸世界的真理”，就是要在现实层面致力于“实存”与“本质”、经验与超验的和解，克服二者外在对立的紧张关系。具体就信仰层面而言，就是要揭穿“人的自我异化的神圣形象”，让人立足于“此岸”的世俗存在，

---

① 苗力田．古希腊哲学．北京：中国人民大学出版社，1989：284.

② 马克思，恩格斯．马克思恩格斯文集：第1卷．北京：人民出版社，2009：4.

完成自我超越和自我解放。这是因为，人的现实解放绝不是一项思想活动，而是现实生活的任务。正如马克思在谈及共产主义理想时所说的："要扬弃私有财产的思想，有思想上的共产主义就完全够了。而要扬弃现实的私有财产，则必须有现实的共产主义行动。"① 唯心主义虽然发展了人能动的方面，却是抽象地发展了，没有认识到人只能在物质生活条件规定的现实前提下谋求自身的解放。以费尔巴哈为代表的旧唯物主义虽然拯救了感性，但对感性却只是从客体的或者直观的形式去理解，因而只能把人视为现成性的"感性对象"，而没有看作生成性的"感性活动"。这样的人是毫无超越性可言的，只能在"单纯的直观"中沦为"现实的、单个的、肉体的人"。费尔巴哈的唯物主义也因此丧失了"改变世界"的批判立场。这正是他进入历史领域陷入唯心主义，丧失革命性和批判性的根源所在。正如马克思所说："和其他的理论家一样，他（费尔巴哈——引者注）只是希望确立对现存的事实的正确理解，然而一个真正的共产主义者的任务却在于推翻这种现存的东西。"② 可见，正是通过把对象、现实、感性"当作感性的人的活动，当作实践去理解"，马克思主义作为"新世界观"才在根本处超越了旧唯物主义和唯心主义的外在对立，使得世俗的超验性建构成为可能。因此，考察实践范畴的特点及其在马克思主义理论建构过程中的奠基性作用，就成了领会马克思

① 马克思，恩格斯．马克思恩格斯文集：第1卷．北京：人民出版社，2009：231-232.

② 同①549.

主义作为革命学说和科学信仰的关键。

在马克思那里，实践是作为人的存在方式加以确认的。而实践作为感性的活动，其蕴含的最大的秘密就是：它既是现实感性的，又是生产创造性的。在《德意志意识形态》中，马克思的初衷固然是对各式各样唯心史观的思想进行分析和批判，但在更为隐性也是更为深刻的意义上，则是揭示了实践的这种生产性特质及其与人的生存方式的内在关联。以此为基础，唯物史观的阐述和表达才会顺理成章、水到渠成。马克思说，全部人类历史的第一个前提无疑是有生命的个人的存在。和动物一样，人作为肉体性的存在需要谋求生活资料，和大自然进行物质能量交换。但是，“一当人开始生产自己的生活资料，……人本身就开始把自己和动物区别开来。人们生产自己的生活资料，同时间接地生产着自己的物质生活本身”[①]。动物依靠本能谋取生活资料，这就决定了它只能攫取现成之物。所以，对动物而言，无所谓发展，也无所谓不发展。人则是依靠实践活动谋取生活资料，通过改变自然以适应自身来获得生存条件的。这就决定了满足人需要的不再是现成之物，而是从无到有创造出来的生成之物。在这一过程中，人不断地创造出专属于人的新的物质生活条件，从而形成了发展和进步。可见，实践自身的生产性或生成性特质使之内在地蕴含着一个“经验—超验”的内在张力结构。实践的前提无疑是现实给定的、不可随意选择的，因而是可以用纯粹经验的方法来

① 马克思，恩格斯．马克思恩格斯文集：第1卷．北京：人民出版社，2009：519.

确认的。正因为此，人的存在有着宿命性的一面，只能在一定的物质的、不受他们任意支配的界限、前提和条件下活动。但是，实践的结果则是我们无法在既定的前提下直接推论而出的，而是表征为对原有限制的克服、对当下经验的超越。而且，这种克服和超越一旦成为经验事实，人类发展的前提和起点就会被重新建构，而无法再回到从前。正是实践的前提和后果之间的这种不等价性和不可逆性，才使得人的自我超越成为可能。可以说，实践在本性上就内在地要求现存的经验世界不断被扬弃掉，同时又推动超验世界不断被经验化。经验与超验之间的这种辩证运动，既是现实世界实际地被超越的过程，也是人的本质不断实现的过程。

可见，“此岸世界的真理”之所以被规定为“历史的任务”，正在于“实践的唯物主义”将那种“本质”决定“实存”的外在空间关系转变为了历史运动中“实存”不断生成“本质”的内在时间关系。正如马克思所说：“时间实际上是人的积极存在，它不仅是人的生命的尺度，而且是人的发展的空间。”① 人正是在面向未来的筹划过程中使得“占有自己全面的本质”成为可能，从而将对天国的信仰让渡给了对历史的信仰。正是在这一意义上，马克思自觉地将自然史和人类史区分了开来：“人类史同自然史的区别在于，人类史是我们自己创造的，而自然史不是我们自己创造的。”② “人们之所以有历史，是因为他们必须生产自己

---

① 马克思，恩格斯．马克思恩格斯全集：第 47 卷．北京：人民出版社，1979：532.

② 马克思，恩格斯．马克思恩格斯文集：第 5 卷．北京：人民出版社，2009：429.

的生命……”[1]，其本质先于存在，因而是预成的，所以没有历史。而人的存在先于本质，这就决定了人的本质是向未来开放的，只能在历史性的实践中不断生成。其生成过程就是专属于人的历史，其生成方式就是专属于人的实践辩证法。后来的海德格尔在其本体论建构中也将人视为一种特殊的“在者”（“此在”），认为人的存在方式是一种“动变”，并将之与“运动”严格区别开来。“运动”是就现成事物而言的，“动变”则是人之生存的特征，表现为生成性的自我伸展。“生存的动变是从此在伸展着的途程中得以规定的。这种伸展开来的自身伸展所特有的动变我们称为此在的演历。”[2] 但是，海德格尔虽然洞察了人之生存方式的超越性和历史性，却无法回答这种超越性和历史性是如何可能的。实际上，正是因为全部社会生活在本质上是实践的，人的自我超越才可能展现为海德格尔意义上的“演历”，只不过我们“日用而不知”罢了。马克思哲学的彻底性和革命性正在于其自觉地确立了实践在理论建构中的本体论地位，进而对超验性进行了脱胎换骨式的历史性重建。马克思主义的世界观之“新”正在于此。

2. 物质生产与精神生产的辩证运动

如前所述，人类的实践活动是以生活资料生产的形式展现自

① 马克思，恩格斯．马克思恩格斯文集：第1卷．北京：人民出版社，2009：533.
② 张庆熊．现象学方法与马克思主义．上海：上海三联书店，2014：142.

身的。但是，人类的解放绝不仅仅意味着物质生产能力的提高、物质生产方式的改进和物质财富的增加。若是如此，人的本质就只能在肉体的层面得到肯定，而马克思主义就不过是旧唯物主义的翻版。事实上，在马克思的视野中，实践作为人的存在方式所指向的理想状态应该是自由自觉的活动。而以这一状态为表征的人的解放恰恰是对以“谋生”为目的的物质生产活动的摆脱。唯有如此，“环境的改变”（现实世界的革命化）和“人的活动或自我改变”（人之在世的不断祛蔽）才能在实践的基础上得到统一，“人的自然化”和“自然的人化”才会成为可能。因此，奠基于实践基础上的世俗性的超验建构，不仅仅指现实世界推陈出新式的革命化和人在外在自然界面前生存能力的不断提升，更意味着借助世俗性、通过世俗性实现对世俗性的超越。不理解这一维度，马克思关于人之解放的内涵和历史唯物主义的方法论就无法得到恰当的理解。

毋庸置疑，马克思是极其重视物质资料生产活动的。但是，马克思是在什么意义上如此重视物质资料生产活动的呢？对此，马克思在《德意志意识形态》中说得很清楚：“全部人类历史的第一个前提无疑是有生命的个人的存在。因此，第一个需要确认的事实就是这些个人的肉体组织以及由此产生的个人对其他自然的关系。”[①]“我们首先应当确定一切人类生存的第一个前提，也就是一切历史的第一个前提，这个前提是：人们为了能够‘创造

① 马克思，恩格斯．马克思恩格斯文集：第1卷．北京：人民出版社，2009：519.

历史’，必须能够生活。但是为了生活，首先就需要吃喝住穿以及其他一些东西。因此第一个历史活动就是生产满足这些需要的资料，即生产物质生活本身……”① 可见，人若想生存，就必须把自己的物质生活“生产”出来以满足肉体的需要。这对于人的存在而言具有前提性的意义，因而成为人类历史的基本条件。人的世俗性也正在于此。但是，在马克思那里，突出物质生产的前提性和条件性并不意味着物质生产生活就是人类历史的全部，而是强调从物质生产向精神生产、从物质生活向精神生活过渡的必要性和必然性。正如马克思所说：“以一定的方式进行生产活动的一定的个人，发生一定的社会关系和政治关系。”② “思想、观念、意识的生产最初是直接与人们的物质活动，与人们的物质交往，与现实生活的语言交织在一起的。”③ 可见，人和动物的区别不仅在于谋生方式的不同，更为关键的是人在通过实践活动谋求生存的过程中成为“类存在物”和“有意识的存在物”。“劳动创造了人”，在根本的意义上是在表明：劳动内在地“生产”出了人的精神性特质，让人成为形而上的动物。马克思强调“人是自己的观念、思想等等的生产者”，并不意味着人在有意识、有目的地“生产”社会性的观念和思想，而是强调这些观念和思想是作为物质生产活动的“副产品”而出现的。但是，这一“副产品”又使得实践成为“从主体方面去理解”的自主性活动。这种从世俗到

---

① 马克思，恩格斯．马克思恩格斯文集：第1卷．北京：人民出版社，2009：531.

② 同①523－524.

③ 同①524.

超验、从物质到精神、从受动到主动的转化，既是实践辩证法的生动体现，也是人类历史自身展开的社会规律。

当然，人类有意识、有目的的自主活动是作为一个历史范畴出现的，有着历史赋予的不同表现形式。个体的意识永远都是社会意识，而社会意识又无法摆脱物质生产生活方式以及由此产生的物质生产关系的制约。正如马克思所说："意识在任何时候都只能是被意识到了的存在，而人们的存在就是他们的现实生活过程。"① "'精神'从一开始就很倒霉，受到物质的'纠缠'……"② 在《1844年经济学哲学手稿》（以下简称"《手稿》"）中，马克思明确区分了审视人的"自主活动"的两个尺度："动物只是按照它所属的那个种的尺度和需要来构造，而人却懂得按照任何一个种的尺度来进行生产，并且懂得处处都把固有的尺度运用于对象……"③ 对于动物而言，它们的活动被严格地限制在物种所规定的生物学本能中，因此没有任何超越性可言，也就无所谓自主性；而人则可以突破肉体本能的限制，按照任何一个物种的内在规律进行生产。这是人超越动物的地方，也是人的活动自主性的表现。但是，这种自主性仍然囿于一种外在的尺度，遵循的是一种功利主义逻辑，满足的仅是人肉体性存在的需要。而只有按照"固有的尺度"，人的实践活动才有可能摆脱一切强制性、奴役性和单纯的谋生考虑，成为自身本质力量的外化和确证。所以，在

① 马克思，恩格斯．马克思恩格斯文集：第1卷．北京：人民出版社，2009：525.
② 同①533.
③ 同①163.

马克思看来，在前共产主义时期，人的实践活动不具有真正的自主性。这种异化状态在资本主义生产关系中达到了顶点。马克思在《手稿》中通过审视工人的异化劳动深刻地揭示了这种“自主活动”所蕴含的悖论和吊诡之处：“对于通过劳动而占有自然界的工人来说，占有表现为异化，自主活动表现为替他人活动和表现为他人的活动，生命的活跃表现为生命的牺牲，对象的生产表现为对象的丧失，即对象转归异己力量、异己的人所有。”① 在这里，工人的劳动虽然也具有自主活动的外在表现形式。但是，这种劳动仅是有目的、有意识的“谋生”而已，不可能成为“自由的有意识的活动”。毋宁说，这种劳动是“自主”地摒弃了自身的自主性，从而在现实层面表现为对自己本质的直接否定。

不难看出，马克思关于劳动的两种尺度的论述内在地包含着一对矛盾：一方面，人是在物质生产活动的历史进程中成为精神存在物的。人的意识不过是与物质前提相联系的物质生活过程的必然升华物罢了。就此而言，人类的物质生活与精神生活具有一致性。但另一方面，以单纯“谋生”为目的的物质生产在直接的意义上又造成了对精神生活的戕害，表现为劳动异化所折射的两个尺度的互斥。这也是人的“实存”和“本质”之间背离、“现有”和“应有”之间对立的深刻根源。实际上，这种矛盾与其说是马克思思想内部的冲突，还不如说是人类历史自身展开的特定形式。正如米歇尔·洛威所强调的，把一个“伦理的”青年马克

① 马克思，恩格斯．马克思恩格斯文集：第1卷．北京：人民出版社，2009：168.

思和一个“科学的”成熟的马克思对立起来，是无法解释马克思思想的内部发展的。[①] 作为共产主义理想而言，人的解放在马克思那里就是要扬弃单纯把劳动视为谋生手段的异化状态，在精神层面重构实践活动的内在自主性，即把“固有的尺度”运用于对象，“按照美的规律来构造”。正如马克思所说：“事实上，自由王国只是在必要性和外在目的规定要做的劳动终止的地方才开始；因而按照事物的本性来说，它存在于真正物质生产领域的彼岸。”[②] 对于“美”，马克思之前的康德和之后的海德格尔都有过精辟的论述。康德认为，美即“无目的的合目的性”。海德格尔更是将“美”视为人之在世生存的“真理”，认为“美是无蔽真理的现身方式”。仅从字面的描述来看，三者都认为对于“美”的领会在于对外在功利目的的超越。但是，问题的关键在于：这种以“诗意的栖居”为表征的自由王国如何才是现实和真实的？如果只是在“应然”的层面空泛而思辨地谈论“美”的本质和人的解放，马克思主义和历史上的那些浪漫主义学派就别无二致了。事实上，马克思真正超越康德和海德格尔的地方在于：他并不是在抽象、思辨地谈论概念，而是突出和强调实现理想社会的物质条件和历史前提。这一前提和条件恰恰是由物质生产的发展水平决定的。人的解放固然是要超越物质生产，但是这种超越只有经过物质生产的充分发展才会可能。私有财产虽然导致了劳动

① 何中华．重读马克思：一种哲学观的当代诠释．济南：山东人民出版社，2009：415.

② 马克思，恩格斯．马克思恩格斯文集：第7卷．北京：人民出版社，2009：928.

的异化，但在历史层面却又为异化的扬弃提供了前提和基础。正是在这一意义上，马克思才认为“共产主义是对私有财产的积极扬弃”，“异化和异化的扬弃走的是同一条道路”。否则，抽象而超历史地追求共产主义的价值目标，只能导致“对整个文化和文明的世界的抽象否定，向贫穷的、需求不高的人……的非自然的简单状态的倒退”①。可见，马克思主义之所以是理想而不是空想，正在于其注重未来目标实现的现实基础和条件，反对教条式地预测未来。同样，马克思主义之所以是世俗的而不是庸俗的，则在于其总是强调实际地反对并改变现存的事物，在当前的运动中代表着运动的未来，在破坏旧世界的过程中发现一个新世界。正如马克思所说：“光是思想力求成为现实是不够的，现实本身应当力求趋向思想。”② 可以说，正是因为在现实和理想的张力结构中展现自身，马克思主义作为科学信仰和革命学说才成为可能。

三、《共产党宣言》视域下的未来社会

1847 年 6 月，世界上第一个无产阶级政党——共产主义者同盟创立。1848 年 2 月，马克思、恩格斯为共产主义者同盟撰

① 马克思，恩格斯．马克思恩格斯文集：第 1 卷．北京：人民出版社，2009：184.
② 同①13.

写的纲领性文件《共产党宣言》发表，标志着马克思主义正式诞生。《共产党宣言》是第一次全面阐述科学社会主义原理的伟大著作。历史地看，科学社会主义学说自诞生之日起，围绕着它就一直存在着误解和曲解。可以说，共产主义学说和共产主义运动正是在对各种责难、质疑的回应和回击中不断向前发展的。《共产党宣言》则是其中宝贵的典范。习近平总书记在谈及坚定共产主义理想信念时曾指出："在这个问题上，不要含糊其词、语焉不详。含糊其词、语焉不详是理想信念模糊甚至动摇的一种表现，好像这个东西太遥远，我们也拿不准，所以就不愿提及了。……我们要坚定信念，坚信它是具有科学性的。如果觉得心里不踏实，就去钻研经典著作，《共产党宣言》多看几遍。"

把共产主义"妖魔化""庸俗化"甚至"去共产主义化"的倾向，固然与20世纪90年代以来共产主义运动陷入低潮的时代背景相关，但也与时下人们"疏远"或者"遗忘"了马克思主义的辩证思维不无关系。如前所述，任何一种哲学理论，其世界观和方法论总是密不可分的。因此，有什么样的世界观就有什么样的方法论，反之亦然。从一定意义上讲，方法论比世界观有着更为广泛而深刻的理论价值，因为特定世界观的确立总是有赖于特定的思维模式——如何"观"总是先行地决定着人们"观"到了什么。马克思主义的唯物主义世界观之所以被称为"新唯物主义"，正是因为马克思、恩格斯扬弃了从前一切旧唯物主义"从客体的或者直观的形式去理解"的那种形而上学思维，确立了"当作感性的人的活动，当作实践去理解”的辩证—历史思维。正是有了这种“当作实践去理解”的观照方式，辩证法才真正地嵌入了历史的内核，使得“了解‘革命的’‘实践批判的’的意义”成为可能。对共产主义的认识和理解，同样离不开马克思主义经典作家特有的运思方式。否则，共产主义就会遭到种种误读和误判。今天，重读《共产党宣言》以及马克思主义其他相关经典著作，科学把握马克思、恩格斯的运思方式，理性回归马克思主义辩证思维，科学阐释马克思主义经典作家视野中共产主义的多维内涵，就具有重要的学理意义和现实意义。

1. 共产主义是现实的、历史的运动

在马克思主义的词汇中，“共产主义”是在何种意义上被使用的呢？如果固守一种程式化的思维范式，我们自然就会认为共产主义是马克思、恩格斯为人类设定的一种未来理想社会的状态。这种理解模式一经形成，共产主义就与空想的“乌托邦”别无二致了。“乌托邦”之所以是空想的，正是因为它缺乏实现的必要条件，而只能呈现“应然”状态，无法处于“是然”状态，更无法进入“实然”状态。对共产主义的这种理解方式，恰恰是马克思所反对的。在《德意志意识形态》中，马克思明确指出：“共产主义对我们来说不是应当确立的状况，不是现实应当与之相适应的理想。我们所称为共产主义的是那种消灭现存状况的现实的运动。这个运动的条件是由现有的前

提产生的。”[①] 也就是说，共产主义既在远方，又在当下。“远方”与“当下”在形而上学的思维中是非此即彼的，但在辩证思维中却有着彼此统一的一面。这种对立统一的矛盾性，也就表现为当下实践性的历史运动。“现存状况”之所以要被消灭、会被消灭，其因由只能到这种“现存状况”自身的矛盾里面去寻找。或者说，正是“现存状况”的内在矛盾，才使它得以被历史地扬弃，从而构成了历史发展链条的一个必要环节。因此，“对实践的唯物主义者即共产主义者来说，全部问题都在于使现存世界革命化，实际地反对并改变现存的事物”[②]。“辩证法不崇拜任何东西，按其本质来说，它是批判的和革命的。”[③] 在这一维度上，共产主义的现实性总是表现为“保存了以往发展的全部丰富成果”的未来指向。而“历史的全部运动”，不过是“这种共产主义的现实的产生活动，即它的经验存在的诞生活动”[④]。

《共产党宣言》开篇就说：“至今一切社会的历史都是阶级斗争的历史”，而只有资产阶级时代“使阶级对立简单化了”，“整个社会日益分裂为两大敌对的阵营，分裂为两大相互直接对立的阶级：资产阶级和无产阶级”[⑤]。这就意味着，资本主义社会使得阶级对立简单化和抽象化了。按照辩证法思维，阶级之间这种

---

① 马克思，恩格斯．马克思恩格斯文集：第1卷．北京：人民出版社，2009：539.

② 同①527.

③ 马克思，恩格斯．马克思恩格斯选集：第2卷．3版．北京：人民出版社，2012：94.

④ 马克思．1844年经济学哲学手稿．北京：人民出版社，2014：78.

⑤ 马克思，恩格斯．马克思恩格斯文集：第2卷．北京：人民出版社，2009：32.

简单、抽象对立的后果，只能是阶级的消失，而没有任何回旋的余地。对此，马克思早在《1844年经济学哲学手稿》中就有过思辨性的论述："无产和有产的对立，只要还没有把它理解为劳动和资本的对立，它还是一种无关紧要的对立，一种没有从它的能动关系上、它的内在关系上来理解的对立，还没有作为矛盾来理解的对立。"① 马克思在这里的意思是说，无产和有产的对立在私有财产不发达的时代就存在，而劳动和资本的对立则是私有财产高度发展的结果。私有制在人类历史上是长期存在的。奴隶社会的私有制、封建社会的私有制，都是一种私有制，但是这种私有制仅仅是一般的"无产和有产的对立"，"即使没有私有财产的前进运动也能以最初的形式表现出来……因此，它还不表现为由私有财产本身设定的对立"②。而资本主义私有制就不一样了，它是需要"从它的能动关系上、它的内在关系上来理解的对立"，需要"作为矛盾来理解的对立"，因此，这种私有制是私有财产自身设定的对立，它表现为促使矛盾得以解决的能动关系。通俗地讲，就是两极相通、物极必反。既然资本主义私有制作为"劳动和资本的对立"已经将私有制发挥到了极致，那么它的进一步发展就是私有制的自我扬弃，表现为无产阶级对资产阶级的胜利。从这一意义上讲，资本主义私有制的消灭，资产阶级被推翻并不是"人为"的结果，而是一个不得不如此的自然历史过程。所以说，离开了这种辩证思维，资本主义必

①② 马克思．1844年经济学哲学手稿．北京：人民出版社，2014：74.

然灭亡的论断就是不可理解的。

在实际的历史进程中，马克思、恩格斯正是在资本主义生产方式内部发现了资本主义灭亡的因素，进而把共产主义理解为旨在消灭资本主义现存状况并最终导致其灭亡的现实的运动。一方面，资本主义生产关系焕发出了自己无法容纳的生产能力。正像以前那种封建的或行会的工业经营方式因为不能满足新的市场需要而土崩瓦解一样，资本主义发展到最后也“不能再支配自己用符咒呼唤出来的魔鬼了”。在它自身所造就的“文明过度，生活资料太多，工业和商业太发达”的现实面前，资产阶级生产关系变得过于狭隘，以至于不得不采取“将牛奶倒入大海”这种消灭生产力的方式苟延残喘地维持自己的存在。

另一方面，资本主义生产方式不仅造就了资产阶级，还造就了资产阶级的对立面——无产阶级。可以说，资产阶级和无产阶级正是相伴随而生的，正所谓“相反相成”。在资本主义生产关系下，二者的矛盾根本无法调和，因为资本在本性上要求通过剥削无产者获得增殖，而无产者只有出卖劳动才能够生存。最终结果只能是：“现代的工人只有当他们找到工作的时候才能生存，而且只有当他们的劳动增殖资本的时候才能找到工作。”①

于是，一系列的吊诡事实就在资本主义的生产关系中呼之欲出了：资本的增殖本性使得资本不断集中，从而使小资产阶级阶层迅速消失，资产阶级的人数不断减少，最后只剩下为数不多的

① 马克思，恩格斯．马克思恩格斯文集：第2卷．北京：人民出版社，2009：38.

资本寡头；相反，由于“工业的进步把统治阶级中的整个整个的阶层抛到无产阶级队伍里去”，无产阶级的队伍得以不断壮大。当资产阶级为了消灭自己的敌人（封建阶级）而将无产阶级联合起来的时候，无产阶级的这种团结继而又为消灭资产阶级做了准备。资本主义生产关系积累下了巨大的物质力量，但这些物质力量作为“武器”一旦为无产阶级掌握，就会对准资产阶级自己了。总之，共产主义社会根本就不是马克思主义经典作家教条式地预测未来得出的结果，而是在对现实资本主义社会内在矛盾深刻揭示的基础上通过批判旧世界而发现的新世界。毁灭资本主义的因素不在别处，而是内在地蕴含于资本主义的生产方式之中。因此，资本主义的灭亡就表现为一个不以人的意志为转移的自然历史过程。正因为此，马克思对资本主义的评价总是充满着深刻的辩证性：“现代制度给他们（工人——引者注）带来一切贫困，同时又造成对社会进行经济改造所必需的种种物质条件和社会形式。”① “在资产阶级社会的胎胞里发展的生产力，同时又创造着解决这种对抗的物质条件。”② “资本不可遏止地追求的普遍性，在资本本身的性质上遇到了限制，这些限制在资本发展到一定阶段时，会使人们认识到资本本身就是这种趋势的最大限制，因而驱使人们利用资本本身来消灭资本。”③ 特里·伊格尔顿在《马

① 马克思，恩格斯．马克思恩格斯选集：第2卷．3版．北京：人民出版社，2012：69.

② 马克思，恩格斯．马克思恩格斯文集：第2卷．北京：人民出版社，2009：592.

③ 同①716.

克思为什么是对的》中也曾写到，资本主义的最大贡献之一便是为了自身利益培养了无产阶级，然而，无产阶级却反过来成为资本主义的掘墓人，这是马克思历史观的核心具有讽刺意味的原因所在①。

共产主义本身就脱胎于资本主义，并表现为对资本主义的扬弃。对此，我们必须运用辩证思维的方式才能深刻领会。在肯定的意义上，现代资产阶级本身是一个长期发展过程的产物。“资产阶级在它的不到一百年的阶级统治中所创造的生产力，比过去一切世代创造的全部生产力还要多，还要大。”② 在否定的意义上，资本主义发展到极致就会出现“反者道之动”的局面，即“资产阶级再不能做社会的统治阶级了，再不能把自己阶级的生存条件当做支配一切的规律强加于社会了”③。正是因为资本主义社会包含有自己的反面，所以才有了对其必然灭亡的理解。这就是历史的辩证法。“辩证法在对现存事物的肯定的理解中同时包含对现存事物的否定的理解，即对现存事物的必然灭亡的理解；辩证法对每一种既成的形式都是从不断的运动中，因而也是从它的暂时性方面去理解。”④ 由此可见，马克思、恩格斯也都是从“暂时性”方面对资本主义加以理解和诠释的。

---

① 伊格尔顿．马克思为什么是对的．李杨，等译．北京：新星出版社，2011：46.

② 马克思，恩格斯．马克思恩格斯文集：第 2 卷．北京：人民出版社，2009：36.

③ 同②43.

④ 马克思，恩格斯．马克思恩格斯选集：第 2 卷．3 版．北京：人民出版社，2012：94.

2. 共产主义是历史发展的趋势和人类的远大理想

如果说共产主义在历史层面的社会形态上表现为对资本主义的扬弃，那么，在哲学层面的逻辑建构上，共产主义则表征为人对自己本质的真正占有。在马克思看来，异化劳动的存在使得劳动无法成为人的本质的直接确证，从而导致人无法向合乎人性的人回归。而异化劳动产生的根本原因正在于私有制的存在。因此，消灭私有制与扬弃人的异化状态就在根本之处发生了关联，而“对人的本质的真正占有”与“同传统的所有制关系实行最彻底的决裂”则成了马克思对共产主义的共同描述。可见，马克思的政治经济学与哲学是内在沟通的，《1844 年经济学哲学手稿》就是典型例证。马克思的后继者受知识分类学的影响将马克思的思想分为若干部分，在一定程度上影响了对马克思思想整体性的理解。这是导致后人误读共产主义的重要原因之一。

在哲学语境中，共产主义就是人不断扬弃自身的异化状态，全面而丰富地占有自身本质的过程。在这一历史过程中，人之为人的诸种矛盾逐步消解，人之为人的本质不断生成。正是在这个意义上，马克思自觉地将自然史和人类史区分了开来。“人类史同自然史的区别在于，人类史是我们自己创造的，而自然史不是我们自己创造的。”① “人们之所以有历史，是因为他们必须生产

① 马克思，恩格斯．马克思恩格斯文集：第 5 卷．北京：人民出版社，2009：429.

自己的生命"[1]。对动物而言，其本质先于存在，因而是预成的，因此没有历史。而人的存在先于本质，这就决定了人的本质是开放的、面向未来的，只能在历史性的实践中不断生成，其生成过程就是专属于人的历史，其生成方式就是专属于人的实践辩证法。"全部社会生活在本质上是实践的。"[2] 正是实践的批判性，使得现实的生活世界不断地被革命化，从而推动人类社会不断地"祛蔽"。共产主义所表征的，正是人之为人的最后的"无蔽"状态。而私有制下的意识形态对人的"遮蔽"，只不过是人的现实异化在观念中的反映。正如马克思所说："凡是把理论诱入神秘主义的神秘东西，都能在人的实践中以及对这种实践的理解中得到合理的解决。"[3] 人之所以在虚幻的外在世界中寻找一种超人的存在物进行自我慰藉，只能"用这个世俗基础的自我分裂和自我矛盾来说明"[4]。"要求抛弃关于人民处境的幻觉，就是要求抛弃那需要幻觉的处境。"[5] 马克思所强调的这种"从世俗基础的矛盾中去理解"的运思方式对意识形态的批判，可以说是釜底抽薪式的做法。在《共产党宣言》中，这一点体现得尤其充分。资产阶级认为共产主义就是要取消个性和自由，马克思则认为这种所谓的个性和自由只不过是建立在资本主义商品买卖关系、贸易关系中的个性和自

---

① 马克思，恩格斯．马克思恩格斯文集：第1卷．北京：人民出版社，2009：533.

② 马克思，恩格斯．马克思恩格斯选集：第1卷．3版．北京：人民出版社，2012：135.

③ 同①505－506.

④ 同①504.

⑤ 同②42.

由。这种自由是以无产阶级没有生产资料、只能出卖自己的劳动力为前提的，因而是以更深层次的不自由为代价的。共产主义运动就是要推翻这种以买卖、贸易为表现形式的剥削关系。买卖没有了，买卖的自由自然也就不复存在了。“买卖一消失，自由买卖也就会消失。关于自由买卖的言论，也像我们的资产者的其他一切关于自由的大话一样，仅仅对于不自由的买卖来说，对于中世纪被奴役的市民来说，才是有意义的，而对于共产主义要消灭买卖、消灭资产阶级生产关系和资产阶级本身这一点来说，却是毫无意义的。”[①] 既然资产阶级对共产主义的诋毁仍然受制于“资产阶级的狭隘眼界”，因而它也就是没有意义的，也是不得要领的。

由此观之，共产主义作为人对自己本质的真正占有，是马克思在超越经验的逻辑层面所提及的。而共产主义社会在经验层面的实现，则有赖于历史本身的诉求。因此，共产主义作为“必然王国”彼岸的“自由王国”，“作为完成了的自然主义，等于人道主义，而作为完成了的人道主义，等于自然主义，它是人和自然界之间、人和人之间的矛盾的真正解决，是存在和本质、对象化和自我确证、自由和必然、个体和类之间的斗争的真正解决”[②]。这种带有终极意义的超越经验的思想，是站在“此岸”的我们运用既有经验和现有的想象力无法理解的，因此也就无法在经验的意义上进行规定和描述。（因为一旦进行规定和描述，它就是“有待之物”而不再具有

① 马克思，恩格斯．马克思恩格斯选集：第 1 卷．3 版．北京：人民出版社，2012：416.

② 马克思．1844 年经济学哲学手稿．北京：人民出版社，2014：78.

"无限"的性质。)因此，共产主义象征的是人的澄明之境，是对一切意识形态的消解和超越。它不是单纯的自然主义，也不是单纯的人道主义，而是自然主义与人道主义的和解。我们甚至不能说：共产主义是一个道德社会。因为道德之于人，仍然是一种有待超越的意识形态之幕。正如马克思所说："共产主义者不向人们提出道德上的要求，例如你们应该彼此互爱呀，不要做利己主义者呀等等；相反，他们清楚地知道，无论利己主义还是自我牺牲，都是一定条件下个人自我实现的一种必要形式。"① 因此，"共产主义者既不拿利己主义来反对自我牺牲，也不拿自我牺牲来反对利己主义，理论上既不是从那情感的形式，也不是从那夸张的思想形式去领会这个对立，而是在于揭示这个对立的物质根源，随着物质根源的消失，这种对立自然而然也就消灭"②。可见，只有摧毁了意识形态得以对立的物质基础，才能彻底而现实地消解意识形态的对立。而一切不符合实际的空想，都是为马克思、恩格斯所反对的。

正因为此，在马克思、恩格斯的著作里，一般很难找到关于共产主义的详细描述和可操作性的实现方案。恩格斯曾指出："(有人)可能会以为他将从这本书(《资本论》第1卷——引者注)里得知共产主义的千年王国到底是什么样子。谁期望得到这种乐趣，谁就大错特错了。……关于社会变革后将会怎样，他(指马克思——引者注)只是对我们进行了非常含糊的暗示。"③

---

①② 马克思，恩格斯．马克思恩格斯全集：第3卷．北京：人民出版社，1960：275.

③ 马克思，恩格斯．马克思恩格斯全集：第21卷．北京：人民出版社，2003：316－317.

相反，“它（空想的社会制度——引者注）越是制定得详尽周密，就越是要陷入纯粹的幻想”①。20 世纪 60 年代，苏联领导人赫鲁晓夫曾指出：“共产主义是一盘土豆烧牛肉的好菜。”② 在 1961 年召开的苏共第二十二次代表大会上，赫鲁晓夫曾满怀信心地宣布，苏联将在 20 年内“基本建成共产主义社会”。在 20 世纪五六十年代中国社会主义建设初期，《中共中央关于在农村建立人民公社问题的决议》也曾乐观地估计：“共产主义在我国的实现，已经不是遥远将来的事情了，我们应该积极运用人民公社的形式，摸索出一条过渡到共产主义的具体途径。”实践表明，在经验层面对共产主义进行规定，是一切对共产主义进行庸俗化理解的根源。这种对马克思的误读，不仅在一定程度上遮蔽了马克思主义特有的致思取向，还给社会主义建设造成了惨痛的历史教训。实际上，我们在经验的意义上谈论超验，正如在有限的意义上谈论无限一样。康德曾指出，以“非此即彼”为特征的知性思维本身是无法切入无限之本体的，否则就会造成一系列“二律背反”。特里·伊格尔顿也认为，追问共产主义之后人类社会将怎样发展进步正如追问无限之外还有什么一样荒谬，是一个假问题。这一论断对于我们理解共产主义是具有启迪意义的。

3. 共产主义以社会主义社会为过渡时期和初级阶段

由以上分析不难看出，逻辑与历史相统一，是马克思特有的

① 马克思，恩格斯．马克思恩格斯文集：第 3 卷．北京：人民出版社，2009：529.

② 舒冬．“土豆烧牛肉”的假共产主义的彻底破产．人民日报，1976－01－03.

运思思路。马克思关于资本主义必然灭亡、共产主义必然实现的结论是通过辩证的科学分析得出的。这一科学的论断由此构成了共产党人为之奋斗的至高理想。但是，逻辑上的分析和批判仍然是解释世界的“批判的武器”，而不是改造世界的“武器的批判”。如果仅仅停留在观念的批判上，仅仅“教条主义地预料未来”，那么，马克思与那些浪漫主义学派和乌托邦主义者就没有根本的区别。而实际上，马克思主义作为“新思潮”最鲜明的特点就是依靠无产阶级现实的革命运动在批判旧世界中发现新世界。正如马克思所说：“要扬弃私有财产的思想，有思想上的共产主义就完全够了。而要扬弃现实的私有财产，则必须有现实的共产主义行动。”①

但是，在马克思那里，开展共产主义革命运动是有前提的，那就是历史条件本身的成熟。马克思之所以对资本主义既作“肯定的理解”又作“否定的理解”，正是因为消灭资本主义的历史条件只能在资本主义中孕育而出。《共产党宣言》是马克思和恩格斯为共产主义者同盟第二次代表大会起草的理论和实践纲领。这个纲领的问世，本身就意味着当时无产阶级推翻资产阶级的历史时机已经来临，条件已经成熟。因为“如果我们在现在这样的社会中没有发现隐蔽地存在着无阶级社会所必需的物质生产条件和与之相适应的交往关系，那么一切炸毁的尝试都是唐·吉诃德

① 马克思，恩格斯．马克思恩格斯文集：第1卷．北京：人民出版社，2009：231-232.

的荒唐行为”[①]。无产阶级就是要利用资产阶级统治所必然带来的社会的和政治的条件作为反对资产阶级的武器。正因为此，脱离开历史本身的诉求仅凭热情“制造”革命的举动，向来被马克思和恩格斯所反对。马克思就曾深刻地指出：“有谁听说过，伟大的即兴作者同时也是伟大的诗人呢？在政治方面，道理也同诗歌方面一样。任何时候革命都不能按照命令制造出来。”[②] 恩格斯也在同样的意义上说：“那些自夸制造出革命的人，在革命的第二天就会看到，他们不知道他们做的是什么，制造出的革命根本不像他们原来打算的那个样子。”[③]

但是，在历史条件的成熟方面，无产阶级又不是无所作为的。《共产党宣言》指出，在实现共产主义的道路上，工人革命的第一步就是使无产阶级上升为统治阶级，而后利用自己的政治权力，对资产阶级的生产关系实行强制性的干预。在这一干预过程中，工人阶级可以通过政治对经济的反作用，创造向共产主义过渡的物质条件。无产阶级专政的这一时期，就是社会主义社会。在《哥达纲领批判》中，马克思明确表示：“在资本主义社会和共产主义社会之间，有一个从前者变为后者的革命转变时期。同这个时期相适应的也有一个政治上的过渡时期，这个时期的国家只能是无产阶级的革命专政。”[④] 可见，共产主义并不是

① 马克思，恩格斯．马克思恩格斯文集：第8卷．北京：人民出版社，2009：54.
② 马克思，恩格斯．马克思恩格斯全集：第8卷．北京：人民出版社，1961：601.
③ 马克思，恩格斯．马克思恩格斯文集：第10卷．北京：人民出版社，2009：533.
④ 马克思，恩格斯．马克思恩格斯文集：第3卷．北京：人民出版社，2009：445.

一蹴而就的，它只有在“阶级差别已经消失而全部生产集中在联合起来的个人手里的时候”才有可能实现。而这一条件需要社会主义的充分发展才能得到满足。在这一问题上，任何缺乏历史主义态度的做法不但是对马克思的误解，还会在现实实践中陷入空想和抽象。中国文化的“早熟”使得中华民族有着强调道德至上的价值偏好。但是，这种价值偏好不是在历史充分展开的基础上形成的，因而只能算是保持了人的“原始的丰富”。马克思告诉我们：“留恋那种原始的丰富，是可笑的，相信必须停留在那种完全空虚之中，也是可笑的。”① 正因为此，我们这种有着浓厚浪漫主义色彩的文化传统在近代遭遇西方“坚船利炮”的时候，其凌虚踏空的一面就完全显现出来了。这正是中国社会在近代遭遇“三千年未有之大变局”的根本原因。马克思晚年曾经设想，东方社会利用自身不同于西欧各国的独特性质，可以不通过资本主义制度的“卡夫丁峡谷”而建立起社会主义制度。但是，这种在生产力不发达的基础上建立的社会主义制度更应该利用无产阶级专政的政治优势“尽可能快地增加生产力的总量”②，从而为向共产主义的迈进奠定物质基础。在这一时期，解放生产力、发展生产力应该成为第一要务。而在社会主义建设初期，我们却脱离开当时的经济发展水平“跑步进入共产主义”，最终陷入“乌

① 马克思，恩格斯．马克思恩格斯全集：第 46 卷上册．北京：人民出版社，1979：109.

② 马克思，恩格斯．马克思恩格斯选集：第 1 卷．3 版．北京：人民出版社，2012：421.

托邦”也就不可避免了。十一届三中全会以来，我们党重新回归到以经济建设为中心的正确轨道上来，这不仅是治国路线上的拨乱反正，更是对马克思主义理论深化理解方面的正本清源。可以说，扎根于中国大地，不断深化对科学社会主义的理解，才是中国共产党人带领全国各族人民在中国特色社会主义事业中不断取得胜利的思想前提。

第二篇

坚持辩证唯物主义的世界观和方法论

一、辩证法何以是科学的方法论

1. 辩证法需要到生命运动中去理解和把握

习近平总书记指出，辩证唯物主义是中国共产党人的世界观和方法论。辩证法，说到底，就是一种思维方法和思维方式。以何种思维方法和思维方式面对世界，在很大程度上决定着我们的世界观和价值观。这就要求我们不仅要把辩证唯物主义的基本原理用语言表达出来，用知识呈现出来，更要在实际工作中将辩证法运用起来。唯有如此，辩证法才能走进历史，贴近现实，融入实践。

在马克思主义的基本原理中，辩证法部分可以说是最为晦涩，也是最难以理解的部分。之所以难理解，是因为它关涉的是一种思维方式。而思维方式又是无法被当作一个对象来谈论的。因为脱离了具体的“事件”，脱离了具体问题具体分析的思维过程，辩证法是无法现身的。正如我们无法脱离“红的东西”来理解“红”、无法脱离词汇理解语法一样，我们也无法脱离辩证法的具体运用来理解辩证法。否则，辩证法就有着沦为抽象、干瘪、空洞、刻板的公式的危险。正如当年恩格斯对“官方黑格尔学派”所作的批评：

> 自从黑格尔逝世之后，把一门科学在其固有的内部联系中来阐述的尝试，几乎未曾有过。官方的黑格尔学派从老师的辩证法中只学会搬弄最简单的技巧，拿来到处应用，而且常常笨拙得可笑。对他们来说，黑格尔的全部遗产不过是可以用来套在任何论题上的刻板公式，不过是可以用来在缺乏思想和实证知识的时候及时搪塞一下的词汇语录。结果，正如一位波恩的教授所说，这些黑格尔主义者懂一点“无”，却能写“一切”。①

把辩证法当成刻板的公式四处套用的做法，无疑是把辩证法庸俗化了。而辩证思维方法的运用，恰恰又是马克思主义基本原理中最为核心的部分，将其视为马克思主义全部学说的“灵魂”也并不为过。正因为此，马克思的整个世界观不是教义，而是方法。它提供的不是现成的教条，而是进一步研究的出发点和供这种研究使用的方法。今天，关于马克思主义的理解所出现的种种偏差或者误解，很大程度上源于许多人远离和疏远了唯物辩证法的运思方式。

何谓辩证法？马克思对此有过一段经典的表述：

> 辩证法在对现存事物的肯定的理解中同时包含对现存事

---

① 马克思，恩格斯．马克思恩格斯选集：第2卷．3版．北京：人民出版社，2012：10-11.

物的否定的理解，即对现存事物的必然灭亡的理解；辩证法对每一种既成的形式都是从不断的运动中，因而也是从它的暂时性方面去理解；辩证法不崇拜任何东西，按其本质来说，它是批判的和革命的。①

在这里，所谓的“否定”，指的就是事物中所包含的矛盾的对立面。而“肯定”，则是指矛盾对立面之间的统一。在马克思看来，单纯的“肯定”（同一）或者单纯的“否定”（对立），都不可能造就“不断的运动”。比如，人为什么会长大？社会为什么会发展？这些现象只有通过“肯定”基础上的“否定”才是可能的。一个人从小到大，他的思想状况、知识结构、身高体重、容貌气色都发生了很大的变化，但我们仍然会认为这是同一个人而不是另外一个人。为什么呢？因为人在成长过程中的这种“否定”是建立在“肯定”的基础之上的。“肯定”基础上“否定”，即自否定，正是人成长的内在结构。社会的发展同样如此。从原来的历史基础出发（“肯定”）而又表现为对原来基础的超越（“否定”），发展才会成为可能。从这一意义上讲，辩证法就是“肯定”和“否定”的对立统一。没有“否定”的“肯定”只能是抽象的“肯定”，原地踏步走，解释不了成长和发展的问题。而没有“肯定”的“否定”，则失去了“否定”的前提和对象，更是荒诞得无法想象。

---

① 马克思，恩格斯．马克思恩格斯选集：第 2 卷．3 版．北京：人民出版社，2012：94.

黑格尔在《精神现象学》中曾就辩证法做过一个精彩的比喻。他说：

> 花朵开放的时候花蕾消逝，人们会说花蕾是被花朵否定了的；同样地，当结果的时候，花朵又被解释为植物的一种虚拟的存在形式，而果实是作为植物的真实形式而代替了花朵的。这些形式不但彼此不同，并且互相排斥互不相容。但是，它们的流动性却使它们成为有机统一体的环节……构成整体的生命。①

在这里，花蕾孕育了花朵，花朵又孕育了果实；但花朵的怒放否定了花蕾，果实的结出也否定了花朵。由此看来，这个否定的过程，正是以新的形式与内容肯定了先前的存在。若没有对花蕾的肯定，花朵就不可能实现对花蕾的否定；若没有对花朵的肯定，果实也不可能实现对花朵的否定。正是通过这种肯定基础上的不断的自我否定，“整体的生命”才成为可能。其中，“肯定”和“否定”都是生命过程中无法剔除的环节。

2. 思维的悖论是如何产生的

由以上分析可知，辩证法正是生命自我展现的内在结构。我们都知道一些思维中的悖论，而悖论的形成恰恰是因为对生命运

---

① 黑格尔．精神现象学：上卷．贺麟，王玖兴，译．北京：商务印书馆，1979：2.

动的不理解，或者是用形式逻辑的方式来理解生命。实际上，离开了辩证法，就会造成很多我们无法理解的矛盾。正如马克思所说："理论的对立本身的解决，只有通过实践方式，只有借助于人的实践力量，才是可能的；因此，这种对立的解决绝对不只是认识的任务，而是现实生活的任务，而哲学未能解决这个任务，正是因为哲学把这仅仅看做理论的任务。"① 马克思在这里的意思是说，一些矛盾在扎根于实践的现实生活中是没有的，但在思维中却出现了。为什么呢？这是因为我们的思维脱离了现实生活，脱离了鲜活的生命实践。脱离了现实生活和实践活动的思维和理论，正是马克思在这里所说的"哲学"。哲学试图在思维的理论中寻找解决这些矛盾的办法，是走错了路，迷失了方向，永远也找不到破解的钥匙。

矛盾式的悖论缘何发生？根本上就在于思维脱离实践，进而形而上学地割裂了"肯定"和"否定"的关系。

比如，如果只看到了"否定"，而没有看到"否定"所赖以产生的"肯定"的基础，就会陷入悖论。赫拉克利特是古希腊著名的哲学家，他的一句名言是："人不能两次踏进同一条河流。"河水川流不息，永远处于变动不居的状态。从这个意义上讲，当人们第二次原地踏入这条河时，碰到的水流已不是原来的水流了。按照这种观点，你爬山的时候，通往山顶的路和下山的路也已不是同一条路了，因为万事万物——大到宇宙、小到原子——

① 马克思，恩格斯．马克思恩格斯文集：第1卷．北京：人民出版社，2009：192.

都在瞬间即逝地变化着。这条路上肯定有树叶落下了或者地上的树叶改变了位置，泥土中间和表面的蚯蚓、虫子、细菌正在穿梭，而泥土自身的一部分也在腐烂，一部分正在化为石头，只不过人类的肉眼无法明察罢了。

赫拉克利特有个学生叫克拉底鲁，是古希腊最早的诡辩派代表人物。赫拉克利特提出“人不能两次踏进同一条河流”，而克拉底鲁却把这种观点推向极端，认为人甚至“连一次也不能踏入同一条河流”。在他看来，一切都变动不居，瞬息即逝。因此，对任何事物都不能作出判断，都无法说出它是什么。曾经有人指着克罗底河问克拉底鲁：“这是克罗底河吗？”他却回答说：“不，我无法说出它是什么，因为当我说的时候它就变了。”有人问克拉底鲁：“河流是如此，其他事物是否也是这样呢？”克拉底鲁不假思索地回答说：“从哲学的观点看，这是毫无疑问的。世界上的所有事物正是这样永不停息地变动着。”这时，有人指着克拉底鲁坐着的椅子问他：“你坐着的是什么？”“是椅子。”“不对！”提问者反驳说，“按照你的理论，你的话还没说完，它已经变得不是椅子了”。克拉底鲁无言以对。后来，他怕再出现尴尬，不管任何人问他什么问题，他都不作回答，而只是不断摇动大拇指。意思是说，你问的问题我无法回答，因为就像指头的摇动一样，任何事物都在不断地变化，我们无法加以认识，我们更不能把它说出来，因为在说出时它已不复存在了。后来，有人把克拉底鲁称为“只动手指头的哲学家”。

此类的悖论还有很多。比如，我们经常会说这样的话：“苹果由绿变红了。”在日常生活中，这样的话是没有问题的，我们大家都这样说。可是，一旦纯理论地思考这句话，问题就出现了。苹果由绿变红了，到底什么“变”了，什么“不变”呢？从这句话本身来看，似乎有一个东西自身保持不变并且承载着由“绿”向“红”的运动变化。那么，这个东西到底是什么呢？如果没有这个东西，这个表述就是错误的，应该表述为：“一个绿苹果变成了一个红苹果。”但这又显然不符合事实。古希腊还有一个著名的“学习者悖论”。意思是说：人们在学习时通常会面临两种情况，一是不知道要学习的内容，二是已经知道了要学习的内容。在这两种情况下，学习都是无意义的，因为前者学习没有目标，后者学习没有必要。所以，学习是不可能的。

这些悖论看起来荒谬，实际上，它们不过是向我们的思维提出的挑战罢了。换句话说，它们在以极端的方式逼近辩证法，让我们不得不更换另外一种思维方式。这种思维方式之所以与我们的常识格格不入但又似乎无懈可击，正是因为思维脱离了具体的实践活动造成的。思维本来应该扎根于实践，在意识中面向实践本身。但是，人的意识一旦有了独立性，就会借助语言发挥主动作用。正如马克思所说的，只有在物质劳动和精神劳动分离的时候，人类才有了真正意义的分工。“从这时候起意识才能现实地想象：它是和现存实践的意识不同的某种东西；它不用想象某种现实的东西就能现实地想象某种东西。”① 这样一来，就会形成

① 马克思，恩格斯．马克思恩格斯选集：第1卷．3版．北京：人民出版社，2012：162.

一种假象：似乎不是社会存在决定社会意识，而是社会意识在引导、规范社会实践。实际上，思维借助意识把握世界是通过概念实现的，而概念总是要把一个“事件”区分、抽象为各种不同的孤立、固定的“事物”才能够实现认知。但是，把“事件”还原为“事物”，本身就是对“事件”的阉割，悖论也就随之而来了。正是在这个意义上，老子才说：“道可道，非常道；名可名，非常名。”之所以如此，是因为“道”和“名”是无法进入语言、落入概念之中的。黑格尔试图通过概念的辩证运动来解决这个问题，却陷入了唯心主义的泥潭。这是因为，思维正是实践的产物，脱离开实践的思维只能陷入神秘。黑格尔之所以被后来者认为是神秘主义者，原因正在于此。一个理性主义哲学大师最后沦为了神秘主义者，正是因为他不能为辩证法找到实践这一科学的哲学基础。所以，他的理论仍然是不彻底的。

辩证法在马克思那里之所以去除神秘色彩，正在于其辩证法回到了实践这一人类活动的原初基础。在马克思那里，辩证法不再是概念的思辨活动，而是成为人类实践活动展现自身的方式和形式。正如马克思所说：“关于思维——离开实践的思维——的现实性或非现实性的争论，是一个纯粹经院哲学的问题。”① 因此，若想克服形而上学思维所牵发出来的种种悖论，就必须让我们的思维回归生活、回归实践，因为“人的思维是否具有客观的真理性，这不是一个理论的问题，而是一个实践的问题。人应该

① 马克思，恩格斯．马克思恩格斯文集：第1卷．北京：人民出版社，2009：500.

在实践中证明自己思维的真理性，即自己思维的现实性和力量，自己思维的此岸性”①。全部社会生活在本质上是实践的。辩证法正是社会生活中鲜活的实践活动在思维中的呈现，因而对形而上学的思维方式有着极大的杀伤力。坚持马克思主义，在很大程度上就在于习得这种辩证思维方式，并学会用这种思维方式去观察问题、分析问题。正如习近平总书记所强调的：“学习掌握唯物辩证法的根本方法，不断增强辩证思维能力，提高驾驭复杂局面、处理复杂问题的本领。”②

二、马克思主义中的“变”与“不变”

在对待坚持马克思主义的指导地位这个问题上，我们最应该坚持的就是唯物辩证法。也就是说，我们应该按照辩证法的要求来对待马克思主义本身，不能以非马克思主义的方式来看待马克思主义。对此，习近平总书记在哲学社会科学工作座谈会上的重要讲话中指出：

> 在对待坚持以马克思主义为指导问题上，绝大部分同志认识是清醒的、态度是坚定的。同时，也有一些同志对马克

① 马克思，恩格斯．马克思恩格斯文集：第1卷．北京：人民出版社，2009：500.

② 习近平．辩证唯物主义是中国共产党人的世界观和方法论．求是，2019(1).

思主义理解不深、理解不透，在运用马克思主义立场、观点、方法上功力不足、高水平成果不多，在建设以马克思主义为指导的学科体系、学术体系、话语体系上功力不足、高水平成果不多。社会上也存在一些模糊甚至错误的认识。有的认为马克思主义已经过时，中国现在搞的不是马克思主义；有的说马克思主义只是一种意识形态说教，没有学术上的学理性和系统性。实际工作中，在有的领域中马克思主义被边缘化、空泛化、标签化，在一些学科中"失语"、教材中"失踪"、论坛上"失声"。这种状况必须引起我们高度重视。①

习近平总书记所指出的上述现象，固然有着多方面的原因，但最为关键的还是"理解不深、理解不透"，未能按照马克思主义所要求的立场、观点和方法来看待马克思主义本身，进而割裂了"继承马克思"和"发展马克思"的内在关系。习近平总书记在庆祝改革开放 40 周年大会上强调指出："改革开放是党和人民大踏步赶上时代的重要法宝，是坚持和发展中国特色社会主义的必由之路，是决定当代中国命运的关键一招，也是决定实现'两个一百年'奋斗目标、实现中华民族伟大复兴的关键一招。"40 多年来，中国共产党领导全国各族人民披荆斩棘、砥砺奋进，从开启新时期到跨越新世纪，从站上新起点到进入新时代，书写了

---

① 习近平．在哲学社会科学工作座谈会上的讲话．人民日报，2016－05－19.

中国特色社会主义的壮丽诗篇，诠释了马克思主义的强大生命力。[1] 但是，围绕着改革开放与马克思主义之间的关系，在理论上仍然存在着一些困扰和束缚实践发展的思想迷雾，社会上也有一些模糊甚至错误的认识：有的认为中国是在没有思想或理论支持的情况下取得伟大的经济成就的；有的认为马克思主义已经过时，中国改革开放的成功恰恰是因为中国共产党已经放弃马克思主义的指导地位；有的认为中国特色社会主义实际上是国家资本主义、国家威权主义。这些质疑和曲解，其实质仍然是把马克思主义与改革开放对立起来，从而否定中国特色社会主义道路和制度。对此，我们必须予以正面回应。这既是新时代条件下改革开放再出发的实践需要，也是发展 21 世纪马克思主义、当代中国马克思主义的理论需要。

1. 改革开放背离马克思主义了吗

中国的改革开放背离马克思主义了吗？关于这个问题的回答，取决于我们如何对待马克思主义。事实上，马克思主义的生命力，不仅在于其自身蕴含的真理性力量，还在于我们对待马克思主义的科学态度。然而，自从马克思主义诞生以来，对它的曲解和误解就一刻也没有停止过。资本主义国家怀疑、否定、非议马克思主义，固然是囿于“资产阶级的狭隘眼界”。但在社会主

---

① 习近平．在哲学社会科学工作座谈会上的讲话．人民日报，2016－05－19.

义阵营里，对待马克思主义也存在着极不恰当的态度。这主要表现在：把马克思主义知识化、书斋化、教条化，以至于将其作为死板的公式四处套用。对此，马克思本人非常反感。他说："我播下的是龙种，而收获的却是跳蚤。"他甚至还宣称："我只知道我自己不是马克思主义者。"① 在马克思看来，他提供给世人的是思考问题、处理问题的立场、观点和方法，而不是现成的结论。把马克思的个别结论视为金科玉律，看似无比虔诚，实则背离了马克思的初衷。正如恩格斯所说的："根据自己的情况像马克思那样去思考问题，只有在这个意义上，'马克思主义者'这个词才有存在的理由。"② 正因为此，"马克思的整个世界观不是教义，而是方法。它提供的不是现成的教条，而是进一步研究的出发点和供这种研究使用的方法"③。

纵观国际共产主义运动史，一旦从本本和教条出发来理解马克思主义，革命事业都无一例外地遭到了挫败。在中国共产党的历史上，虽然我们一直高举马克思主义的伟大旗帜，并不断结合中国的国情推进马克思主义的中国化，但机械教条地对待马克思主义的现象也是反复出现，给我们的革命和建设事业造成了巨大的损失。习近平总书记在党的十九大报告中指出："中国特色社会主义是改革开放以来党的全部理论和实践的主题，是党和人民

① 马克思，恩格斯．马克思恩格斯选集：第4卷．3版．北京：人民出版社，2012：599.

② 中共中央马克思恩格斯列宁斯大林著作编译局．回忆恩格斯．北京：人民出版社，2005：120.

③ 同①664.

历尽千辛万苦、付出巨大代价取得的根本成就。”① 这里的“千辛万苦”“巨大代价”固然有着诸多方面的原因，但是，从本本和教条出发机械死板地理解马克思主义，肯定是其中很重要的一个方面。

在社会主义建设初期，“姓社”还是“姓资”、“要苗”还是“去草”的无谓争论，让整个社会失去了应有的生机和活力。改革开放前夕，我们面临着来自国内和国外的双重压力。从国内环境看，十年“文化大革命”使党、国家和各族人民遭到重挫，国家建设百业待兴。党内外强烈要求纠正“文化大革命”的错误，使党和国家从危难中重新奋起。从国际环境看，20 世纪 70 年代世界范围内蓬勃兴起的新科技革命推动世界经济以更快的速度向前发展，我国经济实力、科技实力与国际先进水平存在明显的差距，面临着巨大的国际竞争压力。正如邓小平同志所说：“如果现在再不实行改革，我们的现代化事业和社会主义事业就会被葬送。”②

实践上的挫折根源于思想上的僵化。没有思想的解放，改革开放就无从谈起。马克思就曾把“思想”比喻为让人觉醒的“闪电”，认为“理论一经掌握群众，也会变成物质力量”。德国诗人海涅也曾说：“思想走在行动之前，就像闪电走在雷鸣之前一样。”真理标准问题的讨论，就是一道照亮人们思想和心灵的智

① 习近平．决胜全面建设小康社会　夺取新时代中国特色社会主义伟大胜利．北京：人民出版社，2017：16.

② 邓小平．邓小平文选：第 2 卷．2 版．北京：人民出版社，1994：150.

慧“闪电”，极大地解放了人的思想，从而拉开了改革开放的序幕。对此，邓小平同志在党的十一届三中全会上说：

> 目前进行的关于实践是检验真理的唯一标准问题的讨论，实际上也是要不要解放思想的争论。大家认为进行这个争论很有必要，意义很大。从争论的情况来看，越看越重要。一个党，一个国家，一个民族，如果一切从本本出发，思想僵化，迷信盛行，那它就不能前进，它的生机就停止了，就要亡党亡国。这是毛泽东同志在整风运动中反复讲过的。只有解放思想，坚持实事求是，一切从实际出发，理论联系实际，我们的社会主义现代化建设才能顺利进行，我们党的马列主义、毛泽东思想的理论也才能顺利发展。①

可见，关于真理标准问题的讨论，实际上是一个要不要解放思想、实事求是的争论，是一个要不要以科学理性的态度对待马克思主义进而与假马克思主义划开界限的问题。习近平总书记深刻指出：“改革开放是我们党的一次伟大觉醒，正是这个伟大觉醒孕育了我们党从理论到实践的伟大创造。”解放思想，就是改变过去机械僵化地对待马克思主义的态度；伟大觉醒，就是恢复马克思主义科学理论的本来面目，使其重新成为共产党人的行动指南。改革开放 40 多年来，科学社会主义在中国焕发出强大的生机与活力，我们在世界上高高举起了中国特色社会主义伟大旗帜，关键在于我们在解放思想的过程中重新确立了马克思主义的

---

① 邓小平．邓小平文选：第 2 卷．2 版．北京：人民出版社，1994：143.

思想路线，尊重了扎根于实践的探索精神，在理论上将实践视为检验真理的唯一标准，在行动上将“头脑”中的社会主义转变为了“实践”的社会主义。从这一意义上讲，改革开放不但不是对马克思主义的背离，反而是向马克思主义的回归。只有在理论上思考中国的实践，马克思主义才能真正地成为“中国的”，而不仅仅是“在中国”。

2. 改革开放与马克思主义的时代发展

在马克思主义经典作家的视野中，社会主义是沿着物质生活和精神生活两个维度展开的。一方面，物质生活是精神生活的前提和基础。没有生产力水平的提高和人民生活的改善，社会主义的价值追求就只能是空想，而不是理想。正如马克思所说：“当人们还不能使自己的吃喝住穿在质和量方面得到充分保证的时候，人们就根本不能获得解放。”① 在马克思看来，人的解放是一种历史活动，不是思想活动。这种活动本身就是“由工业状况、商业状况、农业状况、交往状况促成的”。因此，社会主义是承担着解放生产力、发展生产力的历史使命的。另一方面，精神生活是物质生活得到满足后的必然诉求，从而表现为对物质生活的超越。事实上，随着生产力水平的提高，人民在基础性的物质文化需要得到满足以后，对民主、法治、公平、正义、安全、

① 马克思，恩格斯．马克思恩格斯文集：第1卷．北京：人民出版社，2009：527.

环境等方面的要求必然会日益增长。因此，社会主义又是一种建立在生产力高度发达基础上的社会理想。马克思就说：“共产主义对我们来说不是应当确立的状况，不是现实应当与之相适应的理想。我们所称为共产主义的是那种消灭现存状况的现实的运动。这个运动的条件是由现有的前提产生的。”① 同样，社会主义也表现为现实不断趋于理想的历史过程，是现实和理想的辩证统一。说它是理想，是因为社会主义所要求的价值理想在当下由于生产力水平的限制还无法实现；说它是现实，是因为我们当下的行动又参与了理想的实现，推动理想逐步成为现实。而这一过程正是基于实践的开放性、创造性和革命性。这也正是马克思主义的全部理论奠基于实践的根本原因。正如马克思所说：“光是思想力求成为现实是不够的，现实本身应当力求趋向思想。”②

具体到一个国家的社会主义建设而言，到底应该是物质基础优先还是价值追求优先？这个问题只能由这个国家的具体国情来回答。晚年的马克思曾经设想，东方社会可以利用自身不同于西欧各国的独特性质，不通过资本主义制度的“卡夫丁峡谷”而建立起社会主义制度。但是，这种社会主义并没有继承和保存资本主义社会积累的物质成果，也就内在地要求将“增加生产力的总量”置于优先地位。新中国成立初期，我们国家是在“一穷二白”的基础上建设社会主义的。但是，在特定的历史时期，我们没有

---

① 马克思，恩格斯．马克思恩格斯文集：第1卷．北京：人民出版社，2009：539.

② 同①13.

把解放生产力、发展生产力视为首要任务，而是脱离特定的历史条件和生产力发展水平去追求社会主义的价值理想。一方面，我们违反了客观的经济规律，提出了一系列不切实际的任务和指标，导致了生产力的破坏；另一方面，我们则是根据不真实的经济发展数据人为地进行了生产关系的超前变革，将社会主义的价值理想空泛化和标签化了。最终的结果是，我们不但没有实现共同富裕，反而造成了普遍的贫穷。

贫穷不是社会主义。在这种情况下，如果我们在社会主义建设实践中继续实行高度集中的计划经济体制，继续抽象地追求社会主义的价值理想，显然已经背离历史唯物主义的内在要求。正如邓小平同志所说："革命是在物质利益的基础上产生的，如果只讲牺牲精神，不讲物质利益，那就是唯心论。"① 以党的十一届三中全会为标志，我们党冲破"左"的错误的严重束缚，批评"两个凡是"的错误方针，充分肯定必须完整、准确地掌握毛泽东思想的科学体系，高度评价关于真理标准问题的讨论，果断结束"以阶级斗争为纲"，重新确立马克思主义的思想路线、政治路线、组织路线。在党的十三大上，我们党正确认识和准确把握了我们仍长期处于社会主义初级阶段的基本国情，重新确立了"一个中心，两个基本点"的基本路线。社会主义初级阶段，不是泛指任何国家进入社会主义都会经历的起始阶段，而是特指我国在生产力落后、商品经济不发达条件下建设社会主义必然要经

① 邓小平．邓小平文选：第2卷．2版．北京：人民出版社，1994：146.

历的特定阶段。可见，改革开放的伟大决策、社会主义初级阶段理论的提出，都是对生产力决定生产关系、社会存在决定社会意识的历史唯物主义原理在中国大地上的生动运用。由此，中华民族才迎来了从站起来、富起来到强起来的伟大飞跃，从而为社会主义价值理想的实现奠定了物质基础和历史前提。从理论上讲，改革开放的伟大意义正在于我们党创造性地运用历史唯物主义的基本原理，使中国特色社会主义理论体系既有了现实的实践根基，又具有了坚实的哲学理论基础。这不但不是对马克思主义的违背，恰恰是马克思主义在中国的实现。正如习近平总书记所言："我们党作出实行改革开放的历史性决策，是基于对党和国家前途命运的深刻把握，是基于对社会主义革命和建设实践的深刻总结，是基于对时代潮流的深刻洞察，是基于对人民群众期盼和需要的深刻体悟。"

三、"非公有制经济离场论"的理论误区

"毫不动摇地巩固和发展公有制经济""毫不动摇地鼓励、支持和引导非公有制经济发展"（以下简称"两个毫不动摇"），是我国在探索形成社会主义初级阶段基本经济制度的基础上创造性地提出并坚持的基本方针。改革开放 40 多年来，中国共产党领导全国各族人民，既贯彻了科学社会主义的基本原则，又结合中国实际创造了社会主义现代化建设的伟大时代奇迹，走出了一条

具有鲜明中国特色的社会主义发展道路。其中，坚持“两个毫不动摇”可以说是一条基本经验。党的十八大以来，习近平总书记多次强调坚持“两个毫不动摇”，要求将其体现到各项具体政策中，极大地激发了我国公有制经济和非公有制经济的活力，更使得科学社会主义在21世纪的中国焕发出强大生机活力。

可是，一段时间以来，社会上出现了一些否定、怀疑民营经济的言论。2018年9月12日，互联网上一篇题为《中国私营经济已完成协助公有经济发展的任务，应逐渐离场》的文章引发网友热议。该文章认为：“在中国伟大的改革开放历史进程中，私营经济已经初步完成了协助公有经济实现跨越式发展的重大阶段性历史重任。下一步，私营经济不宜继续盲目扩大，一种全新形态、更加集中、更加团结、更加规模化的公私混合制经济，将可能在社会主义市场经济社会的新发展中，呈现越来越大的比重。”至于私营经济不宜再继续盲目扩大的原因，文章作者给出的理由是：私营经济即非公有制经济“是没有纪律的，是没有深谋远虑的，是不足以面对日趋严峻的国际竞争的”。

显然，这些观点把公有制经济和非公有制经济简单地对立起来，并把民营经济仅仅视为一种工具意义上的角色，无疑是对“两个毫不动摇”的违反和背离，在理论上是错误的，实践上也必然会遭到挫败。其核心错误，是试图否定和动摇我国社会主义基本经济制度和经济体制，把当今世界和平合作、开放融通、变革创新时代潮流中各类企业谋求发展的美好愿望，与其自定义的所谓“国家意志”对立起来。这无疑是逆改革开放潮流而动、企图开历史倒车的危险想法。但是，仅仅以结论的形式指出这些言论的错误是不够的，理论工作者还应在理论上进一步指出这些言论何以是错误的。正如当年恩格斯针对费尔巴哈对黑格尔的批评所说的："简单地宣布一种哲学是错误的，还制服不了这种哲学。"① 马克思也说："理论只要彻底，就能说服人。所谓彻底，就是抓住事物的根本。"② 因此，在科学社会主义的视域下，通过辩证唯物主义和历史唯物主义原理揭示"私营经济离场论"这一错误言论的思想根源，就成为当前一项极为紧迫的理论任务。

1. 鞋子合不合脚，自己穿了才知道

在马克思、恩格斯等经典作家的语境中，社会主义是资本主义向共产主义过渡的中间历史阶段。马克思、恩格斯生活在 19 世纪中期的西方社会，目睹了资本主义发展所带来的社会冲突，见证了无产阶级队伍的壮大所迸发的革命热情，由此认为推翻资本主义的革命条件已经成熟。对此，《共产党宣言》中这样描述推翻资本主义社会之后的社会主义社会："工人革命的第一步就是使无产阶级上升为统治阶级，争得民主。""无产阶级将利用自己的政治统治，一步一步地夺取资产阶级的全部资本，把一切生产工具集中在国家即组织成为统治阶级的无产阶级手里，并且尽

① 马克思，恩格斯．马克思恩格斯文集：第 4 卷．北京：人民出版社，2009：276.
② 马克思，恩格斯．马克思恩格斯文集：第 1 卷．北京：人民出版社，2009：11.

可能快地增加生产力的总量。”① 按照这一论述，社会主义社会在政治上实行无产阶级专政，在经济上则是应该实行单一的公有制经济体制。

但是，我们应该注意到，马克思、恩格斯眼中的社会主义是处于特定的历史情境之中的，即脱胎于资本主义并表现为对资本主义的超越。这样的社会主义虽然是对资本主义的超越，但它也在资本主义那里继承下来了高度发展的生产力和雄厚的物质条件。正是有了这一物质基础，推行全面的公有制经济模式才是可行的、恰当的。但遗憾的是，无产阶级在资本主义国家内部发动革命夺取政权的历史运动大都遭到了挫败。这表明，资本主义在当时并没有完全释放完它的“能量”，仍然具有自我调适的空间，也就不可能在短时期内退出历史舞台。正如恩格斯在 25 年后的《共产党宣言》德文版序言中所指出的：“第二章末尾提出的那些革命措施根本没有特别的意义。如果是在今天，这一段在许多方面都会有不同的写法了。”② 可见，作为个体意义上的人，马克思、恩格斯也是受时代局限的，他们当时的个别结论和具体论断在以后看来未必恰当。但是，他们思考问题的历史唯物主义态度却是弥足珍贵的。从这个意义上讲，《共产党宣言》中所阐述的历史唯物主义原理是完全正确的，但它们必须“随时随地都要以当时的历史条件为转移”。1881 年，荷兰工人领袖斐·多·纽文胡斯就曾写信请教马克思如何建设社会主义的问题：“如果社会

① 马克思，恩格斯．马克思恩格斯文集：第 2 卷．北京：人民出版社，2009：52.
② 同①5.

党人取得政权，为了保证社会主义的胜利，在政治和经济方面的首要的立法措施是什么?”马克思就回信说：这个问题“在我看来提得不正确。在将来某个特定的时刻应该做些什么，应该马上做些什么，这当然完全取决于人们将不得不在其中活动的那个既定的历史环境。而现在提出这个问题是不着边际的，因而这实际上是一个幻想的问题，对这个问题的唯一答复应当是对问题本身的批判。如果一个方程式的已知各项中不包含解这个方程式的因素，那我们就无法解这个方程式”①。

可见，马克思、恩格斯都没有无条件地对社会主义作一种本质主义的规定，他们对那种抽象地看待社会主义的做法采取的是一种批判和拒绝的姿态，特别强调历史环境和具体国情对社会主义建设的先行制约作用。晚年的马克思曾经设想，东方社会可以利用自身不同于西欧各国的独特性质，不通过资本主义制度的“卡夫丁峡谷”而建立起社会主义制度。恩格斯在致卡尔·考茨基的一封信（1892 年 9 月 12 日）中也谈道：“由土著人居住的土地（指那些没有被移民的殖民地——引者注）……无产阶级不得不暂时接过来，并且尽快地引导它们走向独立。……至于这些国家要经过哪些社会和政治发展阶段才能同样达到社会主义的组织，我认为我们今天只能作一些相当空泛的假设。”② 实际上，这一设想在之后的革命实践中得到了应验。俄国的十月革命和中

① 马克思，恩格斯．马克思恩格斯文集：第 10 卷．北京：人民出版社，2009：458.

② 马克思，恩格斯．马克思恩格斯选集：第 4 卷．3 版．北京：人民出版社，2012：548.

国的新民主主义革命，都没有经过资本主义的充分发展阶段而直接建立起了社会主义制度。这种社会主义制度虽然避免了“遭受资本主义制度所带来的一切极端不幸的灾难”，但也没有继承资本主义发展所带来的发达的生产力水平。在这种情况下，如果再按照《共产党宣言》中对社会主义的描述建设本国的社会主义，就不符合实际了。1877 年，马克思在致《祖国纪事》杂志的那封著名的信中谈到了一位俄国的批评家米海洛夫斯基。马克思说：“他（米海洛夫斯基——引者注）一定要把我关于西欧资本主义起源的历史概述彻底变成一般发展道路的历史哲学理论，一切民族，不管它们所处的历史环境如何，都注定要走这条道路，——以便最后都达到在保证社会劳动生产力极高度发展的同时又保证每个生产者个人最全面的发展的这样一种经济形态。但是我要请他原谅。（他这样做，会给我过多的荣誉，同时也会给我过多的侮辱。）”[①] 继而，马克思以古代罗马贫民的遭遇为例，说明了“极为相似的事变发生在不同的历史环境中就引起了完全不同的结果”。“如果把这些演变中的每一个都分别加以研究，然后再把它们加以比较，我们就会很容易地找到理解这种现象的钥匙；但是，使用一般历史哲学理论这一把万能钥匙，那是永远达不到这种目的的，这种历史哲学理论的最大长处就在于它是超历史的。”[②] 习近平总书记也强调：“对待马克思主义，不能采取教

① 马克思，恩格斯．马克思恩格斯选集：第 3 卷．3 版．北京：人民出版社，2012：730.

② 同①730－731.

条主义的态度，也不能采取实用主义的态度。如果不顾历史条件和现实情况变化，拘泥于马克思主义经典作家在特定历史条件下、针对具体情况作出的某些个别论断和具体行动纲领，我们就会因为思想脱离实际而不能顺利前进，甚至发生失误。”①

在社会主义建设初期的特定阶段，我们在对待建设什么样的社会主义、如何建设社会主义这个根本性问题上，没有做到从客观实际出发、从实践的需要出发，而是脱离当时的经济发展水平实行“一大二公”、纯而又纯的公有制经济体制。“姓社”还是“姓资”、“要苗”还是“去草”的无谓争论，让整个社会失去了应有的生机和活力，使得我们的现代化和社会主义建设事业遭受挫折。改革开放以来，以党的十一届三中全会为标志，我们通过解放思想跳出了公有制经济和非公有制经济对立替代的“零和”思维，不仅作出了中国仍然处于社会主义初级阶段的重大判断，还明确了公有制为主体、多种所有制经济共同发展的经济制度。这一经济制度由于适应了我国国情，特别是适应了我国“落后的社会生产”的实际，才得以焕发出强大的生机活力。实践证明，公有制经济和非公有制经济都是社会主义市场经济的重要组成部分，二者相辅相成、相得益彰，极大地激发了各类市场主体活力，生产和积累了巨大的物质财富，惠及亿万人民。正如习近平总书记所指出的：“我国非公有制经济，是改革开放以来在中国共产党的方针政策指引下发展起来的，是在中国共产党领导下开

① 习近平．在哲学社会科学工作座谈会上的讲话．人民日报，2016－05－19.

辟出来的一条道路。”今日中国，已经成为世界第二大经济体、第一制造大国、第一大货物贸易国、第一大外汇储备国；人民生活已从短缺走向充裕，从贫困走向小康。这其中，非公有制经济功不可没。实践证明：非公有制经济是稳定经济的重要基础，是国家税收的重要来源，是技术创新的重要主体，是金融发展的重要依托，是经济持续健康发展的重要力量。数据显示，民营经济贡献了50%以上的税收、60%以上的GDP、70%以上的技术创新成果、80%以上的城镇劳动就业、90%以上的企业数量，在稳定增长、促进创新、增加就业、改善民生等方面发挥了重要作用。

可见，如何建设社会主义，只有结合本国的实际才能得到恰当、正确的理解。2013年3月23日，习近平同志在莫斯科国际关系学院发表重要演讲时指出：“鞋子合不合脚，自己穿了才知道。”这就意味着：世界各国由于历史传统、国情、风土人情各不相同，发展道路也各不相同。发展道路是多样的，并没有优劣之分。符合自己国情和传统的道路就是好的道路。发展道路没有统一的模式和标准，适用于一国的发展道路，不一定适用于另一国。如何衡量发展道路的合适与否呢？只有本国人民最有发言权，因为发展道路必然表现为经济的增长水平、人民政治权利的获得、生态权益的保障、民生的改善等具体指标。对老百姓来说，更直观的反映就是生活水平的高低和进步与否。而这些只有人民最有发言权。新中国成立70多年以来，中国共产党带领中国人民不断探索，走出一条适合本国国情的发展道路，人民的获得感、幸福感、安全感更加充实、有保障、可持续，正是对这段话最好的阐释。

2. 历史从来都不是公式设计出来的

科学社会主义之所以在根本处超越了空想社会主义，正在于它对资本主义的批判不仅仅停留在道德的谴责和情感的控诉上，而是揭示了人类历史发展的一般规律，进而把资本主义的灭亡理解为一个不以人的意志为转移的“自然历史过程”。在历史唯物主义的视野中，社会存在决定社会意识，社会主义和共产主义的价值理想作为一种社会意识，必须在成熟的现实条件下才能变为现实。相反，超越历史发展的阶段片面地追求价值理想，我们也就从科学社会主义倒退回了空想社会主义，理想也就蜕变成了空想。

诚然，《共产党宣言》中明确指出：“共产党人可以把自己的理论概括为一句话：消灭私有制。”① 但是，这里的“消灭私有制”并不是描述性的，而是规范性的。即是说，“消灭私有制”在马克思、恩格斯那里并不意味着当下的行动，而是作为价值理想昭示着未来的发展方向。马克思不仅说过“消灭私有制”，还说过“消灭劳动”“消灭分工”。如果我们把这些未来理想社会的

① 马克思，恩格斯．马克思恩格斯选集：第1卷．3版．北京：人民出版社，2012：414.

目标视为当下的任务，无疑陷入了唯心主义的妄想症。实际上，马克思在此所言的“消灭”，实际上是“扬弃”，是借助其并对其进行超越的意思。通俗地讲，就是要让“私有制”或者“私有观念”变得多余或过时。而这一目标的实现，必须具备相应的历史条件。所以说，马克思和恩格斯的这句话是有着特定的历史内涵的，并不是一句空洞的口号。只是在言语上“消灭私有制”，原来的旧唯物主义和空想社会主义者就已经做到了。莫尔就说：“任何地方私有制存在，所有的人凭现金价值衡量所有的事物，那么，一个国家就难以有正义和繁荣。”① “如不彻底废除私有制，产品不可能公平分配，人类不可能获得幸福。”② 因此，他主张乌托邦国家实行财产的单一全民所有制，“一切归全民所有”，做到“任何地方都没有一样东西是私产”③。欧文在《新道德世界书》中也说：“目前，私有财产是贫困的唯一根源，由于贫困而在全世界引起各种无法计算的罪行和灾难，它在原则上是那样不合乎正义，如同它在实践上不合乎理性一样。在合理组织起来的社会里，私有财产将不复存在。”④ 但是，这些“消灭私有制”的口号并没有推动社会的真正变革，只不过是苍白无力的道德控诉罢了。正如马克思所言：“要扬弃私有财产的思想，有思想上的共产主义就完全够了。而要扬弃现实的私有财产，则必

---

① 莫尔．乌托邦．戴镏龄，译．北京：商务印书馆，1982：43.
② 同①44.
③ 同①53.
④ 周辅成．西方伦理学名著选辑：下卷．北京：商务印书馆，1987：559.

须有现实的共产主义行动。”①

因此，马克思主义从来不否定、拒绝理想，它否定、拒绝的仅是那种脱离了现实条件的理想。对此，马克思指出：“在大工业中，生产工具和私有制之间的矛盾才是大工业的产物，这种矛盾只有在大工业高度发达的情况下才会产生。因此，只有随着大工业的发展才有可能消灭私有制。”② 据此，恩格斯也批评了海因岑妄图用法令取消历史规律的幼稚做法：“只要大工业的发展水平还没有达到足以使自己完全挣脱私有财产的羁绊，它就不能容许现存方式以外的其他任何分配产品的方式。”③ “他在评判共产主义的时候，只是认为它的核心简单说来就是废除私有财产是不够的；他最好不要信口开河地空谈废除私有财产，而应当研究一下国民经济学；假如他对废除私有财产的条件也不了解，那他对废除私有财产所造成的后果就不可能有丝毫的认识。”④ 可见，真正有意义的工作就是揭示废除私有制的历史基础和物质条件，而不在于空喊几声“废除私有制”的口号。从思想根源上看，撇开现实空谈理想，正是唯心史观的全部秘密。马克思在《德意志意识形态》中就一针见血地指出：“他们（德国的哲学家们——引者注）总是把后来阶段的一般化的个人强加于先前阶段的个人，并且把后来的意识强加于先前的个人。借助于这种从一开始

① 马克思，恩格斯．马克思恩格斯文集：第1卷．北京：人民出版社，2009：231-232.

② 马克思，恩格斯．马克思恩格斯选集：第1卷．3版．北京：人民出版社，2012：184.

③ 同②292.

④ 同②291.

就撇开现实条件的本末倒置的做法，他们就可以把整个历史变成意识的发展过程了。”① 实际上，历史绝不是按照人头脑中“以后的意识”（理想）进行裁剪的结果，相反，“以后的意识”（理想）只有根植于历史之中才有意义。因此，要现实地“消灭”私有制，唯有通过革命的实践，促进现实的世界革命化，进而创造“废除私有制”的经济基础和物质条件。到那时，私有制不是被“消灭”了，而是伴随着历史的进程被“消化”了。正如马克思在《哥达纲领批判》中所说的：

> 在共产主义社会高级阶段，在迫使个人奴隶般地服从分工的情形已经消失，从而脑力劳动和体力劳动的对立也随之消失之后；在劳动已经不仅仅是谋生的手段，而且本身成了生活的第一需要之后；在随着个人的全面发展，他们的生产力也增长起来，而集体财富的一切源泉都充分涌流之后，——只有在那个时候，才能完全超出资产阶级权利的狭隘眼界，社会才能在自己的旗帜上写上：各尽所能，按需分配！②

习近平总书记在纪念马克思诞辰200周年大会上的讲话中指出：马克思主义博大精深，归根到底就是一句话，为人类求解放。而人类的解放又是一个在现实和理想之间展开的辩证历史过程。正如马克思所说：“共产主义对我们来说不是应当确立的状

---

① 马克思，恩格斯．马克思恩格斯文集：第1卷．北京：人民出版社，2009：582.

② 马克思，恩格斯．马克思恩格斯文集：第3卷．北京：人民出版社，2009：435-436.

况，不是现实应当与之相适应的理想。我们所称为共产主义的是那种消灭现存状况的现实的运动。这个运动的条件是由现有的前提产生的。”① 因此，社会主义是共产主义社会的初级阶段。作为人类解放的“前夜”，必然处于不断变革发展的运动之中。这种变革运动归根到底是由社会制度和价值理想之间的矛盾推动发展的。一方面，社会主义作为一种制度安排，它的历史任务就是解放生产力、发展生产力。另一方面，社会主义也是一种价值理想。社会主义由于与过去的旧社会实现了断裂，必然在道德和精神方面表现出不同于资本主义而接近于共产主义的价值追求，即打破生产资料私有制，消灭剥削，实行按劳分配，实现共同富裕。但这种价值理想，只有在生产力高度发达的基础上才能完全成为现实。而具体到一个特定国家的社会主义建设而言，到底应该是物质基础优先还是价值追求优先？对于这个问题，只能根据这个国家的具体国情来回答。正如恩格斯 1885 年在给俄国女革命家查苏利奇的一封信中所指出的：“马克思的历史理论是任何坚定不移和始终一贯的革命策略的基本条件；为了找到这种策略，需要的只是把这一理论应用于本国的经济条件和政治条件。”“但是，要做到这一点，就必须了解这些条件……”② 新中国成立初期，我们国家是在“一穷二白”的基础上建设社会主义的。但是，在特定的阶段，我们却没有把解放生产力、发展生产力视为首要任务，而是脱离开特定的历史条件和生产力发展水平偏执

① 马克思，恩格斯．马克思恩格斯文集：第 1 卷．北京：人民出版社，2009：539.
② 马克思，恩格斯．马克思恩格斯文集：第 10 卷．北京：人民出版社，2009：532.

地追求表征社会主义的价值指标，执着于绝对的平等和抽象的公平。一方面，我们违反了客观的经济规律，提出了一系列不切实际的任务和指标，导致了生产力的破坏；另一方面，我们则是根据不真实的经济发展数据人为地进行了生产关系的超前变革，将社会主义的价值理想空泛化和标签化了。最终的结果是，我们不但没有实现共同富裕，反而造成了普遍的贫穷。贫穷不是社会主义。20 世纪 70 年代，世界经济快速发展，科技进步日新月异。而十年“文化大革命”使党、国家、各族人民遭到重大挫折，国家建设百业待兴。在这种情况下，继续抽象地追求社会主义的价值理想，显然已经背离历史唯物主义的内在要求。改革开放以来，党和国家作出了“商品经济的充分发展是社会经济发展的不可逾越的阶段”的重要论断，并大力发展社会主义市场经济。其中，民营经济是社会主义市场经济发展的重要成果，是推动社会主义市场经济发展的重要力量，在稳定增长、促进创新、增加就业、改善民生等方面发挥了重要作用，极大地促进了社会生产力的解放与发展。

有人指出，鼓励、支持非公有制经济的发展，显然是和社会主义的价值理想不一致的，有着走向“改旗易帜的邪路”的危险。所谓的“消灭私有制”“私营经济离场论”，正是沿着这一思路出炉的。实际上，在中国现阶段，唯有坚持“两个毫不动摇”，才能最终为社会主义价值理想的实现奠定物质基础和历史前提。二者之间的一致是战略上的、深层次的；相反，二者之间的不一致却是暂时的、表象的。不理解这一点，也就是不理解历史发展的辩证法。当年苏联在实行新经济政策时，很多人就难以理解或不能接受利用资本主义来拯救社会主义。人们担心，社会主义因此会面临被同化的危险。但列宁却认为："我们应该有本事根据资本主义世界的特点……来巩固我们的经济地位。"[①] 在资本主义国家，私有制经济是内生于资本主义的生产方式之中的。这种"内生性"决定了私有制经济对于资本主义而言只能局限于自由主义和市场原教旨主义的狭隘视野之中，因而只能带有自发的性质。而我国的非公有制经济则是在党的方针政策的指引下发展起来的，是在公有制经济为主体的前提下发展起来的，因而也是自觉地服从于社会主义的价值理想的。

3. 中国特色社会主义是社会主义而不是其他什么主义

马克思曾言："我的观点是把经济的社会形态的发展理解为一个自然历史过程"，"一个社会即使探索到了本身运动的自然规律，……它还是既不能跳过也不能用法令取消自然的发展阶段"[②]。正因为此，一种经济形态的消亡只能是历史发展的结果，而不是人为作用的结果。按照马克思的观点，人类社会在经济形态上会经历三种形式，即自然经济、商品经济和产品经济。唯有到了产品经济时代，实施全面的公有制才是可能的和现实的。而

---

① 何中华．如何恰当地理解共产主义．理论学习，2016（8）．

② 马克思，恩格斯．马克思恩格斯文集：第5卷．北京：人民出版社，2009：9－10．

产品经济社会的来临，只能通过并借助于商品经济的充分发展才有可能。就此，马克思曾经谈到过“取消货币”的两种情形：

> 作为交换手段，货币表现为生产和消费之间的必要的媒介。在发达的货币制度下，生产只是为了交换，或者生产只是由于交换。因此，如果取消货币，那么人们或者会倒退到生产的较低的阶段（和这一阶段相适应的，是起附带作用的物物交换），或者前进到更高的阶段，在这个阶段上，交换价值已经不再是商品的首要规定，因为以交换价值为代表的一般劳动，不再表现为只是间接地取得共同性的私人劳动。①

可见，取消货币后，人类社会发展的一个路径就是发展到更高级的阶段，即产品经济阶段。在这个阶段，“交换价值已经不再是商品的首要规定，因为以交换价值为代表的一般劳动，不再表现为只是间接地取得共同性的私人劳动”。因此，商品交换的经济形态就被历史所超越，货币自然变得多余和过时。与之相反，如果不顾历史发展的阶段人为地取消货币，人类社会只能“倒退到生产的较低的阶段”，回到那个“物物交换”的时代。在我国社会主义建设初期，我们曾提出过“跑步进入共产主义”的口号。结果是，我们不但没有实现共产主义，反而遭受重挫。马克思告诉我们，这种“共产主义”只是以人为的方式制造的“原始的共产主义”或者“粗陋的共产主义”。这种“共产主义”由

① 马克思，恩格斯．马克思恩格斯全集：第 46 卷上册．北京：人民出版社，1979：164－165.

于实施的是“吃大锅饭”式的抽象而绝对的平均主义，因而抹杀了人的一切差别，只能导致“对整个文化和文明的世界的抽象否定，向贫穷的、需求不高的人……的非自然的简单状态的倒退……”[1] 它根本就不是对私有制的超越，甚至还没有达到私有制的水平。因此，私有制的消失、私营经济的离场，只有在社会主义发展到更为高级的阶段才会成为现实。而我国当前正处于社会主义初级阶段，而且这一阶段还是一个相当长的历史时期。在这一阶段提出这个问题，无疑陷入了迂远和幻想。这些言论除了混淆视听、干扰我国的经济发展，不可能有任何的积极作用。

“同传统的所有制关系实行最彻底的决裂”，无疑是共产党人的远大理想。我们不能因为坚持远大理想而否定当前的“两个毫不动摇”的基本方略，但也不能因为当前坚持“两个毫不动摇”而否定共产主义的远大理想。20 世纪 80 年代末 90 年代初，东欧剧变、苏联解体，全世界范围内共产主义运动陷入了低潮。这其中固然有着复杂的国际因素，但这些国家的某些领导人甘愿被“围猎”，主动放弃了马克思主义的远大理想，不能不说是一个非常重要的原因。作为以马克思主义为指导的无产阶级政党，中国共产党自诞生之日起就将谋求人类解放、实现共产主义视为自己的最高理想并为之持续奋斗，切实做到了“不忘初心，牢记使命”。可以说，正是因为坚持了共产主义的远大理想，中国共产党人才不会像资本主义卫道士那样把资本主义私有制看作历史发

① 马克思，恩格斯．马克思恩格斯文集：第 1 卷．北京：人民出版社，2009：184.

展的最高成就，把资本主义社会看作“人类社会发展的顶点”，而是在历史的不断发展中对私有制从“暂时性方面”来理解。

当然，共产主义不是一蹴而就的，它只能在不断改变现存状况的现实运动中一步步实现。这就要求我们既要坚持中国特色社会主义共同理想，也要保持追求共产主义远大理想的精神自觉。这就要求我们必须坚持社会主义的价值追求，自觉地在“毫不动摇地鼓励、支持、引导非公有制经济发展”和“全面私有化”之间划开界限。正如习近平总书记所指出的：“中国特色社会主义是社会主义而不是其他什么主义，科学社会主义基本原则不能丢，丢了就不是社会主义。”① 一些敌对势力和别有用心的人总喜欢把中国改革理解为往西方政治制度的方向改，否则就认为是不改革。就此，习近平总书记有针对性地讲道：“我们的改革开放是有方向、有立场、有原则的。”在纪念改革开放 40 周年大会上，习近平总书记进一步指出：“该改的、能改的我们坚决改，不该改的、不能改的坚决不改。”这些重要论述鲜明而生动地诠释了社会主义的政治方向，也充分展现了人民领袖高度的精神自觉。我们的改革是以人民为中心的改革，改革的出发点和落脚点就是满足人民对美好生活的向往。从中国的国情出发，不实行改革开放，这一目标是无法实现的。但是，改革开放一旦跌入敌对势力设置的意识形态陷阱，否定了社会主义方向，把党和国家的安身立命之本改没了，将人民当家作主的依托改丢了，这一目标

① 习近平．习近平谈治国理政．北京：外文出版社，2014：22.

同样无法实现。

中国特色社会主义进入新时代，我们从“未发展起来”时期进入“发展起来以后”时期。在新的历史方位中，我国社会的主要矛盾已经转化为人民日益增长的美好生活需要和不平衡不充分的发展之间的矛盾。党的十九大作出的这一重大政治论断正是坚持了以人民为中心的思想，把不断促进人的全面发展、全体人民的共同富裕视为新时代中国特色社会主义的价值归宿。正如习近平总书记所说的：我们追求的发展是造福人民的发展，我们追求的富裕是全体人民共同富裕。而且，这种以人民为中心的思想，不是一个抽象的、玄奥的概念，不是只停留在口头上、止步于思想环节，而是在具体实践中贯彻于经济社会发展的方方面面。离开了社会主义价值理想的这一维度，我们党在诸多领域的治国理政举措就不能得到真切的理解和领会。可以说，根据新的时代特点和历史条件主动回应人民关切，表现出的正是中国共产党对马克思主义远大理想的坚守。

由以上分析不难看出，中国特色社会主义建设事业是在理想和现实张力中前行的。因此，“鼓励、支持、引导非公有制经济发展”与实现共产主义这一“远大理想”和“运动的未来”不但不矛盾，反而是辩证唯物主义和历史唯物主义的生动体现。这正是习近平总书记所强调的时代责任和历史使命、远大抱负和脚踏实地之间的辩证统一关系。可以说，唯有把握住马克思主义特有的辩证法思想和历史唯物主义态度，我们才能够在中国特色社会主义的历史发展和伟大实践中，认识和把握人类社会发展的历史必然性，认识和把握中国特色社会主义的历史必然性，不断树立为共产主义远大理想和中国特色社会主义共同理想而奋斗的信念和信心。

四、社会主义核心价值观中的辩证法

党的十八大报告强调指出：“倡导富强、民主、文明、和谐，倡导自由、平等、公正、法治，倡导爱国、敬业、诚信、友善，积极培育和践行社会主义核心价值观。”这一论述明确了社会主义核心价值观的基本理念和具体内容，并在语言层面用 24 个字将社会主义核心价值观简洁明确地表述为 12 个具体的价值观念。正确理解社会主义核心价值观的内涵，深刻把握积极培育和践行社会主义核心价值观的重要性，对于推进社会主义核心价值体系建设，用社会主义核心价值体系引领社会思潮、凝聚社会共识，具有重要的理论意义和实践意义。特别是在高校中，思想政治理论课更应该发挥好主渠道作用，通过对社会主义核心价值观的科学阐释和恰当解读，引导广大青年学生做社会主义核心价值观的坚定信仰者、积极传播者、模范践行者。正如习近平总书记 2014 年 5 月在北京大学师生座谈会上的讲话中所指出的：“青年的价值取向决定了未来整个社会的价值取向，而青年又处在价值观形成和确立的时期，抓好这一时期的价值观养成十分重要。这就像穿衣服扣扣子一样，如果第一粒扣子扣错了，剩余的扣子都会扣错。人生的扣子从一开始就要扣好。”①

核心价值观之争，不仅是意识形态之争，更表现为思想主导权、话语权之争。因此，当前文化教育界和思想理论界的一项重要任务，就是要在理论层面科学、完整、准确地阐释社会主义核心价值观。但要完成这一理论任务，仅靠“自说自话”是无法做到的。当前，社会主义核心价值观的宣传教育过程中普遍存在着一种将价值观教育知识化的倾向，即热衷于抽象地分析核心价值概念的内涵和外延，以此来确定对价值符号的本质主义的解释。而这种解释，由于脱离了中国特色、民族特性和时代特征，不可避免地陷入了抽象和思辨。比如，在高校思想政治理论课中，若身为教育者的教师总是热衷于向学生“宣布”而不是“证明”这些价值观念，作为受教育者的学生就只能将这些价值观念当作“知识点”加以把握。他们可以将“自由”“民主”“平等”等概念符号倒背如流，但理论上的困惑却没有随之而消除。而这些困惑恰恰是一些意见人士和西方反对势力曲解、误解、肢解社会主义核心价值观的“突破点”和“着力点”。比如，有一些人将社会主义核心价值观与所谓的“普世价值”混为一谈，认为中国的社会主义核心价值观就是“普世价值”观，而绝不是中国特色。西方的一些人士更是错误地“分析”：“中共十八大以来的一些新提法也值得关注，其中最大的亮点就是将民主、自由、平等、公正等普世价值列入‘社会主义核心价值观’，标志着中共在理念

① 习近平．习近平谈治国理政．北京：外文出版社，2014：172.

上开始向现代社会靠拢。”可见，在“普世价值”信奉者看来，党的十八大倡导培育的社会主义核心价值观，就是他们一贯所说的“自由、民主、人权”等概念。因此，在社会主义核心价值观的宣传教育方面，我们必须实现宣传、解读模式上的创新。这不仅是马克思主义方法论所要求的，更是掌握意识形态领导权的现实需要。

1. 亲临历史中国和当代中国的“语境”

马克思曾言：“理论一经掌握群众，也会变成物质力量。理论只要说服人，就能掌握群众；而理论只要彻底，就能说服人。”① 而要实现理论上的“彻底”，就应该抛弃那种经院化的、以经解经的、从概念到概念的思维方式。马克思在《关于费尔巴哈的提纲》中就曾对旧唯物主义的那种形而上学的理解模式进行了批评：“从前的一切唯物主义……的主要缺点是：对对象、现实、感性，只是从客体的或者直观的形式去理解，而不是把它们当做感性的人的活动，当做实践去理解，不是从主体方面去理解。”② 在《哲学的贫困》中，马克思更是批评了蒲鲁东用一个“分”字来解释一切社会形态中分工现象的抽象做法：“在蒲鲁东先生看来，分工是一种永恒的规律，是一种单纯而抽象的范畴。

① 马克思，恩格斯．马克思恩格斯文集：第1卷．北京：人民出版社，2009：11.
② 同①499.

所以，抽象、观念、文字等就足以使他说明各个不同历史时代的分工。……如果你们首先将‘分’字的含义好好加以研究，将来你们就不必再研究每个时代中赋予分工以某种特定性质的诸多影响了。”[①] 同样，创新社会主义核心价值观的阐释方式，仍然需要扬弃那种“从客体的或者直观的形式”去理解的那种知识论教育的倾向，而代之以“当作实践去理解”的辩证的、历史的、比较的审视方式。正如马克思所说：“抽象本身离开了现实的历史就没有任何价值。”[②] 因为这种抽象让人们“除了袖手一旁惊愕地望着这个已经获得的绝对真理，就再也无事可做了”[③]。维特根斯坦也曾借助“语言游戏”对语言概念的抽象化理解方式进行了批判。他将语言行为的多样性比作一个“工具箱”，这个“工具箱”里装满了锤子、钳子、锯子、螺丝起子、胶水、钉子、螺丝工具。所有的工具都可以被容纳在一个箱子里，都被称为“工具”，但这些“工具”的功能却是千差万别。同样，语言概念符号的外表特征虽然相似，但它们的功能同样是千差万别。但是，外表的相似性经常掩盖功能的差异性。我们不能根据语言在表面特征上的相似性，就否认它们在功能上的差异性。

社会主义核心价值观不是几个孤立的、冷冰冰的概念符号，

---

① 马克思，恩格斯．马克思恩格斯选集：第1卷．3版．北京：人民出版社，2012：237.

② 马克思，恩格斯．马克思恩格斯文集：第1卷．北京：人民出版社，2009：526.

③ 马克思，恩格斯．马克思恩格斯文集：第4卷．北京：人民出版社，2009：270.

我们也不能对“自由”“民主”“平等”这些价值概念符号做一种抽象、思辨的理解。作为社会主义核心价值观之语言表述的“自由”“民主”“平等”等价值符号虽然与西方资本主义国家所鼓吹的“普世价值”在表面特征上存在相似性，但是其“功能”却是相去甚远。而要把握这些特定语言符号的“功能”，就必须亲临历史中国和当代中国的“语境”。比如，有人指出，谋求“富强”是当今世界上所有国家的奋斗目标，何以成为社会主义核心价值观？这种疑问正在于没有对“富强”作一种中国化、历史性的理解，不懂得“富强”二字对于自近代蹒跚走来的中华民族的意义，没有体认“富强”对于中华民族伟大复兴的重要性，因为仅仅停留于字面，从而陷入了直观。再比如，对于“自由”和“民主”，有人认为，“自由”和“民主”本就是西方社会长期奉行的价值观念，何以成为中国的核心价值观？这种误解更是没有在中西方不同的文化背景下理解“民主”和“自由”的具体内涵，从而陷入了空泛。

从历史经验上看，任何一种价值观念唯有在时间轴线和空间差异的坐标方位中方能体现其历史内涵和当代价值。对于社会主义核心价值观的宣传教育，最为关键的是厘清社会主义核心价值观与优秀传统文化和当代中国之间的关系。从根本上说，一个民族的核心价值观念，正是本民族文化的精神家园，也是不同民族之间得以区别的根本标志。通观世界各民族不难发现，民族性首先是一个文化、价值概念，其次才是一个地缘、种族概念。一个民族的自我确认，首先在于文化层面上与其他民族之间的差别性意识。古人早就有“非我族类，其心必异”的说法。中国的核心价值观是从中国的历史中积淀而出的，它正是中华民族文化的当代展示，既体现了对中华优秀传统文化的继承和发展，也表明了中华民族在当代世界民族之林中的自我确证。正是在这一维度上，社会主义核心价值观对于中华民族和当代中国才具有了动态、历史的内涵，使得我们无法脱离开具体的历史境域对其进行直观抽象和形而上学的理解。而社会主义核心价值观，正是体现了中华民族自我体认的文化自觉。

习近平总书记指出：“培育和弘扬社会主义核心价值观必须立足中华优秀传统文化。牢固的核心价值观，都有其固有的根本。抛弃传统、丢掉根本，就等于割断了自己的精神命脉。”① 这一论述，着力强调了中华优秀传统文化对于培育和弘扬社会主义核心价值观的基础地位和根本作用。中国特色社会主义是建立在中国的历史传统和现实土壤之中的，社会主义核心价值观绝不可能离开中华优秀传统文化的思想资源。认为后者是前者的基础，正是体现出我们党高度的文化自信和文化自觉，体现了尊重历史传统的正确态度。因此，在社会主义核心价值观的宣传教育方面，我们就应该学习贯彻习近平总书记的这一重要讲话精神，深入挖掘和阐发中华优秀传统文化讲仁爱、重民本、守诚信、崇正义、尚和合、求大同的时代价值，使中华优秀传统文化成为涵养社会主义核心价值观的重要源泉。这六个方面正是中华民族传

① 习近平．习近平谈治国理政．北京：外文出版社，2014：163－164.

统美德、政治理念、社会理想、民族精神方面的根本要素，也是中华民族传统价值观的集中体现。

2. 自觉辨识“普世价值”的意识形态迷雾

在中国的核心价值观与西方价值观的比较中，我们似乎不能简单地宣布我们的价值观具有先进性和优越性就万事大吉了，因为仅仅简单地宣布并不能自然过渡到宣传教育过程中的自觉体认。当代中国的核心价值观的优越性究竟在于何处？特别是“自由”“民主”“平等”这些价值观念符号，和西方国家所谓的“普世价值”在本质上到底有何不同？要对此加以回答，我们必须自觉辨识所谓“普世价值”的意识形态迷雾，实现对现代化语境中进化论逻辑的有效“突围”。

近代以降，西方列强用坚船利炮打开了我们这一古老民族尘封已久的国门，用“精于长技”的物质力量显示出自己在文化价值上的优越性。中国在亡国灭种的危机面前，在“三千年未有之大变局”的时代背景下，开始睁眼看世界，向西方学习富国强兵之术。“自由”“民主”“平等”这些现代社会奠基性的价值观念，就是从那时开始传入中国的，是中国向西方学习的产物。由此，一些人断言，人类社会是从低级向高级发展的，中国的现代化过程不过是模仿、追赶西方罢了。同时，西方社会也借助启蒙时代所塑造的进步观念，在全世界范围内宣扬这种社会发展方面的进化论逻辑。按照这一逻辑，从农业经济中萌芽而出的中国传统文化显然是强调“身份”的，因此是古典的、落后的、需要被淘汰的；而立足于工业文明的西方文化则是注重“契约”的，因此是现代的、进步的、顺应历史发展潮流的。由此，世界文明就是一个从低级向高级不断发展的链条，西方处于这条链条的前部，东方则处于链条的后部。在这样一个毫无弹性的链条面前，后来者唯一可做的，就是努力向前部靠拢，似乎别无他途。正如华勒斯坦（又译为：沃勒斯坦）所说：“我发现，人们极其执着地相信进步是不可避免的，而这一信念具有巨大的影响力。我同时也意识到，这个信念使我们无法理解我们面前还现实存在着不同的历史选择。”①

文化上的进化论逻辑在当前仍然颇具杀伤力。由于它借助了西方文化与现代性的发生学关联，我们似乎毫无招架之力。但这里的问题是：现代化有没有固定的模式？现代化就是西方化？现代性历史地产生于西方文化之中，是否就意味着其他国家要接受现代化的目标就必须抛弃自身的民族性而全盘西化？答案无疑是否定的。事实上，随着世界区域经济的发展，这种“一元现代化”的神话已经被逐渐打破。查尔斯·泰勒就指出：“忽略文化差异，认为现代性来自同一源头，会导致陷入种族中心主义牢笼。”②事实上，现代性并不是什么超越具体的历史和空间的超验存在，一旦脱离具体背景就无法理解它的真实含义。从这一意义上讲，

① 华勒斯坦．历史资本主义．路爱国，丁浩金，译．北京：社会科学文献出版社，1999：2.

② 方朝晖．多元现代性研究及其意义．马克思主义与现实，2009（5）．

现代化在现实进路上总是表现为多元，而不是一元。从欧美地区的现代化进程来看，各个国家的现代化模式本身就是不统一的。比如，16—18 世纪荷兰所引导的商业现代性（mercantile modernity），19 世纪英国领导的工业现代性（industrial modernity），20 世纪美国领导的消费现代性（consumer modernity）等等。中国在中国共产党的领导下所走过的完全不同于西方模式的现代化历程，也有力地佐证了这一点。党的十九大报告指出："中国特色社会主义道路、理论、制度、文化不断发展，拓展了发展中国家走向现代化的途径，给世界上那些既希望加快发展又希望保持自身独立性的国家和民族提供了全新选择，为解决人类问题贡献了中国智慧和中国方案。"[①] 可以说，这种带有鲜明中国特色的现代化模式正是扎根于中国文化之中的。当然，这里的中国文化已经不是传统意义上的中国文化，而是经由变革、创新和发展，与时代密切契合的文化。

特定的价值取向往往取决于特定的文化选择。而文化视野的绝对性，又决定了价值选择的多元性。不同的价值观念之间是"不可对待"的（用庄子的话来说，就是"无待之物"），甚至是"不可通约"的（用库恩和费耶·阿本德的话来说，就是"没有共同度量"）。因此，各民族的价值观念没有高低贵贱之分，仅是看待世界和意义的方式不同。这也正是世界各国经济趋于全球化而文化却趋于多样化的学理根据。世界文化的多样性和价值观念

① 习近平．决胜全面建设小康社会　夺取新时代中国特色社会主义伟大胜利．北京：人民出版社，2017：10.

的多元性，不仅是本然状态，更是应然状态，因为文明的进步恰恰是以文化的多样化存在为前提的。正因为此，价值观念在从抽象走向具体的过程中必然会根据本土特色而呈现出不同的内涵，这也是在全球化和现代化进程中，“自由”“民主”“平等”等价值概念在抽象的表述层面具有同一性但内涵迥异的根本原因。马克思曾将全球化描述为“历史向世界历史的转变”。但是，全球化与本土化之间一直存在着紧张的冲突。这一冲突为我们更好地理解“自由”“民主”“平等”等价值概念的内涵提供了历史的参照。全球化是通过人类交往的扩大实现的，而交往的本意是交往双方的对等沟通和平等对话，然而近代以来的人类交往却是以征服和地位不平等为特征的，只不过是“使东方从属于西方”（马克思语）而已。如此一来，西方社会所谓的“民主”“自由”“平等”的神话不攻自破，而结合中国社会的特点和社会主义的本质要求赋予“自由”“民主”“平等”这些现代性理念以本土化的全新内涵就有了足够的正当性和合理性。比如“民主”一词，在西方文化的背景下，“民”指的是个体意义上的人，所谓“民主”则是强调个体至上，而将集体看作个体通过契约组成的一个松散的联合体。而在中国文化的背景下，“民主”之“民”则是指作为个体意义上的人和类层面的人的辩证统一。我们所说的“民本”“以人为本”，也不是专指个体意义上的人抑或类层面的人，而是二者兼顾。由此可见，社会主义之“民主”正是扎根于中国本土文化的土壤中，才凸显出了其异于西方国家“民主”的独特性和差异性。

3. 自觉防范“历史终结论”的意识形态陷阱

西方的意识形态在对外宣传上不仅将资产阶级的价值观念视为超越地域的“普世价值”，还将这些价值观念装扮成超越历史的“永恒价值”。这一点，突出地表现在所谓的“历史终结论”中。比如，美籍日裔学者弗朗西斯·福山在《历史的终结》一文中就指出，西方国家实行的自由民主制度是“人类意识形态发展的终点”和“人类最后的一种统治形式”，并因此构成了“历史的终结”①。这种观点借助经济的全球化不断鼓吹“文化匀质化”，而产生了很大的迷惑性和欺骗性。正如亨廷顿所说：“从总体上看，民主化的运动是一项全球性的运动”，而“民主在世界范围内的扩张就意味着和平地带在世界范围内的扩展”②。

事实上，任何价值观念的出现都需要一定的世俗基础和历史关系。西方社会宣扬的所谓“永恒价值”并不是从来就有的，也不会永远存在下去。就“平等”这一价值观念，恩格斯就曾深刻地指出：“平等的观念……本身都是一种历史的产物，这一观念的形成，需要一定的历史条件，而这种历史条件本身又以长期的以往的历史为前提。所以，这样的平等观念说它是什么都行，就

---

① 福山．历史的终结及最后之人．黄胜强，许铭原，译．北京：中国社会科学出版社，2003：1.

② 亨廷顿．第三波：20世纪后期民主化浪潮．刘军宁，译．上海：上海三联书店，1999：29.

不能说它是永恒的真理。”[1] 资产阶级辩护士总是喜欢把“平等”视为一种超历史的永恒的抽象价值，本身就带有强烈的意识形态的味道。而实际上，这些价值观念不过是“在资产阶级统治时期占统治地位的概念”罢了，其结果是用形式上的平等掩盖了实质上的不平等。形式上的平等是资本所要求的，因为资本在本性上必然要求在一切生产领域内剥削劳动的条件都是平等的，并把这当作自己的天赋人权。“劳动力占有者和货币占有者在市场上相遇，彼此作为身份平等的商品占有者发生关系，所不同的只是一个是买者，一个是卖者，因此双方是在法律上平等的人。”[2] 但是，在雇佣劳动制度下，这种形式上的平等不但无助于实质上的平等，反而成了资本主义剥削的遁词和遮羞布。这是因为，工人作为雇佣劳动者出卖劳动力似乎是自由的、自愿的，但其不占有生产资料，为了生存下去不得不出卖劳动力过活，这本身却是被迫的。正如恩格斯在《英国工人阶级的状况》一书中指出的：“无产者在法律上和事实上都是资产阶级的奴隶，资产阶级掌握着他们的生死大权。它给他们生活资料，但是取回‘等价物’，即他们的劳动。它甚至使他们产生一种错觉，似乎他们是按照自己的意志行动的，似乎他们是作为一个自主的人自由地、不受任何强制地和资产阶级签订合同的。好一个自由！无产者除了接受

---

① 马克思，恩格斯．马克思恩格斯文集：第 9 卷．北京：人民出版社，2009：113.

② 马克思，恩格斯．马克思恩格斯文集：第 5 卷．北京：人民出版社，2009：195.

资产阶级向他们提出的条件或者饿死、冻死、赤身露体地到森林中的野兽那里去找一个藏身之所，就再没有任何选择的余地了。”① 马克思也在同样的意义上把资本主义制度视为“现代奴隶制”。可见，资本主义制度并不像西方意识形态所宣扬的那样是完美的社会制度，资本主义的价值观念也并非超越历史的永恒价值。它们也许在特定的历史阶段是有意义的，但伴随着历史的发展，其也必然会成为“陈词滥调的见解”而退出历史的舞台。在这里，我们不仅要看到资本主义价值观念的历史进步性，更应看到其有待于被历史所超越的“暂时必然性”。这才是唯物辩证法所要求的正确态度。

因此，在社会主义核心价值观与资本主义价值观的比较中，我们应该突出历史唯物主义和辩证唯物主义的分析方法，从共产主义的未来视野出发对资本主义价值观念进行历史性审视。按照马克思和恩格斯的观点，“自由”“民主”“平等”这些价值观念即使在社会主义社会也仍然处于“资产阶级框框里”，因为社会主义社会“是刚刚从资本主义社会中产生出来的，因此它在各方面，在经济、道德和精神方面都还带有它脱胎出来的那个旧社会的痕迹”②。中国近代社会有不同于西欧各国的独特性质，中国共产党领导中国人民没有通过资本主义制度的“卡夫丁峡谷”而

① 马克思，恩格斯．马克思恩格斯全集：第2卷．北京：人民出版社，1957：360.

② 马克思，恩格斯．马克思恩格斯文集：第3卷．北京：人民出版社，2009：434.

建立起社会主义制度，这种在生产力不发达基础上建立起来的社会主义制度更应该利用无产阶级专政的政治优势“尽可能快地增加生产力的总量”，从而为向共产主义的迈进奠定物质基础。在这一时期，我们仍然需要通过市场经济来解放生产力、发展生产力，同时践行市场经济所塑造和要求的现代价值观念。但是，社会主义核心价值观已经具有了完全不同于资本主义的具体而独特的内涵。还是以“平等”为例，“平等”在社会主义社会中的实现形式是“按劳分配”，在这种分配方式中，形式上的平等和内容上的平等不再矛盾。但是，这种分配方式仍然掩盖着事实上的不平等。正如马克思所说：

> 共产主义的最重要的不同于一切反动的社会主义的原则之一就是下面这个以研究人的本性为基础的实际信念，即人们的头脑和智力的差别，根本不应引起胃和肉体需要的差别；由此可见，“按能力计报酬”这个以我们目前的制度为基础的不正确的原理应当——因为这个原理是仅就狭义的消费而言——变为“按需分配”这样一个原理，换句话说：活动上，劳动上的差别不会引起在占有和消费方面的任何不平等，任何特权。[①]

可见，只有到了共产主义社会阶段，劳动才不再作为谋生的手段，财富也不再表现为占有，“平等”和“不平等”的对立彻

① 马克思，恩格斯．马克思恩格斯全集：第3卷．北京：人民出版社，1960：637-638.

底得到消解和超越，“平等”作为一种价值观念也就退出历史舞台了。《共产党宣言》中说：“共产党人为工人阶级的最近的目的和利益而斗争，但是他们在当前的运动中同时代表运动的未来。”① 可以说，中国共产党人始终没有忘记实现共产主义这一“远大理想”和“运动的未来”。习近平总书记一再强调，理想因其远大而为理想，信念因其执着而为信念。如果说资本主义市场经济本然地蕴含着资本主义的价值观念，那么，社会主义市场经济的最终旨归则是借助市场经济提供的物质财富和生产力水平实现对市场经济的克服，最终超越仍然带有资本主义痕迹的价值观念。在这个问题上，任何超历史的形而上学态度都是不恰当的。

综上可见，中国特色社会主义核心价值观既不是西方社会价值观念的简单复制，更不是资本主义价值观念的机械照搬，而只有定位在“中国”“现代”“社会主义”的所有格中，阐明其扎根本土文化的“民族特色”，强调其符合世界历史发展方向的“现代意义”，突出其自身不断内在超越的“未来指向”，才能凸显其具体内涵，赋予其丰满、充盈的内容。也唯有如此，我们的宣传教育才不会成为简单而抽象的概念辨析。所有价值观都是具体的、历史的。自由、民主、人权、公平、正义等这些价值概念都不是抽象的，都是有具体的社会政治内容的，也是随着经济社会条件的变化而变化的。在不同的社会条件下，人们对价值观念的

---

① 马克思，恩格斯．马克思恩格斯文集：第 2 卷．北京：人民出版社，2009：65.

认识和解释是不同的。这就要求我们在社会主义核心价值观的宣传教育实践中，要通过对中华优秀传统文化的传承讲清楚社会主义核心价值观的民族性和时代性，通过与西方价值观的比较讲清楚社会主义核心价值观的独特性和创新性，通过向未来共产主义社会的展望讲清楚社会主义核心价值观的历史性和暂时性。总之，社会主义核心价值观，既要通过马克思主义的立场、观点和方法加以阐释，又要立足中国特色社会主义实践加以体认，更要直面回答社会主义社会在发展过程中所面临的诸多理论与现实问题。这既是对社会主义核心价值观的正本清源，也是发展 21 世纪马克思主义的理论需要。

第三篇

思想政治工作就是做人的工作

一、中华传统文化与教育的理念

1. 教育的根本目的就是让人成为人

马克思曾言："人的本质不是单个人所固有的抽象物，在其现实性上，它是一切社会关系的总和。"① 而人的社会性最直接的表征就在于人是文化的存在，而非自然的存在。作为万物之灵，人是通过"文化基因"的传承才获得了其本质意义上的社会属性，而不像动物那样本质早已通过"遗传基因"先天、机械地被规定。按照文化人类学的观点，人的社会性是后天习得的，一个人唯有隶属于某个文化共同体，成为这个共同体中的一个成员，才能被该共同体认可为"人"。而要做到这一点，唯有"分有"或"分享"了该共同体共同信奉的价值观念才有可能。这个"分有"或者"分享"的过程，正是广泛意义的教育和学习。S.南达在《文化人类学》一书中就说："人类文化正是经过学习的

① 马克思，恩格斯．马克思恩格斯文集：第1卷．北京：人民出版社，2009：501.

方式一代一代地传承不绝，不断发展。这种学习的过程叫社会化（socialization）。”[①] 罗伯特·路威也说：“凡是一个人这样从他的社会群体里面得来的东西，统叫作它的‘文化’的一部分。跟伙伴学，是人类的特征；尽管是最高等的猿类，也没有那么一回事。”[②] 可见，作为一种独特的人类生命现象，文化总是与人的社会性存在着内在的关联。从这一意义上讲，人的社会性正是通过文化表征出来的。人也许能够逃避或远离某种文化，但却无法不隶属于文化本身。这既是人的宿命，也是人较之于动物的优势所在。

《易传》中说：“观乎人文，以化成天下。”这里的“人文”，正是一个国家和民族所共同信奉的价值观念的系统表达，是这个国家和民族精神价值的家园。对人类社会而言，通过“人文”“化成”天下之所以可能，正是通过广泛意义上的“教育”来实现的。正因为此，人的本质才向未来无限敞开，而不是“本质先于存在”。从这一意义上讲，教育作为培养新生一代准备从事社会生活的整个过程，其本然状态和最终旨归无非是让人成为人，成为归属于特定文化系统和社会集体的人。动物在本质上就不具有社会性，只能通过生物学意义上的本能行动，因此它们不需要学习，也不需要受教育。可见，教育是专属于人的，不服从于任何外在的目的和规定。正如康德所说，人只有靠教育才能成为

① 南达．文化人类学．刘燕鸣，韩养民，编译．西安：陕西人民教育出版社，1987：40.

② 路威．文明与野蛮．吕叔湘，译．北京：三联书店，1984：3.

人，人完全是教育的结果。从这一角度看，文化不过是宏观意义上的教育，教育则是微观意义上的文化。文化层面的“文以化人”和教育层面的“学以成人”对人类生命而言具有同构同源的关系，无法彼此剥离。韩愈说：“师者，所以传道授业解惑也。”“师者”把“传道”视为首要责任，就是要把人首先教育成为把自家文化作生命“观”的人。

每个民族都有自身的文化偏好，而文化正是不同民族之间得以区别的根本性标志。通观世界各民族不难发现，民族性首先是一个文化、价值概念，其次才是一个地缘、种族概念。一个民族的自我确认，首先在于文化层面上与其他民族之间的差别性意识。古人早就有“非我族类，其心必异”的说法。费孝通先生也就中华民族说：中华民族作为一个自觉的民族实体，是近百年来中国和西方列强对抗中出现的，但作为一个自在的民族实体则是在几千年的历史过程中形成的。[①] 费老此处所说的“对抗”，从根本上说就是文化的冲突。因此，文化才成为一个国家和民族独特的精神家园，而教育首先也应该是文化意义上的价值观塑造。孔子说的“本立而道生”，孟子所强调的“先立乎其大者”，表达的正是价值观教育在教育体系中的基础性地位。孔子在其教育思想中之所以强调“六艺”不可偏废，也正是出于对教育和文化之间这种根本性关系的敏感：“六艺于治一也，《礼》以节人，《乐》以发和，《书》以道事，《诗》以达意，《易》以神化，《春秋》以

① 费孝通．中华民族多元一体格局：修订本．北京：中央民族大学出版社，1999：3.

义。”（《史记·滑稽列传》）这里的“节”“和”“道”“达”“神”“义”是相互结合在一起的，共同的目标则是“一”，即把人教育成为把自家文化作生命“观”的人。无独有偶，在西方的古希腊时期，几乎与孔子同一时代的柏拉图提出了“自由七艺”的教育思想。所谓“自由七艺”，原意是“自由人”应该具有的学识和应该学习的七门学科：文法、修辞、逻辑学（合称“三艺”）以及算术、几何、天文和音乐（合称“四艺”）。后来，亚里士多德继承了柏拉图的思想，又把教育分为体育、德育和智育三部分。

可见，无论在东方还是西方，古典教育的教育理念都是一致的，即致力于人的全面发展和人格的和谐塑造。当然，东西方文化传统的价值取向不同，其表现出来的教育内容也不尽相同。但是，古代教育表现出来的这种“全面发展”仅仅是一种“原始的丰富性”，在逻辑上具有向“片面化的具体”转化的必然性，因为这种“丰富”除了说它是存在，“没有任何更进一步的规定”。因此，它仅仅是一种逻辑上的自足，而不是“具体的丰富”。真正的普遍性是具体的同一，即是指“它在它的规定性里和它自身有自由的等同性”①。根据历史和逻辑相统一的原则，古代所谓的自由教育必然会历史地向它的反面转化，即由“一”转化成“多”，由抽象转化成具体，由全面转变成片面。在中国古代，这种转变是在西周末年的春秋战国时代完成的，正所谓“天子失官，学在四夷”，“道术将为天下裂”。而在西方，这种转变则发

① 黑格尔．小逻辑．贺麟，译．北京：商务印书馆，1980：331.

生在第一次工业革命时期。科学理念和技术理性的联姻，使得社会分工越来越细，学科分化越来越充分，知识的分类越来越发达。随着工业化体制的渗透、经济全球化的发展以及市场逻辑规则的普遍认可，其结果必然是学习的异己化和教育的功利化。

这种学习的异己化和教育的功利化使得文化意义上的信仰教育和价值观教育面临严峻的挑战，迫使教育偏离了自身的本质。马克思曾言："它（指教育——引者注）不仅是提高社会生产力的一种方法，而且是造就全面发展的人的唯一方法。"① 但遗憾的是，在现代语境下，教育的经济功能被片面地放大，而教育的文化功能则在一定程度上被弱化了。文化意义上的信仰教育、生命教育和价值观教育更是面临严峻的挑战，教育的知识化、科层化和功利化倾向正使得我们的教育目标面临着支离破碎的危险。早在一个世纪前，张之洞为清廷拟定大学章程，视哲学为无用之学科，在大学课程中予以削除。青年王国维即撰文指出："以功用论哲学，则哲学之价值失。哲学之所以有价值者，正以其超出乎利用之范围故也。且夫人类岂徒为利用而生活者哉。人于生活之欲外，有知识焉，有感情焉。感情之最高之满足，必求之文学、美术。知识之最高之满足，必求诸哲学。"② 可以想象，教育的功能、学习的目的，一旦通过外在的"实用性"对其进行强

① 马克思，恩格斯．马克思恩格斯全集：第23卷．北京：人民出版社，1972：530.

② 王国维．奏定经学科大学文学科大学章程书后//王国维全集：第十四卷．杭州：浙江教育出版社．2010：34.

求和宰制，其出发点和最终归宿就不再是人本身了。于是，能够直接带来实用价值或达到功利目的的学科和专业，广为学习者所青睐。而体现信仰教育和生命价值教育的思想政治理论课和人文课程则是“门前冷落鞍马稀”。对学者如此，对师者也是如此。今天的教育者对学生的成才关注很多，却在一定程度上忽视了他们在文化层面的人格养成，以至于功利主义甚嚣尘上，道德教育节节败退，科学精神和人文精神之间出现了严重的失衡。可以说，价值观教育的疲软和脆弱，已经极大地妨碍了当代青年学生健全人格的塑造。单从高等教育来看，university（大学）就与universal（普遍全面）内在相关，大学的教育目标应当着眼于人的全面发展和综合素质的均衡提高。[①] 可想而知，对受教育者而言，如果没有健全的人格操守、坚定的文化自信和浓厚的家国情怀，他们即使拥有了精湛的专业知识，也不可能成为全面发展的人。正如爱因斯坦所说的：“学校的目标始终应当是：青年人在离开学校时，是作为一个和谐的人，而不是作为一个专家。照我的见解，在某种意义上，即使对技术学校来说，这也是正确的。”[②] 他还曾把不受道德约束的“才能”比喻为“精神病人手中的利斧”。人的智力行为是“价值中立”的，对其进行约束的不可能是智力行为本身，只能是人文教化和信仰教育。因此，在高等教育中，不断加强和改进信仰教育和价值观教育，比历史上

---

① 何中华．现代语境中的大学精神及其悖论．文史哲，2002（1）．

② 赵中立，许良英．纪念爱因斯坦译文集．上海：上海科学技术出版社，1979：70.

的任何时期都更加迫切和重要。

今天中国语境中的思想政治教育，作为信仰教育的展现形态，正是新时代背景下的“成人”教育。虽然国外没有“思想政治教育”这一专门术语，但我们绝不能就此认为国外没有根植于其文化系统的价值观教育和意识形态宣传。按照马克思的观点，在前共产主义时期，根本就不存在不为特定阶级服务的普世教育，任何国家的教育目标也不可能是培养抽象意义上的世界公民。教育总是具体的，隶属于特定时代、特定国家、特定民族和特定的文化传统，有着鲜明的价值导向。正如巴西著名教育家保罗·弗莱雷所说的，“教育即政治”，“进步的教育者应当承担起这种教育的政治性任务”[①]。

习近平总书记强调，思想政治工作从根本上说是做人的工作。这一论断虽然简短而质朴，却是透过种种浮华的表象直指教育的本质，让教育回归了理想，回归了初心，起到了正本清源、醍醐灌顶的作用。这是因为：内在地要求思想政治工作贯穿教育教学全过程，实现全程育人、全方位育人，正是强调教育要回归人自身，面向人本身，特别是突出信仰教育和价值观教育的重要性。可见，将立德树人视为教育的根本任务和中心环节，既昭示着习近平总书记对教育理念和教育本质的深刻洞察，也饱含着他对中华优秀传统文化的深沉自信。可以说，若没有这种深沉的文化自信，就不可能有扎根于中国大地办教育的行动自觉。

---

① 黄志成，赵珩，杨丽华，等．保罗·弗莱雷的解放教育理论．外国教育资料（全球教育展望），1997（5）．

2. 道德教育是“成人”的关键

习近平总书记曾深刻指出：“民族文化是一个民族区别于其他民族的独特标识。”一方面，文化内在地规定着教育的内容和形式；另一方面，唯有教育才能使得文化得以继承和发扬。因此，特定的文化传统总是孕育着不同于其他文化的教育理念。文化品格不同，价值观教育的理念也就不同。正如近人辜鸿铭所言：“一种文明所生产的男人和女人——人的类型，正好显出示该文明的本质和个性，也即显示出该文明的灵魂。”[①] 中华文化最大的特点就在于其鲜明的内在超越精神。与西方社会将社会成员的信仰推向形而上的彼岸世界不同，中国人是通过参与集体事业实现价值追求的。而将个人和社会集体紧密地维系在一起的纽带正是“德”。孟子就说：“人之所以异于禽兽者几希，庶民去之，君子存之。”（《孟子·离娄下》）意思是说：人区别于禽兽的地方只有那么一丁点儿，一般的人丢弃了它，而君子却始终坚守着它。这种微小的差别就是只有人类才具有的“良知良能”。从这一意义上讲，在中国传统社会中，道德不仅是社会对个人的素质要求，还是人之为人的根本标志。这一文化品格直接决定了道德养成在教育体系中的重要地位。

立德才能树人。这句话只有在中华文化的语境中才能得到切

---

① 辜鸿铭．中国人的精神．海口：海南出版社，1996：3.

身的体认和理解。按照《说文解字》的解释，“德”即是“外得于人，内得于己”。段玉裁注释说：“内得于己，谓身心所自得也；外得于人，谓惠泽使人得之也。”意思是说，“德”是一个“个人”和“社会”相统一的概念，指的是内心的仁善修养和外在的惠爱行为。对个人来讲，“德”是一种人性的文化要求，是个体的安身立命之本。对国家社稷来讲，修德能够德化天下，治国安邦，是社会稳定的需要，是政权巩固的需要。因此，教育和学习的根本，就是要“明德”，培养“亲民”的自觉意识，化为投身社会实践和集体事业的自觉行动。中华文化的这一独特品格在根本处规定了我国古典教育的内容和形式。《管子》有云：“一年之计，莫如树谷；十年之计，莫如树木；终身之计，莫如树人。”在这里，“树人”之所以是“终身之计”，正是因为它关乎价值观的传承和民族精神的弘扬。《左传》也记载有著名的“三不朽”：“太上有立德，其次有立功，其次有立言，虽久不废，此之谓不朽。”同样的道理，“立德”之所以对“立功”和“立言”具有优先地位，正在于其是“立乎其大者”，关乎人心，看似柔软，实则坚如磐石。正如孔子所说：“三军可夺帅也，匹夫不可夺志也。”（《论语·子罕》）《大学》开篇第一句就说：“大学之道，在明明德，在亲民，在止于至善。”这里的“亲民”，指的就是要以民为本、融入集体、投入社会。不如此，道德意识就不会彰显通透，天地之至善就会晦暗不明。而作为教育之根本的“大学”又与“小学”直接相对：“大学”指的是“成人”的学问，即明理任事，通晓人生之道，塑造道德人格；“小学”则是指

“致知”的学问，即读书写字、句读文法。“大学”“小学”之别也显示出了中华民族强调道德信仰优先的文化偏好：没有集体意识的培养，没有社会规范的洗礼，人是不能称之为一个大写的“人”的。于是，中国文化意义上的“君子”从个体的“修身”开始，向外在的集体社会事业扩散，就形成了中国人“治国、平天下”的社会抱负。

道德教育的最终旨归是融入集体事业的道德实践，因为实践生成着道德的直接现实。正因为此，注重道德教育的中华文化极其重视实践教育，并将人的知行合一视为教育的最高目标。这一点与西方的文化大不相同。如果说西方文化塑造的是一种主“智”的传统，那么，中华文化倡导的则是一种主“悟”的立场。“智”对应的是知识，需要对认识对象进行外在的打量和观摩。“悟”对应的则是道理，需要参与到其中去品味、去体悟、去感受。道德人格的养成，人生道理的觉悟，说到底并不是一个“知道”或者“不知道”的知识论问题，而是一种实践的功夫。因此，孔子特别强调身体力行，反对仅仅停留在口头上的“巧言令色”。“弟子入则孝，出则悌，谨而信，泛爱众而亲仁。行有余力，则以学文。”（《论语·学而》）孟子也在同样的意义上说，“恻隐之心”“羞恶之心”“辞让之心”“是非之心”作为道德意识仅仅是人之“四端”，必须通过“扩而充之”的躬身亲证才能使之现实化。后来王阳明的“心学”更是将“知”和“行”在价值观层面高度地统一起来。在他看来，“致良知”就是“实致其功”，是认知与践履的双重推进。“尽天下之学，无有不行而可以言学者。”（《传习录》）一些普通人在现实生活中虽然不知善但能行善，这就足够了。“日用而不知”并不是真的“不知”，而是已经在“知”中了。相反，脱离了实践的道德知识才是“知”“行”分裂的根源。如此之“知”，其实是无知。

对于道德教育的肯定和道德实践的强调，是中华文化的内在特质。这一文化品格为中华民族生生不息、发展壮大提供了丰厚滋养。我们这个民族之所以历经了无数次战乱、天灾和磨难，最终却绵绵不绝地生存了下来，并相对完好地保存了自己的文化遗产，正是因为中华文化所涵养出来的中国人在现世中完成了人生的超越，在集体中实现了价值的永恒。可以说，古代的仁人志士正是通过超越自身的有限存在而实现对道德价值的追求的。从投江自尽的屈原，到忍辱负重的司马迁；从精忠报国的岳飞，到留取丹心的文天祥；从血荐轩辕的谭嗣同，到愤然蹈海的陈天华……这些华夏子孙，从来没有人命令他们必须承担“死”的责任，也没有法律规定他们必须履行“死”的义务，当然，他们也不需要上帝的召唤和天堂的诱惑，更不需要魔鬼的恐吓和地狱的威胁，国家的兴亡和民族的兴衰就能让他们视死如归。所谓“国家兴亡，匹夫有责”，表现的就是中国社会这种无与伦比的凝聚力和向心力。

习近平总书记指出，中华文明绵延数千年，有其独特的价值体系。中华优秀传统文化已经成为中华民族的基因，植根在中国人内心，潜移默化地影响着中国人的思想方式和行为方式。因此，文化自信是更基础、更广泛、更深厚的自信。扎根于中国大地办教育，首先在于浸泡在中国优秀传统文化中办好教育。可见，“立德”对于“树人”的根本性意义，唯有扎根于我们自身的文化传统才能得到真切的理解。正因为此，习近平总书记一再强调培育和弘扬社会主义核心价值观必须立足中华优秀传统文化。正如他所说：“核心价值观，其实就是一种德，既是个人的德，也是一种大德，就是国家的德、社会的德。国无德不兴，人无德不立。”① 青年学生之所以需要积极培育社会主义核心价值观，“是因为青年的价值取向决定了未来整个社会的价值取向，而青年又处在价值观形成和确立的时期，抓好这一时期的价值观养成十分重要。这就像穿衣服扣扣子一样，如果第一粒扣子扣错了，剩余的扣子都会扣错。人生的扣子从一开始就要扣好”②。这里的“扣子之喻”，突出的就是价值观教育在青年学生成长成才过程中的基础性地位。

可见，习近平总书记强调要坚持把立德树人作为教育的中心环节，把思想政治工作贯穿教育教学全过程，实现全程育人、全方位育人，体现的正是对中华民族优秀传统文化的继承、向中国历史中古典教育理念的回归。当然，社会在进步，时代在变迁，今天的教育所立之“德”与传统社会所关注之“德”在内容上已经发生了很大的变化。如果说古典之“德”强调的是“父子有亲，君臣有义，夫妇有别，长幼有序，朋友有信”，那么现代中国之“德”重视的则是“为人民服务，为中国共产党治国理政服

① 习近平．习近平谈治国理政．北京：外文出版社，2014：168.

② 同①172.

务，为巩固和发展中国特色社会主义制度服务，为改革开放和社会主义现代化建设服务”。这一表述不仅在教育理念上赋予了“立德”新的时代内涵，还重视“德”的实现能力的培养。而后者，恰恰是中华传统文化所不具备的。这也正是中华文化立足时代需要不断创新与发展的内在理由。

3. 文化传承与教育理念的创新

世界上并没有十全十美的文化。作为一个结构性系统，任何一种文化形态的优势和劣势、精华和糟粕总是纠缠在一起的。因此，任何一种文化都应该随着时代的发展有所生长、有所发展。中华文化也不例外。如前所述，中华文化因其强调道德价值而显示出了独特的魅力，所以才能在五千年的历史中源远流长，发展至今。但是，我们也应该清醒地认识到，中华文化对道德的高扬恰恰是通过牺牲、排斥智力实现的。这一文化形态在把我们国家塑造成一个文明大国的同时，也让她在近代遭遇到了亡国灭种的危机。因此，全面审视中国教育与辩证地看待中华文化应该同向同行，而不是彼此外在和分离。

中华文化的价值偏好反映在教育领域，最消极的表现就是对智力教育的排斥和漠视。这一点突出地表现在对人才的培养教育和选拔方面。《吕氏春秋》曾记载，周武王灭纣之后，将吕太公望封于齐，将周公旦封于鲁。齐鲁二国的国君经常在一起讨论治国之道。相谓曰：“何以治国？”太公望曰：“尊贤上功。”周公旦曰："亲亲上恩。"太公望曰："鲁自此削矣。"周公旦曰："鲁虽削，有齐者亦必非吕氏也。"在这里，齐国在人才政策方面遵循的方针是"尊贤上功"，即只重其"才"而无视其"德"。而鲁国"亲亲上恩"的用人政策却与之相反，即只重其"德"而无视其"才"。那么，两国不同的人才路线各自导致了什么结果呢？齐国日益强大，成为五霸之首，但传至二十四世而有大夫田和篡权（国家虽在，但政权却被颠覆了）。鲁国国力日削，挣扎在死亡边缘，但却是传至三十四世而亡。个中理由，后来的章太炎说得很清楚："盖尊贤上功，国威外达，主权亦必旁落，不能免篡弑之祸；亲亲尚恩，以相忍为国，虽无篡弑之祸，亦不能致富也。"（《诸子略说》）可见，在人才培养教育问题上，古人早已敏感地意识到"德"与"才"之间的矛盾和冲突。问题在于，当二者之间发生矛盾和冲突的时候，我们的文化是如何选择的呢？答案是明显的。我们的文化宁肯压制"智"也要维护"德"的至上地位。对此，司马光在《资治通鉴》中说："德者，才之帅也。才者，德之资也。"这无疑就强化了德对于才的优先地位。正如他所说，有才无德的"小人"比有德无才的"愚人"更可怕，"与其得小人，不若得愚人"。这无疑为后来的教育政策奠定了主基调，即片面地坚守道德而牺牲了任何有可能损害德性的智力因素。

对智力因素排斥的另一个消极后果则是阻碍了科学技术的发展。对此，《庄子·天地》中记载了一个意味深长的故事：

> 子贡南游于楚，反于晋，过汉阴，见一丈人方将为圃

畦，凿隧而入井，抱瓮而出灌，搰搰然用力甚多而见功寡。子贡曰：“有械于此，一日浸百畦，用力甚寡而见功多，夫子不欲乎？”

为圃者仰而视之曰：“奈何？”曰：“凿木为机，后重前轻，挈水若抽，数如泆汤，其名为槔。”为圃者忿然作色而笑曰：“吾闻之吾师，有机械者必有机事，有机事者必有机心。机心存于胸中，则纯白不备；纯白不备，则神生不定；神生不定者，道之所不载也。吾非不知，羞而不为也。”

孔子的学生子贡游历完楚国，返回晋国时路过汉阴。在这里，他见到一位老人为了取水浇地，竟然在水井的旁边挖了个隧道到井里，抱着坛子取水浇地，力气用了很多，可是见效很小。子贡同情地对他说：“我见过一种机械，一天可以浇一百亩地，不费多大的力气，收效却很大，您想不想用它呢？”

老人头也不抬，说：“你说什么？”子贡说：“用木料打凿成机械，后头重，前头轻，提水就像抽水一样，水源源不断地流出来，这种机械就叫桔槔，可好用了。”老人沉着脸，半晌才讥笑地说：“我的老师说过，凡是有机械心理的人，心术一定是巧诈的。这就破坏了我们纯朴洁白的本性；我们的本性一被破坏，人格就完了；人格完了，大道就不会充实我们的心田。我不是不知道你说的办法，只是感到羞耻而不愿那样做罢了。”

对这个老人来说，他并不是不知道这种机械，而是以用它为耻，不屑于去用。之所以“为耻”，是因为有“投机取巧”之事，必有“投机取巧”之心，而有了“投机取巧”之心，必然心存焦虑、“神生不定”，“道之所不载”就是必然的了。因此，与其让欲望牵着鼻子走，堕落到欲望的深渊不能自拔，还不如“见素抱朴，少私寡欲”（《道德经·第十九章》）。可见，追求道德优先性的中华文化之所以不能容忍技术发展，正是出于对技术所必然带来的消极道德后果的担忧。中华文化在品格上确立了道德价值的至上地位，决定了科学知识只能处于附属地位服从服务于道德价值。纵观中国的思想史不难发现，带有科学萌芽性质的学说、思想总是笼罩在“价值之幕”之下而无法获得独立性。墨家最早进行了光学、力学的研究，却被批评为“蔽于用而不知文”（《荀子·解蔽》）。这使得墨家学派早早地就在百家争鸣中淡出，最终成为中国思想史上的“失踪者”。名家最早进行了类似于西方古希腊时期的概念思辨活动，却遭到了儒道两家的联合封杀，被批评为“蔽于一曲而暗于大理”（《荀子·解蔽》）、“胜人之口，不能服人之心”（《庄子·天下》），最终也没有留下思想的香火。而对于所谓的“李约瑟难题”，我们似乎也可以从中看到答案。

近代以降，中西方文化不期而遇，西方的坚船利炮在让我们产生了强烈的自我身份认同的同时，也让我们认识到了自身的最大软肋——不精于长技。没有了科学技术的支撑以及以此为根基的生产力水平的提高，我们所坚守的道德家园不仅存在着虚化空转的危险，而且对于当时的民族危难也无法提供任何切实可行的解决方案。正是因为中国古代社会所坚守的道德原则缺乏坚实的历史基础，所以中国才在现代化的道路上步履维艰。正是在这个意义上，马克思称古代的中国为“早熟的儿童”（思想成熟，但骨骼和肌肉却没有充分的发育——引者注)，即在人的全面发展问题上仅仅维持住了一种“原始的丰富性”，却没有在历史中充分展开。在这个问题上，一味地以“法先王”的姿态倡导一种复古主义显然不是正视历史发展的正确态度。

魏源曾言：“自古有不王道之富强，无不富强之王道。”(《默觚下·治篇一》）中华民族要实现伟大复兴，必须正视科技发展对于“富强”的根本性作用。今日之中国在对中华传统文化有所继承的同时，必须有所创新和转化。这既是历史本身的诉求，也是时代的召唤。因此，今天以“立德树人”为己任的思想政治教育虽然在理念上逻辑地实现了向中华传统文化的回归，但这种回归并不是简单地回到过去，而是在结合时代特点并借鉴其他民族先进文明成果的基础上有所成长、有所发展，特别是要补上中华文化中缺失的智力教育这一课，突出教育在促进社会生产力发展和国家富强方面的重要作用。21 世纪的竞争，归根结底依然是人才的竞争。而人才质量的提高靠什么？归根结底靠教育。高等教育发展水平是一个国家发展水平和发展潜力的重要标志。实现中华民族伟大复兴，教育的地位和作用不可忽视。对此，习近平总书记强调，只有培养出一流人才的高校，才能够成为世界一流大学。“我们对高等教育的需要比以往任何时候都更加迫切，对科学知识和卓越人才的渴求比以往任何时候都更加强烈。”此处，习近平总书记用“更加迫切”“更加强烈”这样的表述，足见他作为马克思主义理论家对中华文化的深刻体认和对中国历史的深邃理解。

二、“立德树人”的时代内涵

如上所述，文化是宏观意义上的教育，教育是微观意义上的文化，共同隶属于人类特有的生命现象。因此，对一个国家和民族而言，特定的文化传统不仅在根本处塑造着教育的理念、内涵和方式方法，还在逻辑上规定着教育的时代发展方向。所以说，习近平总书记关于教育工作的重要论述，是与他关于文化工作的重要论述有机联系在一起的，从而构成了一个内涵丰富和内在统一的科学体系。因此，完整准确地把握习近平总书记关于教育工作重要论述的丰富内涵，就需要立足于历史维度和时代视野，揭示其内在包含的丰富的文化意蕴。从一定意义上讲，习近平总书记的教育观同时也是他的文化观，他对教育工作的时代论断内在地蕴含着他对中华优秀传统文化的继承和创新，蕴含着他对中国特色社会主义先进文化建设内容和发展方向的指引：关于哲学社会科学工作，他强调“不忘本来、吸收外来、面向未来”；关于文化建设工作，他强调要坚持“古为今用、洋为中用，去粗取精、去伪存真”。同样，中国教育的发展也只有扎根中国、融通中外，立足时代、面向未来，才能在文化继承和文化创新的宽广视域中对重大的时代问题交出满意的答卷，助力中华民族的伟大复兴。

1. 教育目标、教育内容的推陈出新

习近平总书记说：“对历史文化特别是先人传承下来的价值理念和道德规范，要坚持古为今用、推陈出新，有鉴别地加以对待，有扬弃地予以继承，努力用中华民族创造的一切精神财富来以文化人、以文育人。”① 可见，任何文化都不是僵化的、一成不变的，而总是在历史的演进中不断变革和成长的。中华文化也是如此，它源自中华传统文化，经由革命、建设、改革三个历史时期，回答了不同历史时期的时代课题，从而完成了自身的创新和发展。由此看来，关于中华优秀传统文化，也存在一个继承和发展的问题。同样，我们的教育目标、教育内容也需要与时俱进、推陈出新。

首先，中华民族的文化精神是“跨越时空、超越国度、富有永恒魅力”的，需要我们继承并发扬光大。纵观世界各大文明，只有中华民族不需要任何神祇就能坦然地投入集体事业，从而形成了强大的凝聚力和向心力。可以说，这种凝聚力和向心力为我们国家的革命、建设和改革事业提供了丰厚的精神滋养。当前，世界各国都身处全球化和民族性的双重变奏中。一方面，经济全球化促进了不同文化传统之间的沟通、交流和互鉴。另一方面，西方发达国家以强大的经济实力为后盾，在全世界推行文化霸权

① 习近平．习近平谈治国理政．北京：外文出版社，2014：164.

主义；广大发展中国家的民族文化都不同程度地面临被西方强势文化“格式化”的危险，而这又进一步促进了民族意识的觉醒。在这一背景下，继承和发扬中华民族的文化精神就具有重大意义。中国社会主义现代化建设的成功，正在于在加快发展的同时保持了自身的独立性。这种独立性，在更为深层的意义上指的就是文化的独立性。正如习近平总书记所说：“一个民族、一个人能不能把握自己，很大程度上取决于道德价值。如果我们的人民不能坚持在我国大地上形成和发展起来的道德价值，而不加区分、盲目地成为西方道德价值的应声虫，那就真正要提出我们的国家和民族会不会失去自己的精神独立性的问题了。如果没有自己的精神独立性，那政治、思想、文化、制度等方面的独立性就会被釜底抽薪。”① 他在北京师范大学考察时也语重心长地说：“我很不希望把古代经典的诗词和散文从课本中去掉，加入一堆什么西方的东西，我觉得‘去中国化’是很悲哀的。”可见，对于现代价值观念，总书记总是结合中华民族的文化精神加以理解和体认。个中缘由，正如他所说：“抛弃传统、丢掉根本，就等于割断了自己的精神命脉。”

其次，中华民族的文化精神需要继承和发扬，但是，中华文化的内容和形式则需要根据时代的发展和实践的需求被赋予新的内涵，实现创造性转换和创新性发展。事实上，唯有发展，才会有真正的继承。我们的文化若做不到守正创新，在内涵上与当代

① 中共中央文献研究室．习近平关于全面深化改革论述摘编．北京：中央文献出版社，2014：88.

文化相适应、与现代社会相协调，继承和发扬民族文化精神就会沦为一句空话。今日之中国已非昨日之中国，今日之文化也不再是古典意义上的传统文化，而是符合现代精神和社会主义制度要求的中国特色社会主义新文化。党的十九大报告指出："中国特色社会主义文化，源自于中华民族五千多年文明历史所孕育的中华优秀传统文化，熔铸于党领导人民在革命、建设、改革中创造的革命文化和社会主义先进文化，植根于中国特色社会主义伟大实践。"[①] 可见，"立德树人"的时代内涵归根到底是由中国特色社会主义文化塑造的，从而表现出民族性和政治性的双重特点。习近平总书记在北京大学师生座谈会上指出："古今中外，关于教育和办学，思想流派繁多，理论观点各异，但在教育必须培养社会发展所需要的人这一点上是有共识的。培养社会发展所需要的人……每个国家都是按照自己的政治要求来培养人的，世界一流大学都是在服务自己国家发展中成长起来的。"[②] 在全国教育大会上，习近平总书记进一步明确指出，我国是中国共产党领导的社会主义国家，这就决定了我们的教育必须把培养社会主义建设者和接班人作为根本任务，培养一代又一代拥护中国共产党领导和我国社会主义制度、立志为中国特色社会主义奋斗终生的有用人才。这是教育工作的根本任务，也是教育现代化的方向目标。从人才的培养的角度来看，培养社会主义的"接班人"是育

---

① 习近平．决胜全面建成小康社会　夺取新时代中国特色社会主义伟大胜利．北京：人民出版社，2017：41.

② 习近平．在北京大学师生座谈会上的讲话．人民日报，2018－05－03.

人的工作，强调的是信仰的纯正，必须通过加强党的领导加以保障；培养社会主义的"建设者"是育才的工作，突出的是才干的增长，必须通过顺应教育规律、走内涵式的发展道路才能实现。关于二者之间的关系，总书记立足宽广的文化视野，仍然强调育人对于育才的优先性："人才培养一定是育人和育才相统一的过程，而育人是本。人无德不立，育人的根本在于立德。这是人才培养的辩证法。办学就要尊重这个规律，否则就办不好学。……要把立德树人内化到大学建设和管理各领域、各方面、各环节，做到以树人为核心，以立德为根本。"①

2. 教育方法、教育路径的推陈出新

人才培养的工作不仅要洞察教育的本质和理念，创新教育的目标和内容，更要明晰教育的方法和路径。如果说前者关乎所要完成的任务，那么，后者涉及的则是完成任务的方法问题。毛泽东同志就曾说："我们的任务是过河，但是没有桥或没有船就不能过。不解决桥或船的问题，过河就是一句空话。不解决方法问题，任务也只是瞎说一顿。"② 可见，若没有科学的教育方法和教育路径，我们的教育目标也是无法实现的。实际上，无论是"文化"还是"教育"，都不能单纯地以名词解，更应该做动词

① 习近平．在北京大学师生座谈会上的讲话．人民日报，2018-05-03.
② 毛泽东．毛泽东选集：第1卷．2版．北京：人民出版社，1991：139.

解。不能仅强调“文”和“教”，更应该突出“化”和“育”。所谓“以文化人”“以文育人”，正是强调在文化传承和教书育人中应坚持科学的思维方式和方法论原则。以前，我们对这一点认识不够，对于文化和教育的内涵给予了过多的关注，而忽视了文化之“化”和教育之“育”的恰当方式。实际上，作为世界观、价值观的“文”与作为方法论的“化”和“育”是辩证统一的。脱离了教育的内在规律，以“立德树人”作为中心环节的价值观教育就无法实现“塑造灵魂、塑造生命、塑造新人”的时代重任。

首先，我们不能把“传道”意义上的信仰教育和价值观教育简单地理解为知识的传授。过去，我们总是通过“教”的方式来开展思想政治教育。实际上，“教”仅就“知识的传播”是有效的，但知识的接受并不能逻辑地导向行动的自觉。有时候，“知”并不意味着就能“行”，“知行分离”“知行相悖”的现象更是时有发生。这就意味着，道德人格的养成、人生道理的觉悟，说到底并不是一个“知道”“不知道”的知识论问题，而是一种实践的功夫。今天，思想政治教育的最终旨归是知行合一，强调内化于心、外化于行。这就要求我们在实际工作中必须在“育”和“行”上下功夫，在“教”的基础上形成二者的良性互动。正因为此，思想政治工作不能简单化，应该是全方位的，融入式、嵌入式、渗入式的。习近平总书记对于社会主义核心价值观的宣传教育，多用“培育”“践行”“引导”等词语，正是强调价值观是“养成”的，而不仅仅是“学来”的。他提出，要“使核心价值观的影响像空气一样无所不在、无时不有”。“一所高校的校风和学风，犹如阳光和空气决定万物生长一样，直接影响着学生学习成长。好的校风和学风，能够为学生学习成长营造好气候，创造好生态，思想政治工作就能润物无声给学生以人生启迪、智慧光芒、精神力量。”人对空气和阳光之所以“日用而不知”，是因为我们原本就生存在阳光下和空气中，无法从其中抽身而出。同样，思想政治工作也应该将“思政课程”和“课程思政”同向同行，形成协同效应，采取春风化雨、润物无声的方式，利用各种时机和场合营造思想政治工作有效开展的生活情景和社会氛围，使之自然而然地融入生活，深入内心。唯有如此，社会主义核心价值观才能内化为人们的精神追求，外化为人们的行动自觉。

其次，“立德树人”任务的实现，应该进一步突出教育方法的创新。如果我们的教育方式和教育方法没有创新性和亲和力，也不可能收到满意的教育效果。记得诺贝尔物理学奖得主费曼曾打算给大一的学生开一次讲座，解释量子力学中的费米-狄拉克统计。最终他放弃了这个打算，理由是他没有办法把它简化到大学一年级的水平。费曼因此反思道：“这意味着实际上我并没有理解它。”费曼的这个例子充分表明，教育方式和教育方法的重要性一点儿也不逊色于教育的内容。关于此，古今中外的思想家多有论述。柏拉图就说：教育不是灌输，而是点燃火焰。因此，“辩证法家是说明每一个事物本质的人，如果不能向自己或其他人说明这些，他便没有理解他们”[①]。柏拉图的意思是说，辩证

---

① 赵敦华．西方哲学通史：第一卷．北京：北京大学出版社，1996：119.

法不仅是个人思辨和理解的工具，它的主要功能是体现在教育过程中，是公开演示真理的语言艺术。就此，他设计了由浅入深的课程计划；在最高级的哲学课程中，实施逐步启迪心灵的辩证法。无独有偶，在中华文化传统中，“道”本身就有“道路”的意思。而教育，不过是将受教育者引导到正确道路上的方法。《大学》中说：“物有本末，事有终始，知所先后，则近道矣。”“道”本身就含有“道路”“路径”的意思，不仅“明德”是“道”，“明德”的方法、方式和路径同样也是“道”。孔子之所以是中国古代的大教育家，正在于他教育学生总是“循循善诱”，进而使得学生“欲罢不能”。朱熹亦言：“君子教人有序，先传以小者近者，而后教远者大者。”（《四书集注·论语章句》）按照他的说法，学生在“小学”的阶段，要教“洒扫、进退、应对之节，礼乐、射御、书数之文”；与之相应的“大学”，则要教“穷理、正心、修己、治人之道”，即所谓“修身、齐家、治国、平天下”。这就表明，德育工作既要立意高远，又要立足平实。对此，习近平总书记多次强调教育工作要坚持按规律办事，遵循思想政治工作规律、教书育人规律和学生成长成才规律，做到因事而化、因时而进、因势而新。因此，社会主义核心价值观的宣传教育工作，就应把所提倡的与人们的日常生活紧密联系起来，在落细、落小、落实上下功夫；大学生思想政治工作，就应深刻把握青年学生有思想、有个性、有见识的时代特点，教育引导他们既要志存高远，又要把远大抱负落实到实际行动中。在全国教育大会上，习近平总书记更是进一步强调，要把立德树人融入思想道德教育、文化知识教育、社会实践教育各环节，贯穿基础教育、职业教育、高等教育各领域，学科体系、教学体系、教材体系、管理体系要围绕这个目标来设计。由此可见，习近平总书记所揭示的教育之“道”，不仅是教育内涵的“道”，还包含教育方法的“道”。而这一切，都离不开他对文化教育规律的深刻洞察。

三、马克思主义理论教育的困境及其应对

2019 年 3 月，习近平总书记主持召开了学校思想政治理论课教师座谈会并发表重要讲话。在讲话中，习近平总书记强调，推动思想政治理论课改革创新，要不断增强思政课的思想性、理论性和亲和力、针对性。要坚持政治性和学理性相统一，以透彻的学理分析回应学生，以彻底的思想理论说服学生，用真理的强大力量引导学生。要坚持价值性和知识性相统一，寓价值观引导于知识传授之中。习近平总书记的讲话蕴意丰富，为我们改革和创新思想政治理论课程提供了战略的指导和科学的遵循。

思想政治理论课，顾名思义，就是经由思想、理论过渡到政治信仰的教育课程。马克思曾言：“理论只要彻底，就能说服人。”在马克思主义理论体系中，这种“彻底”依靠的不是逻辑推理和经验归纳，更不是幻想想象和直觉顿悟，而是以辩证思维模式为内核的方法论。正因为此，恩格斯才说：“马克思的整个世界观不是教义，而是方法。它提供的不是现成的教条，而是进

一步研究的出发点和供这种研究使用的方法。”① 今天，高校马克思主义理论教育面临的诸多困境，固然有着复杂的客观因素，但没有充分地引导学生进行辩证思考，进而揭示马克思主义理论的这种“彻底”性，恐怕是一个主要的内在因素。习近平总书记在哲学社会科学工作座谈会上的讲话中也指出：“坚持以马克思主义为指导，首先要解决真懂真信的问题。”② 从一定意义上讲，把握不住马克思主义的方法论，就无法正确地理解马克思主义的世界观（“真懂”），更无法自觉地树立马克思主义信仰（“真信”）。习近平总书记强调“共产党人要把读马克思主义经典、悟马克思主义原理当作一种生活习惯、当作一种精神追求”，并把当前坚持以马克思主义指导方面的突出问题归结为“在运用马克思主义立场、观点、方法上功力不足”。可见，习近平总书记所言的“悟”不仅仅是“知道”，更强调化为思考能力的“体悟”和诉诸实践的“运用”。正如恩格斯所说：“根据自己的情况像马克思那样去思考问题，只有在这个意义上，‘马克思主义者’这个词才有存在的理由。”③

在现代语境下，马克思主义的信仰教育在教育专业分工体系中是以知识性教育的形式出现的。比如，它被纳入学科体系，以课程的形式出现。在这一时代背景下，如何通过马克思主义理论

---

① 马克思，恩格斯．马克思恩格斯文集：第10卷．北京：人民出版社，2009：691.

② 习近平．在哲学社会科学工作座谈会上的讲话．人民日报，2016-05-19.

③ 中共中央马克思恩格斯列宁斯大林著作编译局．回忆恩格斯．北京：人民出版社，2005：120.

知识的学习实现马克思主义信仰教育的目标，就成为当前马克思主义教育的重点和难点，也是增强马克思主义教育针对性和实效性的焦点。因为信仰的确立、理论品格的养成，说到底根本不是一个知识论的问题，从而无法仅依靠知识的建构和传递奏效。因此，清醒认识马克思主义知识性教育的困境，并在此基础上实现有效“突围”，直接关涉现代语境下马克思主义信仰教育如何可能的问题。特别是对于面向青年学生的思想政治教育，这一问题有着更重要的意义。就此，笔者认为，以辩证思维的导入为出发点，开辟一条“转识成智”“由智生信”的思想理论教育路径，对于加强和改进高校马克思主义理论教育，具有特殊重要的意义。

1. 知识不能自然地过渡到信仰

以哲学的视野审视，信仰源于人的超越性存在方式，根植于人的形而上冲动中。正因为此，信仰作为人的终极关怀，总是表现为对经验事实的超越。也只有在这种超越中，人才把自己证成为一个“人”。《新不列颠百科全书》是这样描述文化的特质的：“文化可以使一个人因为某些食物被文化打上不洁净的烙印而饿死，尽管滋养物是有效的。文化可以使一个人为了扫除污点而剖腹或枪杀自己。文化的力量大于生死。”[①] 在这里，文化作为信

---

① 张世英．境界与文化．学术月刊，2007（3）．

仰的展现形态，直接规定了人的价值取向。朱自清宁肯饿死也不吃美国的救济粮，并不是因为他不知道“人不吃饭会饿死”这一经验常识，也并不是因为美国救济粮的营养对他无效，而是他依据信仰作出了超越肉体生存法则的选择。这正是信仰的超越性体现，也是对人的自由的生动诠释。

可见，信仰作为“用人的整个身心投入其中的绝对的承诺”（马尔库塞语），总是表现出非知识的特征。柏拉图在《会饮篇》中指出，“善”作为统摄万物的终极原因和解释原则，只能是信仰的对象，理智根本无法把握。接近“善”的方式，对“善”的体认，唯有通过追求永恒的神秘之爱。① 在西方思想史上，柏拉图是理智主义的滥觞，但他却直接否定了理智进入信仰的可能性。正如他所说，“智慧”这个词太大，它只适合神，而“爱智慧”这类词倒适合人类。休谟更是以悖论的形式指出了“价值”和“理性”之间的分野：“理性的作用在于发现真或伪”②，而“道德规则并不是我们理性的结论”，所以“不能由理性得来”③。在他看来，理性判断和价值判断分别属于不同的领域：理性判断针对的是“是然”的事实世界，形成的是人可以“知道”的知识，与价值无涉；价值判断针对的则是“应然”的理想世界，形成的是人应该“相信”的价值，与事实无关。我们不能通过“是然”推出“应然”，也无法通过“应然”推出“是然”。正

① 赵敦华．西方哲学通史：第一卷．北京：北京大学出版社，1996：116.

② 休谟．人性论：下册．关文运，译．北京：商务印书馆，1980：498.

③ 同②497.

如他所说："道德上的善恶区别并不是理性的产物。理性是完全不活动的，永不能成为像良心或道德感那样的一个活动原则的源泉。"①

在中华传统文化的视野里，信仰的确立，也不是知识学习方面的事情，而是和"为人""做人"这个根本而严肃的问题息息相关。孔子作为儒家文化的创始人，就对"为人"和"为学"做了严格的区分。前者是道德人格养成的实践之学，后者则是指道德知识学习的认知之学。"子曰：古之学者为己，今之学者为人。"（《论语·宪问》）对"古之学者"而言，学习的全部目的在于"成人"，而不服从任何外在的目的和功用。但"今之学者"则是热衷于各种道德知识的学习，目的不过是向别人传播、传授这种知识。这种认知意义上的道德知识的学习由于缺失了自身的切身体认，对人而言只能是外在的。"弟子入则孝，出则悌，谨而信，泛爱众而亲仁。行有余力，则以学文。"（《论语·学而》）可见，对于"做人"而言，最为吃紧的还是行动本身，而"学文"不过是在"行有余力"的情况下的锦上添花罢了。老子作为道家文化的鼻祖，在《道德经》中更是以极端口吻指出了"为学"和"为道"之间的关系："为学日益，为道日损。损而又损，以至于无为。"（《道德经·四十八章》）"为学"指的是后天经验知识的积累，需要做加法，故曰"日益"；"为道"则是指对天地之间永恒之物的体认，需要做减法，超越并化除杂多知识的干扰

---

① 休谟．人性论：下册．关文运，译．北京：商务印书馆，1980：498－499.

和欲望情绪的纠缠，故曰“日损”。在这里，“为学”不但不是“为道”的前提和基础，反而成了“为道”的障碍和羁绊。

2. 知识性教育的困境

知识和信仰之间所出现的这种断裂，在本质上源自知识本身所蕴含的悖论。知识产生于个体经验，但又依靠语言获得了公共性，从而能够复制、分享与传递。知识的这种“可共享性”使得人和动物区别了开来。也正因为此，教育才是专属于人的。《现代汉语词典》中对“教育”是这样解释的：“按一定要求培养人的工作。”而“培养”总是以知识的有效传递为前提条件。但是，知识在显示其优越性的同时也暴露出了自身致命的弱点，即在语言的外衣之下抽掉了鲜活的主观体验而丧失了“现场感”。而没有了“现场感”的信息或知识总会面临一种危险：要么可能会沦为僵化而空洞的教条，要么可能会成为无关痛痒的说教。正如战国时期的赵括，能够熟读兵法，不能不说具备了兵法的知识，但是其迷恋这种脱离了实际而没有“现场感”的知识，结果造成了长平之战的惨败，在历史上留下了“纸上谈兵”的深刻教训。正是在这个意义上，孟子说：“尽信书，则不如无书。”（《孟子·尽心下》）庄子在《天道》中也借一个“轮扁斫轮”的故事深刻揭示了知识的这种两面性。齐桓公在堂上读书，而以修车轮为职业的轮扁却说他在死读书、读死书。为什么呢？因为“书”记载的是“圣人之言”，而圣人早已经死了，书中鲜活的东西也随之消失了，剩下的仅是教条罢了。轮扁接着以砍削车轮的技艺说明，在当下保持着鲜活的技艺是只可意会、不能言传的，因此无法落到“知识”和“语言”里面。这个故事虽然极端，但其对知识自身异化的高度警惕在今天仍然有着深刻的启示意义。

可见，一旦“思想”变成了“知识”，“体悟”化作了“道理”，人也开始面临着由“参与者”向“旁观者”的角色转变。实际上，知识总是需要人以旁观者的姿态予以审视的，否则就无法复制和传播。但是，人生信仰的确立、存在意义的参悟，恰恰是旁观者的姿态所不能奏效的。正如黑格尔所说，同一句格言，从一个饱经沧桑、倍受煎熬的老人嘴里说出来，和从一个天真可爱、未谙世事的孩子嘴里说出来，含义是不一样的。“老人讲的那些宗教真理，虽然小孩子也会讲，可是对于老人来说，这些宗教真理包含着他全部生活的意义。即使这小孩也懂宗教的内容，可是对他来说，在这个宗教真理之外，还存在着全部生活和整个世界。”①佛家也据此区分开了“名僧”与“高僧”。慧皎在《高僧传》中说：“名者，本实之宾也。若实行潜光，则高而不名；寡德适时，则名而不高。”高僧之“高”，高在学问、品德和修行，但他们不肯随俗俯仰，未必能知名于当世，所以说“高而不名”。而名僧，虽然“寡德”，却懂得“适时”，玩弄辞藻，高谈阔论，迎合潮流，所以说是“名而不高”。笔者前些年去井冈山革命传统教育基地参加学习培训，曾在雕像广场右边的攀龙书院三楼看到过一

① 黑格尔．小逻辑．贺麟，译．北京：商务印书馆，1980：423.

张特殊的入党誓词："入党誓词，牺牲个人，言首秘蜜，阶级斗争，努力革命，伏从党其，永不叛党。"誓词是从右到左竖写的繁体字，歪歪斜斜，错别字比较多，但这似乎并没有使我们对早期共产党人从事革命的忠诚和决心产生怀疑。

可见，道德智慧，非躬身亲证而不可得。正因为此，古希腊先哲苏格拉底不信奉外在的希腊诸神，只信仰自己内心的"神"。在他看来，教育不是灌输，而是点燃火焰。哲学的任务，也不是构建外在诸神的知识体系，而是帮助人"认识自己"。正因为此，他热衷于游荡在雅典街头与青年辩论，通过对话和反诘在对方心中"接生"真理。孔子也是如此，他不仅知礼，还身体力行地去演礼。《论语》开篇第一句就是"学而时习之，不亦说乎？"在孔子这里，"学"不仅仅是指学习知识之学，还指对道德圣贤的效仿。而"习"，也不是今天所理解的复习，指反复操练和模拟演习。按照《说文解字》的解释，"习"字的原初意义所指的就是小鸟反复地练习飞翔。可见，古典意义上的学习，并不是功利性的知识记诵和技能训练，而是一种践履的功夫。学问为己而非为人，离开了这种功夫，知识即使烂熟于胸也是外在之物。

3. 转识成智、由智入德的进路

强调信仰的非知识特征，并不是否定知识，而仅在于说明知识性学习无法自发地升华为价值层面的信仰，而信仰在一定程度上也不依赖于知识的扩充。这就要求我们既要借助知识，但又不能沉湎于知识。这是因为，知识一旦脱离了实践与生活，很可能就会成为瓦解信仰和遮蔽智慧的工具。古希腊哲学家芝诺的“圆圈悖论”以及庄子所发出的“吾生也有涯，而知也无涯”的慨叹，皆与此相关。

但可惜的是，现代社会知识分类学的发展不仅没有引发对知识性教育的反思，反而进一步强化了现代人对知识的迷恋和偏好。相信“知识”取代了“信仰”，可以说是现代社会生活的精神基础。① 李普曼就说：“科学方法的影响和工业都市社会的发展是使绝对的东西失去信仰的主要因素。”② 这里的科学方法即科学研究所需要实证的、实验的研究方法，凡事都要求“拿证据来”。于是，那些拿不出“证据”来、无法纳入实证视野的人文教育，统统被打入冷宫，唯一剩下的就是对功利性知识的狂热追求。培根曾言：“知识就是力量。”这里的“力量”不是信仰层面的力量，而是支配、控制大自然的力量，所满足的是人向外索取和占有的诉求。工业社会的发展则进一步助长了知识的四处撒播。工业化体制是机器大生产的产物，它的优势在于能够高效、批量地生产出一模一样的商品。这种高效的“复制”一旦非法地侵染教育的地盘，必然导致人们对知识性教育的信赖。当我们“任性”地将一个课件从一个固定硬盘“拷贝”到自己的U盘上时，作者

---

① 黄其松．知识抑或信仰：现代性危机探源——兼论现代社会的知识基础．社会科学论坛，2010（21）．

② 宾克莱．理想的冲突：西方社会中变化着的价值观念．北京：商务印书馆，1983：6－7.

凝结在课件中的智慧似乎也能伴随着这种“拷贝”而发生转移。现代人确信这一点，对他们而言，思想上的懒惰导致了对知识的追捧，而对知识的追捧又加速了思想上的蜕化。这也正是“慕课”“翻转课堂”在今天备受推崇的根本原因。在海德格尔看来，现代化的危机正在于科学总是在以知识的形式把握“在者”，而思想把握的却是“在”本身。对“在”的遗忘、对“在者”的迷恋，正是现代人陷入物化的命运不能自拔的根本原因。英国著名历史学家汤恩比在评论 20 世纪的思想状况时就说：“工业体制在劳动分工方面有着人文的一面，但在把西方现代科学思想应用到与人类生活相关的自然环境时，又具有非人文的一面。它的运作方式是最大限度地发挥其生产能力，通过一些人之间机械式的合作，将原材料源源不断地转化成商品。这种工业化体制的特征不仅在理论上，而且在 20 世纪西方的思想实践中一直被复制出来。”①

如果说工业化的体制模式加快了知识的复制与撒播，那么，市场化规则的确立则导致了知识的进一步分化。经济的市场化所要求的社会分工直接影响了今天学校教育中的分科治学。一旦分工成为知识建构的原则，学科越分越细、专业越来越繁杂就会成为一种必然现象。正如庄子笔下的春秋战国时代，学说横议，观念不一，相对主义盛行，学者们各持己见，各执己端，就像耳朵、眼睛、鼻子、嘴巴，各有各的用场，又像是百工技艺，各有各的用途，但谁也不能包容全体。最终，“天地之纯，古人之大

① 汤因比．历史研究．刘北成，译．上海：上海人民出版社，2000：3.

体”隐而不显，“道术将为天下裂”也就不可避免了。现代的知识体系何尝不是如此？贝尔曾举例说：“自然哲学是17世纪的一个包罗万象的术语，后来分成物理学、化学、植物学、动物学等自然科学。19世纪的思辨哲学产生了社会学、心理学、数理逻辑、符号逻辑、分析哲学等。在今天的任何一个领域，新问题都会造成更进一步的专门化……”① 在知识的汪洋大海中，在隔行如隔山的专业分工中，每个人好像只能成为某一领域的“专家”，而不可能再成为一个“全才”。于是，世界的丰富性和整体感荡然无存，人也开始面临被“肢解”的命运，迷茫困惑无处不在。

知识是“多”，反映的是时代变迁所带来的经验积淀；智慧是“一”，折射的则是对永恒之物的持续追问。人类需要知识，但更重要的则是在此基础上实现对知识的超越，以保持对永恒之物的敬畏和体察。胡塞尔当年就曾警告说：“我们切不可为了时代而放弃永恒。”② 老子告诫人类要“知其白，守其黑”（《道德经·二十八章》），即是暗示我们既能入乎知识之内，又能出乎知识之外，借助知识以实现思想的复活。这正是“转识成智”的现代意义。用海德格尔的话来讲，就是通过人这一特殊的“在者”实现对“在”的追问和沉思。而这种追问和沉思才是信仰的源头活水。对此，中国优秀传统文化中所折射的教育方式是颇值得借鉴的。《易传》中有言：“形而上者谓之道，形而下者谓之器。”

① 何中华．现代语境中的大学精神及其悖论．文史哲，2002（1）．

② 胡塞尔．哲学作为严格的科学．倪梁康，译．北京：商务印书馆，1999：64．

“器”可以比喻为我们今天讲的知识，是一门具体的技术。而“道”可以比喻为象征着智慧的心法。知识可以通过一定的形式来传播，比如通过书籍、多媒体或其他的技法展示并且流传下去。但心法往往需要口传心授，不能脱离实践境域。因此，在中国传统文化的视域下，有效的信仰教育虽借助知识，却没有拘泥于知识，而是将知识作为有限目的之使用。“君子不器。”（《论语·为政》）真正的君子不能像器物那样把自己局限在某处，而是要实现知识向智慧的转化、功利向境界的升华。“子曰：‘赐也，女以予为多学而识之者欤？’对曰：‘然，非欤？’曰：‘非也，予一以贯之。’”（《论语·卫灵公》）可见，知识也不是越多越好，关键是能做到滴水藏海、一以贯之。正是在这个意义上，孔子说：“六艺于治一也。”（《史记·滑稽列传》）“六艺”作为儒家知识教育的六门课程，其作用绝不是囿于自身，而是发挥牵引和引导作用，上升到对“道”的领悟。在这里，需要的不是“坐而论道”，而是“格物致知”。格物致知，不是宋儒所说的“今日格一物，明日格一物”，而是要做到“每有会意，便欣然忘食”。中华民族五千年文明绵绵不绝，估计与这种信仰教育方面的途径和方式不无关系。

4. 现代语境下的信仰教育如何可能

现代信仰教育的尴尬之处在于：它的终极目标是要超越知识，但又不得不在现代教育知识体系中占据一席之地以证明自身的合法性。比如，当前，思想政治教育是我国面向青年大学生开展信仰教育的典型形态，其主要内容是在学生中间进行社会主义核心价值观教育，用中国特色社会主义理论体系武装学生，引导他们成为中国特色社会主义事业的合格建设者和可靠接班人。而对大学生进行思想政治教育的主阵地和主渠道则是以课程的形式表现出来的，即思想政治理论课。《关于进一步加强和改进新形势下高校宣传思想工作的意见》（以下简称"《意见》"）指出："要切实推动中国特色社会主义理论体系进教材进课堂进头脑。"不难看出，思想政治教育在现阶段仍然采取了知识性教育的路径。进教材、进课堂是途径，进头脑才是目的。于是，这门课程就"与其他专业课程一样，被安排在课堂教学的课表中。老师在实际教学中，也是对学生进行基本原理和知识点的教学和传授，考试则是考查学生对基本原理和知识点的记忆程度"①。

仅仅从知识论的视角切入思想政治理论课，其缺陷是显而易见的。有学者指出，当前，部分大学生对思想政治理论课不认同，其根本原因就在于教学囿于传统的知识教育模式。当我们热衷于向学生"宣布"真理而不是"证明"真理的时候，学生也只能将真理当作"知识点"加以把握。在这里，学生的"知"和"德"是断裂的，而"知"和"德"之间的断裂又导致了部分青年学生"知"和"行"的分离，甚至还出现了"抽象地肯定，具体地否定"的现象：他们对教科书上的概念、原

---

① 吴兴华．从知识教育到信仰教育："马克思主义基本原理概论"课教学的困境与出路．思想政治教育研究，2013（6）．

理耳熟能详，甚至能在考试中取得一个很高的分数，但一落实到行动层面，就会偏离甚至悖逆自己所掌握的理论知识。据此，很多专家学者呼吁，高校思想政治理论课改革的重点在于摆脱这种知识性教育模式，恢复其信仰教育的本质属性。对此，笔者表示赞同。但问题是，知识分类本就是现代性的内在要求。如前所述，知识性教育不但不是传统的，恰恰是现代性的产物。在现代语境下的大学教育体系下，我们如果抛弃了这种知识性教育的形式，又能以何种方式开展思想政治教育呢？教育在当前不仅要承担促进人全面发展的历史任务，还承担着促进经济社会发展的时代使命。古希腊的博雅通识教育、中国古代循循善诱的实践性教育虽然令人神往，但毕竟是粗糙的、素朴的，其维持住的仅仅是人“原始的丰富性”，不可能满足现代社会对教育的所有期待。

因此，如何在知识论教育的形式下达到信仰教育的目的，才是当前高校思想政治理论课改革的重点。正如《意见》中所说的，要“实施高校思想政治理论课建设体系创新计划，全面深化课程建设综合改革”。在笔者看来，这里的“建设体系创新”，最为关键的就是要在知识性教育的基础上，不断拓展其人文内涵，展现其思想魅力，开辟一条转“识”成“智”、由“智”入“德”的崭新路径。在现代语境下开展信仰教育，这一点不仅可能，而且必须。比如，我们在青年学生中间开展马克思主义理论教育，不仅需要将“马克思主义的基本原理”以知识的形式传授给学生，更要在这一基础之上引导学生体会到运用马克思主义的立场、观点和方法分析问题的运思方式。这种运思方式恰恰才是马克思主义的灵魂。如果把握不住这种灵魂，学生也就无法感受马克思主义的思想魅力，我们也就无法有力地反驳那些非难、诋毁马克思主义的种种歪理邪说。那些鼓吹马克思主义已经过时的人，一个主要论据就是：一种诞生于 19 世纪中叶的学说如何能够指导 21 世纪的实践？从知识论的视角来看，马克思局限于他所立足的时代所得出的个别论断和具体行动纲领由于“时过境迁”在今天肯定过时了。但是，马克思主义之所以是马克思主义，其根本标志在于其思考问题、解决问题的方式和方法，而不是个别、具体的论断和结论。习近平总书记在哲学社会科学工作座谈会上也提到了将马克思主义的学术性与意识形态属性片面割裂的错误认识。实际上，马克思主义之所以成为我国意识形态领域内的指导思想，正是建立在其学术性的基础之上的。这种错误认识之所以产生，正是由于我们在马克思主义理论宣传和教育方面“仅仅看重马克思运思的结果和结论，而忽视其运思的过程和方式，从而割裂了马克思哲学思想的生成过程与结论之间的内在联系”①。实际上，在马克思那里，其立场、观点和方法根本就不是当作知识性的对象来设定和表达的，而是通过实际的运思展现出来的。马克思说“哲学的实现同时也就是它的丧失”②，即

① 何中华．重读马克思：一种哲学观的当代诠释．济南：山东人民出版社，2009：59.

② 马克思，恩格斯．马克思恩格斯全集：第 40 卷．北京：人民出版社，1982：258.

是此意。当我们以一个旁观者的姿态一遍遍地把“运用马克思主义的立场观点方法分析现实问题”这句话“兜售”给学生的时候，马克思主义其实并没有“丧失”。当然，它也没有“实现”。这说明，我们正在以非马克思主义的方式讲述马克思主义，岂不悖哉！柏拉图曾言：“教育不是灌输，而是点燃火焰。”作为师者，唯一的工作也许就是引导学生体验马克思主义运思方式，而不是让他们在几个干瘪的理论教条面前“除了袖手一旁惊愕地望着这个已经获得的绝对真理，就再也无事可做了”①。一旦学生“习得”并沉浸在马克思主义所特有的那种运思方式中，从思想认同再到思想信仰也就水到渠成了。

黑格尔曾言：“真理不是一种铸成了的硬币，可以现成地拿过来就用。”② 所谓“成了的硬币”，象征的就是封闭的现成之物。而我们所要了解的恰恰是这枚硬币的“铸造”过程。以反思的形式由“成了的硬币”过渡到“铸造”，正是借助知识而又超越知识的形象表达。在“知—智—德”这一层层递进的辩证过程中，一方面，意识形态方面的信仰教育因被赋予了人文内涵，其展现出来的将不再是知识性的理论教条，而是真理的生成过程；另一方面，知识性教育对青年学生而言也不再仅仅是知识的灌输，而是转化为了一种实际运思能力的培养。通过知识性学习形成思想信仰，再由思想信仰过渡到政治信仰，这不仅符合广大青

---

① 马克思，恩格斯．马克思恩格斯文集：第4卷．北京：人民出版社，2009：270.

② 黑格尔．精神现象学：上卷．贺麟，译．北京：商务印书馆，1996：25.

年学生政治性人格的养成规律，也是现代大学知识分类背景下信仰教育的一个可能进路。

四、依靠学习走向未来

“学习”和“教育”是一个问题的两个方面。对教育者而言是教育，对学生而言则是学习。因此，有什么样的教育观，就有什么样的学习观，反之亦然。正因为此，在重视和强调思想政治工作重要性的同时，学习也是习近平总书记长期以来身体力行、大力提倡、反复阐述的一个重要主题。他强调“中国要永远做一个学习大国”，重视“依靠学习走向未来”。特别是在“学什么”“怎么学”等关键性问题上，习近平总书记关于学习的重要论述更是展现出了他作为马克思主义理论家立足于时代特点和实践要求审视学习的立场、观点和方法。青年大学生群体以学习为天职，以读书为承担时代责任的表现形式。深刻体认习近平总书记的学习观，对于当代大学生的成长成才具有重大的理论意义和实践价值。

1. 非志无以成学

党的十九大报告指出：“青年兴则国家兴，青年强则国家强。青年一代有理想、有本领、有担当，国家就有前途，民族就有希望。中国梦是历史的、现实的，也是未来的；是我们这一代的，更是青年一代的。中华民族伟大复兴的中国梦终将在一代代青年的接力奋斗中变成现实。”[①] 这一论述在内涵上就要求我们将中华民族的伟大复兴的中国梦与青年的责任和历史使命结合起来。中华民族的伟大复兴，中国梦的实现，绝不是轻轻松松、敲锣打鼓就能实现的，而是一个历史的过程。它既是理想，也是现实。说它是理想，是因为它当下还没有实现。对我们而言，它仍然处于经验之外，处于此岸世界的彼岸。说它是现实的，是因为我们当下的行动又参与了理想的实现，从而推动彼岸世界不断地此岸化，使理想逐步成为现实。而这一过程正是基于实践的开放性、创造性、生成性和革命性。这也正是马克思主义的全部理论奠基于实践的根本原因。正如马克思所说：“光是思想力求成为现实是不够的，现实本身应当力求趋向思想。”[②] 思想不体现为现实，理想脱离了实践，坐而论道，清谈无为，这种所谓的理想就不再是理想，而是空想。这正是总书记所强调的“空谈误国”的危害。同样，现实不趋于思想，实践不以理想为目标指向，这种实践就会缺少一种指向未来的价值尺度，失去了情怀和温度，从而迷失方向。正如总书记所指出的，心中有阳光，脚下才有力量。

“非学无以广才，非志无以成学。”习近平总书记在不同的场合多次勉励青年学生要志存高远，在中华民族伟大复兴的历史语

---

① 习近平．决胜全面建成小康社会　夺取新时代中国特色社会主义伟大胜利．北京：人民出版社，2017：70.

② 马克思，恩格斯．马克思恩格斯文集：第 1 卷．北京：人民出版社，2009：13.

境中承担起自己的时代责任。这种责任不是空泛的，而是具体的；不是抽象的，而是实际的。但是，这种具体、实际的时代责任又以未来的理想为旨归。我们一方面应该让自己的行动不断地趋于理想，另一方面又应该在理想的视域下不断地反省、观照当下的行动。这正是习近平总书记所强调的时代责任和历史使命、远大抱负和脚踏实地之间的辩证统一关系。在社会主义建设初期，我们的事业之所以遭遇到了挫折和失误，在很大程度上在于我们的理想脱离了现实，不顾历史条件和经济自身的发展规律“跑步进入共产主义”，犯了“共产主义幼稚病”的错误。改革开放以来，中国特色社会主义事业的成功，在很大程度上在于我们使价值理想奠基于坚实的历史基础和物质条件之上。但是，当代青年学生在脚踏实地钻研专业知识的同时，也出现了一些实用主义倾向和苗头，有时候甚至是过于务实，缺乏必要的理想情结。一个时代过于务实，就会使人缺乏足够的远见，以至于容易犯急功近利的错误。同样，青年一代过于务实，就会在一定程度上妨碍对当下的体认，妨碍在一个超越现实的层面反观、反思当下。因此，在中华民族伟大复兴的时代背景下，青年学生担当时代责任，就应该在理想和现实之间保持必要的张力，把远大抱负落实到实际行动中，让勤奋学习成为青春飞扬的动力，让增长本领成为青春搏击的能量。

2. 学而不思则罔

习近平总书记强调，依靠学习走向未来。对青年学生而言，学习既是本分，更是天职。在现时代，青年学生实现远大理想、承担时代责任主要是通过学习实现的。而当今社会又是一个专业分工极为细密的社会，每发现一个新的研究领域都会催生一个新专业，甚至成就一个新学科。因此，今天的学习多表现为专业领域内的知识性学习。这种学习方式虽然能够让人以知识的形态把握某一领域的专业技能，但也造成了现代人对知识的迷恋和依赖。正如海德格尔所言，“科学不思想”，在科学至上、知识盛行的时代，“人类（更是）在逃避思想”①。“科学并不思。科学不思是因为它的活动方式及其手段规定了它不能思，亦即不能以思想家的方式去思。”② 特别是随着现代技术的发展，知识的传播能力、复制能力得到了空前的加强，这更容易使我们养成一种现成化的思维方式，即面对问题时总是满足于得出一个具体、正确的答案，而不再关注思考问题的方式和方法。思想上的懒惰导致了对知识的追捧，而对知识的追捧又加速了思想上的蜕化。这也正是“内事问百度”“外事问谷歌”这些网络顺口溜一度时髦和流行的根本原因。

要打破这种学习的困境，就需要我们在学习中做到“转识成智”，实现知识向能力的转化。这种转化，唯有把“学”和“思”有机结合起来，在学习知识的基础上勤于思考才能实现。孔子曾言：“学而不思则罔，思而不学则殆。”（《论语·为政》）学而不

① 海德格尔．海德格尔选集：下卷．孙周兴，选编．上海：上海三联书店，1996：1232.

② 同①1209.

思，我们得到的知识就不是系统的而是零碎的，不是实际的而是空洞的。相反，思而不学，我们的思考就失去了现实的基础，沦为空洞的冥想。习近平总书记对于如何进行学习有着精辟的论述。他强调："学习的目的全在于运用。""读书是学习，使用也是学习，并且是更重要的学习。"我们要在实践中对知识进行审视，对那种脱离实际的抽象化知识表示拒绝。在哲学社会科学工作座谈会上的讲话中，习近平总书记在谈及马克思主义的指导地位时指出："一些同志对马克思主义理解不深、理解不透。"这里的"理解不深""理解不透"，并不是指这些同志不能以知识的形式把握马克思主义的基本原理，而是指他们"在运用马克思主义立场、观点、方法上功力不足"。这种功力之所以重要，是因为"坚持以马克思主义为指导，最终要落实到怎么用上来"。这里的"怎么用"突出的就是运用马克思主义的基本原理和贯穿于其中的立场、观点、方法分析现实问题的能力。关于此，仅仅是"形似"是不够的，最为吃紧也最为关键的是"神似"。马克思主义向世人展现的绝不是教条式的、能够轻松拿来为我所用的现成知识，而是一种立足于立场、观点和方法的运思方式。这种运思方式才是马克思主义的活的灵魂。把握这种运思方式，唯有通过"思"才是可能的。正如总书记强调的："为学之道，必本于思。""不深思则不能造于道，不深思而得者，其得易失。"而当用马克思主义理论指导实践时，就需要知常达变，扬弃知识论意义的本本和教条。正所谓："凡贵通者，贵其能用之也。"

第四篇

中华文化的独特魅力

一、价值追求与精神家园

1. 中华文化中的“集体”本位

从一定意义上讲，人是文化的存在。这是因为，人不像动物那样通过遗传基因延续物种，而是通过文化传承文明。《易传》有云：“观乎天文，以察时变；观乎人文，以化成天下。”文化对人的熏陶和滋养，就像春风化雨一样，所到之处，春意盎然，绿色一片。中华传统文化之所以是我们最深厚的软实力，正是因为中华文化积淀着中华民族最深沉的精神追求，代表着中华民族独特的精神标识，为中华民族生生不息、发展壮大提供了丰厚滋养。对于专属于自己的文化，我们应该心存敬畏。

在西方社会，文化的力量在很大程度上是通过宗教来显现的。通过宣扬“灵魂不死”和“来世的幸福”，宗教将人的精神价值寄托于形而上的彼岸，以克服对死亡的恐惧和人生的有限。与之相反，中国文化则表现出了鲜明的内在超越的品格，人们通过参与集体事业实现了对永恒和无限的至上追求：个体的人生是有限的，但社会和集体的事业却是无限的。只要将个人有限的生命和社会无限的事业结合在一起，人生便有了意义。《大学》开篇第一句就说：“大学之道，在明明德，在亲民，在止于至善。”这里的“大”，指的就是“大人”之意；而所谓“大人”，就是指成年之人，应该参与集体事业，因此需要知书明理，培养集体意识，通晓人生之道。否则，没有社会知识的学习，没有社会规范的洗礼，人是不能称之为一个大写的“人”的。从个体的“修身”开始，向外在的集体社会事业扩而散之，就形成了中国人“治国、平天下”的社会抱负。

正因为此，中国人对超越经验的彼岸世界兴趣不大，但对当下的世俗生活却表现出了极大的热情。《论语》中记载，季路想问问老师孔子如何侍奉鬼神，孔子说：“人的事情还没有照顾好，拿什么来侍奉鬼神?”季路又想问问老师对于死亡的看法，孔子说：“生的问题还没有搞明白，怎么会去考虑死的事情呢?”“愚公移山”的故事估计我们都听说过。当被问及何时才能将山移走，愚公显得信心十足：“虽我之死，有子存焉；子又生孙，孙又生子；子又有子，子又有孙；子子孙孙，无穷匮也。”意思是说：我死了不要紧，还有儿子，儿子死了还有孙子，孙子又生儿子……这样下去，早晚有一天会把山移走。看来，所谓的“愚公”之“愚”，正是出自对于血脉传承的信心和坚持，而个人有限的生命正是通过血液在代代子孙中的流淌获得了无限的意义。

在今日之中国，社会集体的凝聚力和向心力正是通过党对国家和社会事业的集中统一领导来实现的。可以说，走集体主义价值观念奠基的现代化发展道路，是中国现代化的独特之处。以党的十九大顺利召开为标志，在以习近平同志为核心的党中央领导下，中国特色社会主义进入了新时代，开启了新征程。同时，中国也正在凝聚前所未有的民心和力量，以新的发展理念，为实现“两个一百年”奋斗目标、实现中华民族伟大复兴的中国梦而努力奋斗。回望中华民族从站起来、富起来到强起来的伟大飞跃，展望中华民族伟大复兴的光明前景，我们越来越认识和体悟到这样一个颠扑不破的真理：办好中国的事，关键在党，关键在党的集中统一领导。

党的十九大以来，我们党以巨大的政治勇气和强烈的责任担当，提出一系列新理念、新思想、新战略，出台一系列重大方针政策，推出一系列重大举措，推进一系列重大工作，解决了许多长期想解决而没有解决的难题，办成了许多过去想办而没有办成的大事，关键正在于坚持了党的集中统一领导，坚决维护了以习近平同志为核心的党中央的权威。全党 9 000 多万党员不断增强政治意识、大局意识、核心意识、看齐意识，坚决维护党中央的权威，严明党的政治纪律和政治规矩，做到令出一门、令行禁止，保证了党中央的高效决策。正如习近平总书记所说，面对新形势、新任务，我们党要做到“任凭风浪起，稳坐钓鱼船”，必须有一个坚强的中央领导集体。

党的集中统一领导，有力地保证了中国大地上社会资源的有效整合，从而发挥了社会主义集中力量办大事的制度优势。中国有十几亿人口、56 个民族、30 多个省级行政区、2 800 多个县区。在这样一个超级社会里，权力集中不但合理，而且必须。中国共产党在百年奋斗历程中，一方面不断加强执政方式的理论探索，另一方面深刻总结过去的经验教训，积极丰富民主集中制的科学内涵，深入探究权力集中的民主实现形式，从而推动了国家治理体系的现代化。正是通过党的集中统一领导，中华民族在世界上高高举起中国特色社会主义伟大旗帜，走出了一条发展中国家走向现代化的崭新路径，打破了“现代化即西方化”的意识形态神话，给世界上那些既希望加快发展又希望保持自身独立性的国家和民族提供了全新选择，为解决人类问题贡献了中国智慧和中国方案。

2020 年，一场新冠肺炎疫情席卷全球。在国际医学界仍然不能对这种病毒进行有针对性的“对症治疗”的情况下，防控就成为第一要务。实际上，如果我们在医学上能够成功地“破译”新冠病毒并研制开发出有效治疗的药物，防控也就没有了如此重要的意义。从这次疫情防控的效果来看，中国无疑是最成功的。那么，这种成功的密码是什么？正是中国共产党集中统一领导的政治优势和中国特色社会主义的制度优势。这主要体现在两个方面：一是卓有成效的社会动员能力。疫情发生后，习近平总书记主持召开了中央政治局常委会会议，就做好新型冠状病毒感染的肺炎疫情防控工作提出了要求，之后又多次就疫情防控工作作出重要批示，要求各级党委和政府及有关部门把人民群众的生命安全和身体健康放在第一位，制定周密方案，组织各方力量开展防控，采取切实有效的措施，坚决遏制疫情蔓延势头。在党中央的号召和动员下，我国各地区在很短的时间内，均迅速成立了党政主要负责同志挂帅的领导小组，启动了重大突发公共卫生事件Ⅰ级响应。上至中央、下至基层社区，打响了疫情防控的人民战争，打响了疫情防控的总体战，全国形成了全面动员、全面部署、全面加强疫情防控工作的局面。正是在党中央集中统一领导和及时部署下，各党政军群机关和企事业单位紧急行动、全力奋战，防控工作得以有力开展，较为迅速地扭转了疫情的发展态势，有效地遏制了疫情的快速蔓延。可以说，中国共产党集中统一领导的政治优势，在此次“战疫”中得到了强有力的体现。没有这一政治优势，我们也就没有打一场人民战争的组织力。二是社会主义制度所显示出的价值关怀。面对突如其来的疫情，几乎所有国家都面临医疗人员不足、医院床位紧缺、医疗物资匮乏等挑战。正是凭借着“人民至上、生命至上”的价值信念，中国各地迅速调派330多支医疗队、4.2万余名医护人员紧急支援湖北和武汉抗疫；为确保病患者“应收尽收，应治尽治”，武汉迅速建成了一批集中收治医院和方舱医院；有关企业克服困难，全力复工复产，确保口罩、防护服等物资源源不断地支援抗疫一线；民众的医疗费用由医疗保险与国家财政负担。这无可辩驳地说明，“人民至上、生命至上”成为中国疫情防控最重要的原则，命运共同体只有在社会主义制度下才成为现实。对此，美国政治作家萨拉·弗朗德斯深刻地指出：中国采取的有力措施重申了中国的社会主义根本属性，“当危机来临的时候，共产党领导着国家有能力作出不受资本主义利润支配的决定”。

鞋子合不合脚，穿着才知道。世界上并没有也不可能有最好的政治体制模式。执政的理念、执政的方式好与坏，最终还得看是否适合于本国的国情、是否扎根于广大人民群众智慧基础上的实践创新、是否推动国家和社会事业的快速稳步发展。坚持走自己的路，正是制度自信的内在底气。在当代中国，党政军民学，东西南北中，党是领导一切的。中国特色社会主义最本质的特征是中国共产党领导，中国特色社会主义制度的最大优势是中国共产党领导，党是最高政治领导力量。党的十九大报告指出："旗帜鲜明讲政治是我们党作为马克思主义政党的根本要求。党的政治建设是党的根本性建设，决定党的建设方向和效果。保证全党服从中央，坚持党中央权威和集中统一领导，是党的政治建设的首要任务。"① 可以说，党的集中统一领导，正是民主集中制的中国表达，既体现了对中华传统优秀文化的继承，也充分体现了民主治国的现代价值。无论在空间维度，还是在时间轴线上，这一机制均显现出了具有强大生命力的科学性、先进性和原创性。实践也充分证明，这一领导机制最大限度地发挥了整体优势、大党优势、大国优势，缔造了有着鲜明中国特色的"成功之道"。

2. 中华文化中的"自律"精神

对集体事业的投入，并没有阻碍中国人在心性方面的自由追

① 习近平．决胜全面建设小康社会　夺取新时代中国特色社会主义伟大胜利．北京：人民出版社，2017：62.

求。在西方，经验主义是自由传统的滥觞，自由也因此多被理解为对外在束缚和限制的摆脱。与之相反，中华文化中的自由传统更多关注的是精神上的超越和意志上的自律。孔子号称弟子三千，但他最喜欢、最欣赏的却是颜回。之所以如此，是因为颜回将道德追求与自由快乐有机地结合在了一起。孔子这样称赞颜回："贤哉，回也！一箪食，一瓢饮，在陋巷，人不堪其忧，回也不改其乐。贤哉，回也！"（《论语·雍也》）颜回用非常简陋的竹器吃饭，用瓢饮水，住在陋巷。别人受不了这种困苦，颜回却不改变自己乐观的态度。这种"安贫乐道"，不是打肿脸充胖子，更不是寻求自我心理平衡的阿Q精神的体现，而是一种摆脱了外在欲求，在道德践履中油然生发的精神快乐的体现。

颜回在生活贫困不堪的情况下，仍能快乐地一心向道，得到了孔子的称赞。这就是历代儒家所津津乐道的"孔颜乐处"。由孔子开创的乐道思想并不是简单地以道为乐，而是指人达到与道为一的境界所自然享有的精神上的乐，从而超越了物质的欲求，不再受外在物欲的羁绊，能够在更高的层次上享受一种精神的快乐。这正是"孔颜乐处"的精髓。具体来说，这种快乐不是出自对物质欲望的满足，而是来自对其的超越和消解。可以说，孔子的"安贫乐道"思想向我们展示了一幅在现实的世俗生活中取得精神的平静和安宁、在有限的人生中追求无限的价值、在理性的内容中蕴含着感性的形式的壮美画卷。这与其说是一种人生态度，毋宁说是一种审美态度，因为它已摆脱了物欲的羁绊、世事的纷扰，对生活进行了艺术的观照，趋向于诗意的人生境界。

西方哲学家叔本华以悲剧人生的观点著称于世。在叔本华看来，人的一生不外是向外诉求、满足自身欲望的过程。自己产生了欲求，就到外在世界中去寻找这种满足。可是，人的欲求是无限的，一种欲求得到了满足，新的欲求又接踵而来。人的欲望无法消失，这种追逐的奔波就无法停息。人生就是一个不断追逐和满足自身欲望的过程，因此是痛苦的。而且这种痛苦随着欲望的膨胀不断加深，永远不会消失。而所谓的幸福，不过是欲望的暂时中止。总之，人生就是痛苦。而康德却与叔本华持不同的观点。他认为："对于人来说，在生活中不可能得到物质的满足；即使世上有满足这回事，我们也不必向往它，因为它将意味着一切活动的停滞与减弱。"[①] 因此，在康德看来，人类文明不可能在过分精致的物质满足中获得意义。与之相反，文明自有一套特定的法则，它可能带不来世俗的快乐，也并不是幸福的源泉，但它却是人类得以验证自身自由和尊严的背景。

孔子和颜回的"安贫乐道"思想从根本上说是亲近康德而远离叔本华的。"孔颜乐处"并不是对外物的追求，而是建立在自身之上，是一种不为物欲所困的主体内在之乐，是基于人从自然性的"感性冲动"下挣脱、向精神性提升的过程。它往往表现为在贫困中保持清心一片以及自得其乐的高尚节操。正如冯友兰先生所说的，人生可以有四种不同的境界：自然境界、功利境界、道德境界、天地境界。自然境界是人的一种本能反应；功利境界

---

① 卡西尔．卢梭·康德·歌德．刘东，译．北京：三联书店，2015：50.

则多了一些算计、规则；道德境界在功利之上，又加上了许多道德要求；天地境界是人生的一种最高境界，天人合一，“浑然与物同体”[①]。孔老夫子与颜回之所以快乐，就在于他们达到了天地境界，并且对这一境界有高度的自觉。每一位想有“孔颜之乐”的人，都应努力使自己的人生达到天地境界。

“孔颜乐处”是儒家追求的最高精神境界，也是中国知识分子追求的最高精神境界。在到处充斥着物质利益的当代社会里，“孔颜乐处”无疑是我们安身立命、心灵环保的精神家园。孔颜所乐之处就是在艰难条件下，为了追求理想而达到的乐观主义境界。这种“乐”的境界是“志于道，据于德，依于仁”的体现。对于君子来说，最重要的德行就是仁，仁是一切德行的出发点，是实现远大志向的必备条件。孔子自己就说：“为仁由己，而由乎人哉?”（《论语·颜渊》）对人而言，道德的践行是人的自主自觉行为，而不服从任何外在的目的和规定。有人企图以“行善”作为增福长寿的途径，遭到了孔子的强烈反对。据《荀子》记载，孔子往楚，曾困于陈、蔡之间，没有吃的，甚至“七日不火食”。子路问他：“为善者天报之以福，为不善者天报之以祸。”可是老师您“累德、积义、怀美”，为什么上天不降福祉于您，反而把您搞得如此狼狈？孔子听完狠狠地批评了子路：“夫贤不肖者，材也；为不为者，人也；遇不遇者，时也；死生者，命也。今有其人，不遇其时，虽贤，其能行乎？苟遇其时，何难之

① 冯友兰．新原人．北京：商务印书馆，1946：110.

有！故君子博学深谋，修身端行，以俟其时。”（《荀子·宥坐》）意思是说，一个人应该在自己的努力和奉献中体悟担当感带来的快乐和满足，而非为了谋求外在功利获得肉体层面的欢娱。如果你没有得到福祉，那仅仅是“遇”或者是“命”，而不应该因此而放弃努力。

“人能弘道，非道弘人。”（《论语·卫灵公》）中华文化的伟大之处，正在于它将道德自律深深地积淀于人心之中，而非借助于外在的制度约束和律令规范。从孟子的“达则兼济天下，穷则独善其身”到范仲淹的“居庙堂之高则忧其民，处江湖之远则忧其君”，中国人自古以来无不身体力行地传承着自己的“道统”。即使世界不理想，人还可以有理想。即使世风日下，人还可以自治，至少可以治自己的心。道与善，不在别处，就在人的心中，一旦“得时”，就会大放异彩，助道之兴。因此，孔子说：“十室之邑，必有忠信如丘者焉。”（《论语·公冶长》）孟子也说：“五百年必有王者兴。”（《孟子·公孙丑下》）

“莫见乎隐，莫显乎微。”最容易见到的恰恰是隐藏在人身体内的心，力量最明显的反而在轻微的一言一行中。“士可杀，而不可辱。”“三军可夺帅也，匹夫不可夺志也。”人内心中的力量虽看不见、摸不着，却是强大无比，外力很难使之屈服。而人在举手投足之间不经意表现出来的情操和气节，就能影响别人。物极必反，有形态的东西必有极，物到了尽头，向前就没有路了。而人之道却没有极，只要血脉在延续，道就在延续。

正如习近平总书记指出，中华文化积淀着中华民族最深沉的精神追求，是中华民族生生不息、发展壮大的丰厚滋养。

3. 中华文化中的“践履”品格

从方法论上讲，如果说西方文化塑造的是一种主“智”的传统，那么，中华文化倡导的则是一种主“悟”的立场。“智”对应的是知识，需要对认识对象进行外在的打量和观摩。“悟”对应的则是道理，需要参与其中去品、去体味、去感受，而不是无关痛痒地站在外围进行旁观。道德人格的养成，人生道理的觉悟，说到底并不是一个“知道”或者“不知道”的知识论问题，而是一种实践的功夫。

正是在这个意义上，中国的文化特别强调“知行合一”，注重通过实际生活，身临其境地去领悟自已所知道的道理。孔子说：“巧言令色，鲜矣仁。”（《论语·学而》）那些夸夸其谈的人之所以令人生厌，正是因为他们的“知”和“行”发生了分裂，思想没有落实到行动上，只闻其言，不见其行。就此，孔子极力反对脱离开具体实践发表高谈阔论。比如，孔子对鬼神是存而不论的，“子不语怪、力、乱、神”（《论语·述而》），但他又特别重视以鬼神为朝拜对象的祭祀。这一点令他的弟子们感到非常疑惑：老师到底相信还是不相信鬼神？他是仅仅承认鬼神存在就止步不前了，还是真的相信鬼神的保佑和赐福？其实，这种非黑即白的认知思路，根本没有进入孔子的实践境域，因为在孔子那里，鬼神根本就不是认知的对象，其意义不在别处，就在你虔诚地祭祀鬼神的过程中。“祭如在，祭神如神在”（《论语·八佾》）。离开了祭祀这一具体的实践活动，离开了在这一具体实践活动中生发的切身感受，空泛地谈论鬼神，就好比一个从来不会游泳的人站在岸边对游泳这件事乱加揣摩一样，没有任何意义。

翻开《论语》，经常跳到我们眼睛里的一个字，就是“仁”。可是，“仁”到底是什么呢？今天我们写论文，提出一个新概念，首先要解释一番，否则就是不符合套路。可是，《论语》中出现的“仁”字多达100多处，孔子却没有在一处给出定义！他有时候说“仁者爱人”，有时候说“孝悌，仁之本也”，有时候说“克己复礼以为仁”，有时候说“巧言令色，鲜矣仁”……这些看似相近、实则没有一个准确意思的“仁”字，肯定会让我们这些现代人丈二和尚摸不着头脑，因为这里根本就没有一个权威的和概念上具体的定义，以至于我们无法厘定“仁”的内涵和外延，更无法去区分什么是“仁”、什么才是“不仁”！对于这种不规范的言说方式，西方的那位哲学大家、善于玩弄辩证概念的高手——黑格尔非常不满意。他认定孔子思想缺少哲学的素质，没有一点儿思辨的味道，至多不过是一些“老练的、道德的教训”和“散文式的理智”。

事实上，真的如此吗？实际上，玩弄概念构建形而上的思辨大厦正是中华文化所排斥的。西方的文化品格使得黑格尔必须要在“形而上”和“形而下”之间作出选择，而中国的文化品格恰恰是要消弭“器”与“道”、“人”与“天”、“物”与“理”之间的界限，从而实现一种不离世间的超越。正因为此，打开《论语》，扑面而来的不是抽象的概念定义、演绎推理，而是永远不离实践境域、活泼泼的生活现象。翻开《庄子》，里面也没有什么知识性的道理，它不过是在说寓言、讲故事而已。因此，中国文化打造的思维根本就不是概念化的思维，而是语境式的、时机化的，所以也就没有那些脱离了语境和时机的干巴巴的定义和教条。

就拿“仁”来说，没有下定义，没有界定内涵和外延，不但不是劣势，反而成了优势。因为“仁”在不同的语境中、在不同的时机中，会因为对象不同，而呈现不同的意义。一件同样的事情，可能此时是“仁”，彼时就不是“仁”了。一个同样的准则，可能对子贡是“仁”，对子路就不是“仁”了。它的意义就像一个幽灵一样游离不定，总是当场显现，从不固定和僵死。

孔子说，“仁”看似简单，其实在实践中是很难把握的。你不可能一劳永逸地抓住它，然后照本宣科地去实践。其实，当你抓住它的时候，它恰恰没有了。正因为此，当司马牛向孔子讨教什么是“仁”的时候，孔子说：“仁者，其言也讱。”（《论语·颜渊》）讱同刃，刀刃也。要想说出什么是“仁”，无异于去刀刃上行走，太艰难了。司马牛又问：“其言也讱，斯谓之仁已乎？”言语艰涩，就叫作“仁”了吗？孔子回答说：“为之难，言之得无讱乎？”真正地在实践中做到“仁”实在太难了，谈论它怎么会轻松呢？

在这里，孔子其实是在告诉我们：在“为仁”的过程中，并没有一个“仁”的固定模板，你在屁股后面跟着模仿就可以了。

“知仁”绝不只是一个知道某项原则并实行之、持守之的问题，所以不能轻易说，因为你说“仁”是什么，无形中就下了定义了。正是在这种如履薄冰的感受中，孔子认为对“仁”进行言说是很困难的。但是，认识到这种困难并不是坏事，因为你一旦明白了“其言也讱”，你就会对“仁”的时机化有所领悟，从而有一种危机感。而这种危机感会让你在行为中谨小慎微，从而进入“时中”的天行之境。既然“仁”的意义是在当场构成，既然“仁”的意义依据不同的时机显现，那么，真正的君子在践行“仁”的过程中必然是“时中”——在那一时刻，恰恰落在了那里，不偏也不倚。

今天的我们歌颂孔子，都是拿“圣”字去形容他，但是“圣”谈何容易？孔子本人都不敢接受。正如他本人所说：“躬行君子，则吾未之有得。”“若圣与仁，则吾岂敢？”（《论语·述而》）孔子在这里并不是谦虚，而是讲在当时活生生的情形下去实践“仁”、去不偏不倚地落在那里，实在太难了。哪里像今天的我们，对规则、套路、方法一味迷信，动不动就把什么名言当作座右铭之类的东西，摆在桌子上去照搬，而忽略了这句名言在不同的语境和时机中显现其真意的玄妙。

孟子说：“孔子，圣之时者也。”（《孟子·万章下》）正是因为对时机化的这种深深体认，孔子就足以称为“圣人”。这个评价是客观的，估计孔子也比较满意。颜回赞叹孔子道：“仰之弥高，钻之弥坚。瞻之在前，忽焉在后。”（《论语·子罕》）而“仁”在这里不过是一个抓手，是我们天行之境的一把梯子。

“诚者，天之道也；诚之者，人之道也。”（《中庸·第二十章》）以投身于其中的方式去领会当下的意义，是中华文化的魅力所在，也是中华文化至今保持着旺盛生命力的重要因素。文化不应是置身于外供我们拿来解剖、切割、组合和搭配的外在对象，而应该成为渗透在我们骨子和血液里的活的命脉。自古以来，无数仁人志士、圣贤豪杰无不用行动诠释文化，用生命践行文化。正是在他们的行动中和感召下，文化才成为有生命的东西。今天的我们，如果仅以“凭吊古迹”的态度视之，文化只能是“一堆无生命精神之文物，如同死的化石”。现今的时代背景虽然发生了很大的变化，但我们仍需对专属于自己的文化保持敬畏之心，并结合时代发展予以创新，使之落实到生命中、体现在生活上、进入心灵里。唯有如此，我们的文化才能够“活”起来，汇集成中华民族生生不息的生命之流。而这也正是我们树立文化自信的关键所在。

二、生生思想与辩证思维

1. 孤阴不生，孤阳不长

伽利略说：数学是上帝书写宇宙的文字。在西方，数学向来被视为各类科学的典范，因为数学遵循的是严格的因果推理，即从一个给定的前提出发，通过推理论证得出普遍必然的结论。这种思维模式在西方社会一直处于主导地位，甚至被认为是获得真理的唯一正确途径。正如阿基米德的那句名言："给我一个支点，我能撬起整个地球。"康德比阿基米德更狂妄："给我物质，我能撬起整个宇宙！"

与西方的这种思维模式不同，中华传统文化所蕴含的思维模式则是矛盾辩证式的。中华文化推崇的不是数学，而是被称为"中华第一图"的阴阳鱼太极图。"一阴一阳之谓道"，"离开阴阳更无道"。在中华文化的思维深处，从来就没有一个给定的前提或支点，而总是有两个对立统一的因素彼此关联，这两个因素共存共生、相反相成，彼此之间相互作用，只有在一个整体的结构中才能显示自身的意义和价值。

因此，中华文化更侧重一种整体性的思维。国外有一位数学家曾经通过一个实验来观察中国同西方思维方式的不同之处。他让拥有相同年龄和教育背景的一组中国学生同一组非中国学生浏览同一个图片，而后问他们看到了什么。中国学生基本上将图片作为一个整体来描述，非中国学生则指出了图片中的某些特定部分。由此，我们似乎可以得出这样的结论：中国学生倾向于在全局中看待事物，非中国学生则更关注他们所感兴趣的画面中的特定事物。

"孤阴不生，孤阳不长"，只有差异性的共存才能构成矛盾。而这种矛盾又是事物发展变化的源泉。春秋时期，晏婴就曾借烹饪之喻向齐景公讲解"和"与"同"的辩证关系。景公告诉晏婴说，只有梁丘据（景公的宠臣）跟他"和"。晏婴否定了景公的说法：梁丘据一味地谄媚于你，你们之间怎么会有“和”呢？你们之间仍然是“同”而非“和”。景公不明白“和”与“同”的差异，于是向晏婴请教。晏婴说，“和”就好比厨师做羹汤，将各种食物、调料进行烹调，这样就可以“济其不及，以泄其过”，既互相补充、调节，又保持各种食物的味道，成就一锅美汤。如果像梁丘据那样，“君所谓可，臣亦说可”，“君所谓否，臣亦说否”，这只是取消了对立面的“苟同”，是不问是非、迁就错误的“混同”，对于认识事物、治理国家都是有害而无益的。正如黑格尔在《小逻辑》中所说的，“同一”区分为两种：一种是“抽象的同一”，这是一种排斥了一切差别的“同一”；另一种是“具体的同一”，这是一种包含差别于自身的“同一”。他认为这是在哲学上区别好坏的关键，并且说：“如果思维活动只不过是一种抽象的同一，那么我们就不能不宣称此类思维是最无益最无聊的。”[①] 黑格尔这里所说的包含差别于自身的“同一”，也就是中华传统文化中“和而不同”的理念。比如，一个乐队，想要演奏出和谐美妙的音乐，需要使用十几种乃至几十种不同的乐器，各奏其乐，各发其声，从而汇成宏大动听的交响乐。反之，如果乐队中都使用同一种乐器，其单调乏味是可想而知的。再比如，用乱石砌墙、碎石铺路，一块块乱石奇形怪状，一块块碎石各不相同，但墙一旦砌成，风格和谐统一，路一旦铺就，犹如一体天成。又比如，生物分雌雄，动物分公母，人类分男女，倘若世界

---

① 黑格尔．小逻辑．贺麟，译．北京：商务印书馆，1980：423.

上只有同一个性别，无法交媾，也就无法造就新的生命。我们的世界本来就是，也应当是一个“和而不同”的多样性的世界。

这种辩证思维典型地体现在中华文化对生命的理解中，其成熟的理论形态就是中医。可以说，西医与中医的差别最能够体现中西方思维方式的差别。法国哲学家拉美特利曾经有一句名言，就是“人是机器”。这一观点正是作为医生的他在医学实践中得出的。在他看来，人的身体不过是各个器官组合搭配起来的“机器”。只要各个肉体器官保持完好，身体这个“机器”就能有效地运转。人之所以会得病，那是因为某些器官遭到了病毒的侵染。要想根治疾病，就必须把这种病毒找出来，而后再用合适的药物将病毒杀死。这样，一旦病毒消失，人的病就去除了。

因此，西方人重视的是解剖学。通过手术，身体的单个部位可以拿出来研究。正如胡维勤先生在《将中医进行到底》中所说的那样，西医手术可以摘除人的肾，医生将肾用一个托盘装来给你看：“看好了呀！这就是你的肾。”然后，“啪”的一声扔进了垃圾桶。在这里，肾是一个物质，是一个可以随便对待的东西。[①] 比如生育分娩，现在流行的剖宫产就是西医的产物。孩子既然在妈妈的肚子里已经成熟了，完全有理由将妈妈的肚子剖开，把孩子从里面拿出来。在这里，我们看到的是一种机械思维，即重元素、轻结构。因此，西医向来是“头痛医头，脚痛医脚”的。胃出现了病变，可以切除一部分，照样能消化食物；肝

---

① 胡维勤．将中医进行到底．长春：吉林文史出版社，2008：22.

发生了癌变，可以移植，把一个健康的肝脏嫁接上，照样可以发挥造血功能；心脏出了问题，可以通过助搏器和搭桥的方法帮助心脏跳动……西方的医学是随着生物学和细胞学一起成长起来的，是和显微镜、听诊器、血压表、X 光机、CT、核磁共振等仪器的发明共同进步的。有了细胞学，医生就可以分析研究细胞中发生的病变，找出“罪魁祸首”的病毒；有了仪器，医生就可以根据检测出的结果来判断你身体的状况。

所以说，西医的手术更是一门技术，它与建筑工程技术没什么两样，开刀割掉盲肠就相当于建筑工程上的定向爆破，心脏搭桥手术就相当于二战时美国大兵在搭浮桥。可以看出，西方医学家在理念中是想把医学发展为一门严格的科学，寻找的是治疗疾病的普遍法则和药物。因此，西方在解剖学的基础上发展出来的是细菌理论和病毒理论，他们热衷的是寻找和研究细菌或病毒，重视的是在显微镜下观察细菌或病毒的活动。而在药物学方面，西方的医学重视“提纯”，即寻找和创造对付这些细菌或病毒的“天敌”。一旦“提纯”出灭掉某一种细菌或病毒的药物，就能够“以不变应万变”了。以这次全球暴发的新冠肺炎疫情为例，以西医为主导的现代科学把精力主要用于研制疫苗和特效药。从目前来看，这个路径似乎遇到了困境。一方面是因为新冠病毒总是不断地发生变异，疫苗研制的速度似乎跟不上病毒变异的速度，所谓“道高一尺，魔高一丈”。另一方面，由于疫苗或者特效药思维都是典型的“靶向”思维——直奔病毒而去，有可能忽视疫苗或者特效药对身体的其他部位造成的潜在损害，所以容易出现

“杀敌一千，自损一千”这样的现象。美国研制的特效药在临床中就出现了明显的副作用，这种副作用据说比新冠病毒的危害还要大，因此不得不叫停。

中医是在中华文化中成长起来的，其体现的生命观是整体、辩证的。《黄帝内经》中的一句话道出了中医治病的最高原则：“黄帝曰：阴阳者，天地之道也，万物之纲纪，变化之父母，生杀之本始，神明之府也，治病必求于本。”（《黄帝内经·素问·阴阳应象大论篇》）阴阳，既然是“天地之道”，必然无处不在、无处不显，故为“神明之府”。“治病必求于本”，那么“本”是什么？显然是掌握阴阳的“变化之道”。

从这里我们可以看出，辩证思维从根本处决定了《黄帝内经》的“身体观”和“疾病观”，也决定了中医在几千年的历史长河中的走向。因此，中国自古就有“医易同源”之说。意思是说，医学和易学尽管形态各异，却是同根本源。古代的中医药家都很重视对《周易》的学习研究，很多有名的医家无一不对《周易》有深刻的认识。“不知易，不足以言大医。”明代医学家张景岳说：“易者，易也，具阴阳动静之妙；医者，意也，合阴阳消长之机。”（《类经附翼·医易义》）一言以蔽之，易学与医学的核心问题都不过是“阴阳”问题。其具体变化规律可以原则性地归结为以下几点：

——阴阳互根同生，相反相成。没有阴，就不可能有阳；没有阳，也不可能有阴。正所谓：“阴生于阳，阳生于阴；孤阴不生，独阳不长。”具体到人的身体，人体各种机能活动是“阳”，人体所必需的营养物质则是“阴”。没有营养物质，就无从产生机能活动；而机能活动又是化生营养物质之动力，没有脏腑的活动，饮食就不可能变成体内的营养物质。这种阴阳的对立和统一始终贯穿在生命的全部过程。一旦“阴阳难绝”，生命也就终止。

——阴阳此消彼长，运动不止。阴阳并不是处于静止不变的状态，而是不断地进行着“阳消阴长”或“阴消阳长”的斗争。例如，人体在进行机能活动时（阳长），必然要消耗一定数量的营养物质（阴消）；在化生各种营养物质时（阴长），又必须消耗一定的能量（阳消）。阴阳之间只有相对的、动态的平衡，而没有绝对的、永久的平衡。因此，人体中阴阳在一定限度内不断地有消有长，有盛有衰，这是生理活动的过程。这个活动过程出现异常，就会发生病理变化。如果机体的物质基础（阴）消耗过多，则机能活动（阳）就会相对地亢盛，从而导致阴阳的失衡，产生形体虚弱、头晕耳鸣、燥热盗汗、虚烦不眠等“阴虚阳亢”的症状。治疗这种病理要用“滋阴潜阳”法来调整体内阴阳的消长，使之恢复正常，达到阴阳的相对平衡。

——阴阳相生相克，彼此转化。中医认为“重阴必阳，重阳必阴”，“寒极生热，热极生寒”，阴阳可以各自向相反的方向变化。例如，机能亢盛的阳证可以变化为机能衰竭的阴证。肺炎病人，症见高热、面红、烦躁、脉数有力，这些都是机体反应机能旺盛的表现，中医叫作“实热证”，应用寒凉的药物来治疗。但是，当发展到严重阶段而出现中毒性休克时，病人反而手足发凉、面色苍白、脉搏细弱、血压下降，也就是机体反应机能衰竭，“实热证”转化为“虚寒证”，应急用温热的药物“回阳救逆”。

阴阳相生相克，却又相反相成，此消彼长，反映在人的身体上，则表现为“新陈”和“代谢”。所以，中医认为，阴阳相对平衡方能进行正常的生理活动，若遭受某些致病因素的破坏，体内阴阳任何一方偏盛或偏衰，都可发生疾病，即所谓的“阴阳失调”。中医认为，疾病发生的基本环节就是“阴阳失调”，治病的关键就是要“调和阴阳”，而非“头痛医头，脚痛医脚”。

正是受这种整体性思维的引导，中医在这次新冠病毒防治中发挥了极其重要的作用。中国中医科学院的王永炎院士于2019年6月27日在中国中医科学院组织召开的技术体系岗位科学家候选人答辩评审会上说：“要观天地之象，观万物生灵之象，观疾病健康之象。所以，今年大江以南，暴雨成灾。厥阴风木司天，已经描述了太虚元象。上半年是比较和缓的。下半年，特别是在冬至前后，也就是连续到明年的春季，要有瘟疫发生……”“观象”思维与“靶向”思维明显不同，“观象”展示的是一种结构性、整体性思维，而不是实体性思维，它总是通过人参与其中的方式展现出来，而不是人置身于外对客观世界进行打量。因此，从“观象”思维中引申出来的“天人相感”并不全是封建迷信，而是有其深刻的道理。西汉时期董仲舒的“天人感应”之所以被庸俗化，是因为这种理论被应用于所有的领域，自然谬以千里了。同样，西方的“靶向”思维一旦在自然领域和社会领域拥有了霸权地位，结果又会如何呢？正如人们在这场新冠肺炎疫情面前的最初表现那样——有些束手无策。

幸亏我们还有中医药，还有厚重璀璨的中医文化。据中央指导组专家组成员、中国工程院院士张伯礼介绍，在新冠肺炎疫情暴发的重灾区湖北武汉，按中医治疗原则建成的江夏方舱医院，医务人员全部来自五所中医药大学的附属医院的医务人员，一共360多名。江夏方舱医院中每个病人都要吃汤药，个别需要调整的药还有配方颗粒。此外，他们还组织患者来练习太极拳、八段锦，帮助他们康复，也放松了他们的心态、增强了他们的信心；其中还融入中医的理疗，包括针灸、按摩这些方法。总的来说，病人情绪非常安定，医患关系非常好。中医的效果怎么样？张院士说，最有说服力的指标有两个：一个是病人痊愈的时间是不是缩短了。因为这是种自限性疾病，而通过中药的干预可能缩短时间。第二个是不从轻症转为重症。张院士在湖北省中西医结合医院观察了一批病例，重症的转化率只有百分之二点几。江夏方舱医院没有一例转化为重症的。

中华文化的这种整体观、辩证观体现在方方面面。这些内容，我们并不能以“朴素的辩证法”一言带过。比如，反映在政治社会领域，中华民族向来以和谐为美、以单调为丑，以和合为主流、以分裂为末流。这种和谐是一种宽容，是一种对多元性、差异性的容纳。特别是在全球化、国际化的今天，这种“和合观”越来越显示出其智慧的魅力。2014年3月27日，习近平主席在联合国教科文组织总部发表演讲，向世界深刻阐述了“文明因交流而多彩，文明因互鉴而丰富”的文明观，站在全人类高度深情描绘了一幅文明交流互鉴、人类命运与共的大同愿景。他认为，文明是多彩的，人类文明因多样才有交流互鉴的价值。这一思想正是中华优秀传统文化中“和而不同”理念的现代表达：

> 文明是多彩的，人类文明因多样才有交流互鉴的价值。阳光有七种颜色，世界也是多彩的。一个国家和民族的文明是一个国家和民族的集体记忆。人类在漫长的历史长河中，创造和发展了多姿多彩的文明。从茹毛饮血到田园农耕，从工业革命到信息社会，构成了波澜壮阔的文明图谱，书写了激荡人心的文明华章。
>
> “一花独放不是春，百花齐放春满园。”如果世界上只有一种花朵，就算这种花朵再美，那也是单调的。不论是中华文明，还是世界上存在的其他文明，都是人类文明创造的成果。①

习近平总书记关于文明交流互鉴的重要论述，遵循人类社会发展规律，尊重世界文明成果，遵从各国人民心愿，以构建人类命运共同体为根本方向，以发展本国特色文明为基本前提，以推动人类社会共同进步为最终归宿，具有跨越国界、跨越文化、跨越民族、跨越制度的崭新特点，大大突破了传统的、狭隘的、封闭的文明观，是构建人类命运共同体的必然要求。当前，随着世

① 习近平．习近平谈治国理政．北京：外文出版社，2014：258.

界多极化、经济全球化、社会信息化、文化多样化深入发展，国与国、人与人之间的联系更加紧密。在“地球村”现实语境下，全球范围形成发展有机体、构建人类命运共同体，既是现实的选择，更是历史的必然。正是基于这样宽广的视野和理性的判断，习近平总书记深刻指出，“文明交流互鉴，是推动人类文明进步和世界和平发展的重要动力”，“我们应该从不同文明中寻求智慧、汲取营养，为人们提供精神支撑和心灵慰藉，携手解决人类共同面临的各种挑战”，“以利相交，利尽则散；以势相交，势去则倾；惟以心相交，方成其久远”。这些独到观点和思想，深刻揭示了推动世界文明进步的规律和真谛，鲜明亮出了新时代中国致力于构建人类命运共同体的积极主张，充分展现了以宽广胸怀和开放姿态促进世界各国文明交融、促进形成人类社会发展进步合力的磅礴气度，为构建人类命运共同体、推动世界文明发展指明了前进的正确方向。

2. 语言是存在的家园

一个学生曾向古希腊的哲学家芝诺求教：“老师，您的知识比我多许多倍，对问题的回答又十分正确，可是您为什么总是对自己的解答有疑问呢?”芝诺没有直接回答学生的问题，而是顺手在桌上画了一大一小两个圆圈，并指着这两个圆圈说：“人的知识好比一个圆圈，圆圈里面是已知的，圆圈外面是未知的。你知道得越多，圆圈就越大，不知道得也就越多。这就是我常常怀疑自己的原因。”

芝诺将知识比喻为圆圈，表明知识总是在不断推陈出新，绵绵没有尽头。庄子也曾发出“吾生也有涯，而知也无涯”的慨叹。但是，知识的增加并不必然代表着智慧的开悟。相反，知识的自身异化可能还会对智慧造成遮蔽。

知识是“多”，反映的是时代变迁所带来的经验积淀；智慧是“一”，折射的则是对亘古永恒的持续追问。人类需要知识，但更需要在知识中抽身而出，以保持对永恒之物的敬畏和体察。德国哲学家胡塞尔当年就曾警告说：“我们切不可为了时代而放弃永恒。”老子也说：“为学日益，为道日损。”“为学”指的是后天经验知识的积累，需要做加法，故曰“日益”；“为道”则是指对天地之间永恒之物的体认，需要做减法，超越并化除杂多知识的干扰和欲望情绪的羁绊，故曰“日损”。当损至无物可损、退到无处可退时，人之本心和道之澄明才会一起向我们显现。所以，老子说，要“知其白，守其黑”，既能入乎知识之内，又能出乎知识之外。黑暗是丰富性的象征，因此富有诗意；白昼是清晰性的表达，因此代表光明。人类原本就生活在黑暗之中，为了追逐光明，我们点亮了蜡烛，但我们越来越执着于光明，却忘记了黑暗本身就是光明的隐藏之处。海德格尔说得好：“有死之人的思想必须让自身深深地没入泉源的黑暗中，以便在白天能看到星星。”① 白天看星星，而黑夜才是我们的家。

---

① 张祥龙．海德格尔传．石家庄：河北人民出版社，1998：236.

思想和知识的悖论在于其是通过语言的抽象实现的。抽象本身则意味着对现实事物的宰制和剥离。这是语言的悖论，也是思想的悖论。西方的形而上学，归根到底是扎根于语言之中的，是把语言中的抽象误认为现实本身。而在语言的抽象中，“无限”和“绝对”都是无法表达的。中华文化所表现出来的对形而上学语言的不信任，正源于此。在老庄看来，可以言说之物，都是有限的、有所“对待”的，因此都是相对的。也就是说，可以言说的东西都会有一个东西与之相比较，让我们看到二者的区别，然后我们再通过这种区别认识这个东西。比如，我们说“这是一条狗”。我们之所以能够将自己面前的这个动物称为“狗”，是因为我们能将它同其他动物区别开来。正因为狗不是猫，不是猪，不是马，不是牛……所以我们说“这是一条狗”才有意义。假设世界上仅仅有狗这么一种动物，我们说“这是一条狗”，也就没有了意义。因此，当我们说“这是……”的时候，其实也是在说“这不是……”。结构主义语言学家索绪尔认为，语言本身就是一个系统，语言单位之间是一种互相依存的关系，从中单独拿出一个词本身并没有意义。

而老子的“道”呢？我们能说“道”是什么吗？肯定不行，最起码老子不会答应，因为老子的“道”是“无”，之所以是“无”，因为它是“全有”，包含无限的丰富性和可能性，而不是现成的东西。我们之所以称之为“无”，恰恰是因为它无法规定、无法定义，世界上并没有什么东西与之相区别，也没有什么东西与之相对应。用庄子的话来说，“道”乃“无待之物”，因此是绝对的东西。[1] 对此，我们好像只能说“道”不是什么，却不能说“道”是什么。

老子通过“道可道，非常道；名可名，非常名”直接否定了语言进入“道”的可能性。这是因为，“道”的绝对性和语言根本无法兼容。语言是使某物变得可以言说、可以表达，但是，“大音希声”“大象无形”，“道”根本就不是某物，也根本无法言说。老子说“道隐无名”“道恒无名”，即是此意。关于语言和现实之间的这种悖结，庄子也曾讲过一个“轮扁斫轮”的寓言。齐桓公在堂上读书，轮扁在堂下砍削车轮。轮扁批评齐桓公只会读死人的书，学到的都是糟粕。为什么呢？因为真正的智慧是只可意会不可言传的。一旦言传，沦为了知识，就完全变了味道。对此，轮扁以砍削车轮举例说：“动作慢了松缓而不坚固，动作快了涩滞而不入木。不慢不快，得心应手，嘴里虽然说不出来，却

---

① 见《庄子·逍遥游》。庄子在此篇中通过隐喻的方式表明了“有待”和“无待”的差别和不同境界。在庄子看来，不论是“抟扶摇而上者九万里”的大鹏，还是“翱翔蓬蒿之间”的斥鴳；不论是“辩乎荣辱之境”的宋荣子，还是“御风而行”的列子，都没有达到逍遥游的境界。因为他们都“有所待”。“大知”也好，“小知”也好，“大年”也好，“小年”也好，区别仅在于认识上，而受到外力或内心的牵制却是相同的，因此，它们都被庄子所否定。就列子的御风而行，庄子评其“犹有所待者也”，正是此意。列子在天空乘风飞翔，看似逍遥，实际并非如此，因为它有待于风，有待于天气变化，有待于外在事物，一句话，有待于命运的偶然。庄子的逍遥游却不是命运在某个瞬间的馈赠，它是无待的，无待于风，无待于外在事物，它是自由自在的。正如王维《辛夷坞》里的芙蓉花：“木末芙蓉花，山中发红萼。涧户寂无人，纷纷开且落。”芙蓉花到生命的成熟期自然地绽开了，它不是装扮好等候赞叹，插上标签待价而沽，开花、凋谢都是自己的事，不依赖人的肯定而更美丽，也不依赖人的鉴赏而更有价值。芙蓉花的完整圆满是不损不益、本来具足的，它和逍遥游一样“无待”“自在”。

有技巧在里面。”这种技巧是无法落入语言中去的，因而也就无法以知识的形式复制和传播。书籍本身不过是语言的化身，而语言是用来表达思想的。但死读书，读死书，却是把语言等同于思想，最终成了书的奴隶。

通过这个寓言，庄子深刻指出了语言对思想的戕害。在他看来，语言根本无法表达思想的丰富内涵。正所谓“知者不言，言者不知”。既然如此，要体悟“道”，进入“道”的澄明之境，就只能是“行不言之教”“处无为之事”了。庄子也说：“天地与我并生，而万物与我为一。既已为一矣，可得有言乎?”（《庄子·齐物论》）孔子的弟子子贡也这样说：“夫子之文章，可得而闻也；夫子之言性与天道，不可得而闻也。”（《论语·公冶长》）老师写的文章可以拿来读读，但是老师所意指的性与天道，文章里是没有的，无法落到语言里。《文心雕龙》的作者刘勰对此也深有体会。他说：“夫形而上者谓之道，形而下者谓之器。神道难摹，精言不能追其极；形器易写，壮辞可得喻其真。”（《文心雕龙·夸饰》）而实际上，中西方一些伟大的思想家对此都有所觉察，从而对语言保持着高度的警惕。孔子一生“述而不作”，《论语》不过是记载他与弟子对话的对话集。他删减了《春秋》，最后却发出了“知我者，其惟《春秋》乎！罪我者，其惟《春秋》乎！”的慨叹。《道德经》第一句话就是指向“语言”的：“道可道，非常道；名可名，非常名。”“道”一旦被说出，就不再是那个永恒的“常道”了。而“名”一旦被定义，必然是有所限制而不是“常名”了。佛教哲学《大藏经》浩浩上千万字，结论却是“如来无所说”。

正因为此，一些伟大的思想家都非常苦恼，因为他们总在说那些根本就不能说的东西。西方的思想家采取了迂回的战术，他们总是把那些能说的说完，不能说的地方就不说了。之所以说那些能说的东西，仅仅是告诉我们哪些是能说的。康德的名著《纯粹理性批判》就是一个典型的例子。康德说，这本著作仅仅说了那些能够被我们认识、被我们言说的东西，而“上帝”“自由”“意志”这些隶属于人实践领域的东西，却是无法认识、无法言说的。而这部巨著的意义仅仅在于表明：哪些是可以认识的，哪些是可以言说的。对于那些不能认识和言说的，就不要去认识，不要去言说，否则，人类的理性就会遭遇尴尬。[1] 维特根斯坦的名著《逻辑哲学论》更为典型，结尾处是：

---

① 康德为其名著《纯粹理性批判》的简写本取了一个冗长而又拗口的书名：《任何一种能够作为科学出现的未来形而上学导论》。这个书名真够长的，可见康德的良苦用心。在康德看来，以往的“形而上学”，都是通过理性和概念化的语言建构起来的，无疑是“独断论”，貌似科学，实际上已经僭越了自己的适用范围。也就是说，概念化的语言可以进入“现象界”，但不能进入“本体”。所以说，《纯粹理性批判》虽然是康德“三大批判”中最重要的一部著作，但在康德看来，仅仅是个“导论”——是个“前言”或者说“序言”而已。这一点可以明显地反映在康德本人对于“批判”二字的理解上：“我之所谓批判，不是意味着对诸书籍或者诸体系的批判，而是关于独立于所有经验去追求一切知识的一般理性能力的批判。”“由此看来，我们批判研究的结果好像纯粹是消极的，这只是警告我们不应冒险以思辨理性来超出经验的界限。”康德在这里虽然没有涉及“可说”和“不可说”，但我们仍然可以认为，概念化的语言作为“逻各斯”的表征，也是只能应用于“现象界”的。因为“本体”本已经超越经验，根本就是老庄意义上的“无待”之物，概念化的语言是不能强行进入的，正如理性不能强行进入一样。康德否定以前的“形而上学”，但并没有否定“形而上学”本身。正如他所说，“爱形而上学是我的命运”。当然，康德生长在主“智”传统的西方社会，仍然希望“形而上学”能够“作为科学而出现”，而不是像老庄那样采取“即世”的方式“悟道”。

“对不可说的，要保持沉默。”意思是说，他已经把能说的都说完了，剩下的那些无法言说的，才是最重要的东西。正如他所说，确实存在着不可说的东西，它们显示自己，它们是神秘的东西。

可是，如何“显示”这些神秘的东西呢？我们似乎仍然要借助语言。但是，逻辑化的语言显然是拙笨的。在西方文化的传统中，存在、思维、语言是三位一体的，存在只能显示在思维里，唯有思维才能把握存在，而将二者联系在一起的则是语言。语言是什么样的语言呢？是概念化的语言。思维意味着抽象，而抽象就意味着把“相同”的东西和“不相同”的东西绝对地割裂开，把“相同”的归为一类，把“不相同”的归为一类，在二者之间划定界限。只要是概念，就有内涵和外延，而内涵和外延必然是确定的，所以，概念化的语言必然要讲逻辑，不能似是而非、模棱两可。正因为如此。西方的语言都是很清晰的，表达意思也很清楚，一是一、二是二，而且表达式多为“××是××”。但是，维特根斯坦所说的那个“神秘的东西”，老子所说的“道”，却根本不能说“是什么”，而内涵明确、外延刚性的概念又只能指称，与世界中的万物是一一对应关系。如此一来，这个被称为“神秘的东西”的“道”又如何在概念化的语言中显示呢？

在这方面，我们中国的语言则有着天然的优势。也许这是由中国语言的特点决定的，也许是中国人的思维特点选择了这种语言。总之，中国人的言说方式与思维方式深深地纠缠在了一起，最终旨归是借助语言而超越语言，让人从字里行间领悟到弦外之音、言外之意，以达到“醉翁之意不在酒，在乎山水之间”的效果。正如庄子所说："言者所以在意，得意而忘言。"（《庄子·外物》）言语是用来传达思想的，领会了意思就要忘掉言语。这客观上就要求语言必须负荷意义的深度空间，所谓"载道之书也，词简而义深"（元·朱震亨：《格致余论》）。这一点的实现，最终应归功于中国语言非逻辑、去概念的特点。正因为此，那些传世经典从不采取指称式、概念化的表达方式，而总是采取隐喻和类比的手法。比如，老子就从来不说"道"是什么，但经常说"道"像什么。他经常把"道"比喻为"水""母""大""黑"……这种表达方式的好处是：它在显示而不是指称，隐喻而不是定义。这里，没有单纯的相同，也没有单纯的相异，而是同中有异、异中有同。看山是山，看山又不是山；看水是水，看水又不是水。语言符号与其表达的东西并不存在严格的对应关系，但你又不能说毫无关联。就好像猜谜语，谜面与谜底之间，既有相同性，又有相异性。谜面与谜底相同，使猜谜成为可能；谜面与谜底相异，使猜谜成为必要。正是这种隐喻的表达方式，使得"相同"和"相异"之间互相较劲，从而提供了一个意义的空间，从而达到了言有尽而意无穷的效果。在这里，需要的不是认知，不是理解，而是触类旁通、恍然开悟。正如以手指月，重要的不是手指，而是手所指的方向。

3. 极高明而道中庸

科学所要求的因果思维模式强调前提和结论之间的逻辑关

系，力求超越经验、摆脱时间。如果一个结论或规律总是“因时而变”，那么，这个结论、规律就不能称之为科学的。与之相反，辩证思维则特别注重时间性。既然矛盾双方之间的辩证运动是在时间中展开的，时间就不是可有可无的，而必须是参与事件的重要因素。因此，辩证思维所要求的并不是清晰的因果逻辑关系，而是看重“时机”，追求“时中”。

“时中”一词最早出现于《周易》“蒙”卦的《彖传》：“‘蒙亨’。以亨行时中也。”意思是说，蒙卦表示希望亨通，所以，以通来行事，是符合蒙这个时机的。可见，所谓“时中”，主要有两方面的含义：一是要“合乎时宜”，二是要“随时变通”。中而非时，不谓之中。同样，时而不中，更不谓之中了。

《资治通鉴》中记载了这么一个故事，说韩国的国君韩昭侯准备修建一个高门，但他的谋士屈宜臼却奉劝他不要这么做。屈宜臼说：“如果您非要修建这个高门，恐怕您还等不到这个高门修建完就要死了。为什么呢？因为时机不对。国君在自己家修建一个高一点儿的门楼，搞得气派一些，有错吗？没有错。当年我们国强民富的时候，您如果修建一个高门，肯定没有问题。可是今天的情况已经不一样了，秦国去年刚刚攻占了我们的宜阳城，韩国元气大伤，人心不古，您偏偏要在这个时候修建高门，势必会使百姓离心、将士散德，韩国的败落就不可避免了。”结果，韩昭侯没有听屈宜臼的劝告，而屈宜臼的预言也应验了：高门还没有修好，韩昭侯就去世了。

当然，这只是一个小故事，但其中蕴含的道理却非常深刻。

正如屈宜臼说的那句话："吾所谓时者，非时日也。夫人固有利、不利时。"意思是说，我所说的时间，不是客观的时间，而是参与到事情当中来的时间。在合适的时间做一件事情，效果会很好；在不合适的时间做同一件事情，往往会很糟。这正是"举事而不时，力虽尽而功不成"的道理。正因为此，中华文化对时间非常敏感，强调做任何事情都要相时而动、顺势而行。

由此看来，在中华传统文化的语境中，"中庸"就是"时中"，就是要在合适的时间落在那里。所谓"中"，在孔子看来就是"当为矢着正也"，即箭射中靶的，达到正确的结果。庸者，"用也、常也"。中庸之道者，即用中为常道，以走极端为非也。所以也有人称之为"中正之道"。《论语》中说："中庸之为德也，其至矣乎！"（《论语·雍也》）意思是说，中庸之道，把一切都说完了。大到宇宙演化，小到人伦处世，最精妙的境界就是中庸。如果深刻地领会了其中的精髓，就能做到左右逢源，无往而不利。

"中庸"为天下之大道，既可修身，也能治国，更能处世。处世中的"中庸之道"，就是不走极端，在人际关系中保持好平衡，做到"执中""用中"，使矛盾的双方维持在一种稳定状态，以免剧烈的质变所带来的灾难和失衡。"中庸"并不是主观地排除或消除事物的矛盾，因为矛盾着的"两端"始终是客观存在的，是消除不了、逃避不掉的。而所谓的"中"也不是绝对的，而是随着时间和外界情况的变化而变化的，因此才提出了"时中"的概念。《中庸》中说："君子之中庸也，君子而时中；小人之中庸也，小人而无忌惮也。”宋代朱熹在注释“时中”时也说：“盖中无定体，随时而在，是乃平常之理也。”（《中庸章句集注》）即是说，“中庸”，是因“时”而“中”的，而非骑墙、折中，更不是简单、僵化的“中间地带”。但是，“时中”又是何其之难！因为它在实践中很难把握，你不可能一劳永逸地抓住它，然后照本宣科地去实践。所以，《中庸》中才有“极高明而道中庸”的说法。

《中庸》中说：“诚者，天之道也；诚之者，人之道也。诚者不勉而中，不思而得，从容中道，圣人也。”圣人的“中道”是什么呢？不是骑墙，不是折中，而是要有这种当场构成之“诚”的态度。这里的“诚”不是诚实这样一种品质，而是当场构成、激发出来的“诚实”。否则的话，我们无法回答下面这个问题：如果撒谎是不诚实的，那么，向敌人撒谎算不算诚实？所以说，“从容中道”，就是要摆脱掉现成的知识、僵化的教条和死板的思维，领会这种永远在“构成之中”的妙处和境界。达到这种境界的人，永远都不会陷入所谓的教条主义，也绝对不会钻牛角尖，更不会迂腐得不可救药，而是左右逢源，如鱼得水，“不勉而中”，“发而皆中节”，从而随心所欲而不逾矩。

当场构成，顺应天时，才可能有真正的“诚”，才可能有真正的“中”。不如此，就会把鲜活的智慧阉割成教条和所谓的规范。因此，“中庸”都是在当场构成的，其第一要义就是变通。《易·系辞传》曰：“一阖一辟谓之变，往来不穷谓之通。”“化而裁之谓之变，推而行之谓之通。”“刚柔相易，不可为典要，唯变所适。”因此，在“变”中求“中”，才是“中庸”的真实含义。而所谓的“变”，总是与天时相配合。“阴阳不测谓之神。”而在“变”中求“中”，也不是一件容易的事情，它在变动中达到一种平衡，通过不同事物间的互动、互补实现和谐统一。这种平衡不是僵死的、静止的，而是一种运动变化中的平衡，是和谐、“时中”，即相对稳定。因此，儒家主张“和而不同”，“不践迹”，强调“穷则变，变则通，通则久”，提倡“与时偕行”，适时变通。

正是出自对于“时”“变”“中”的深刻理解，孔子极力厌恶对“中庸”进行僵死化、平面化和现成化的理解。这一点，集中体现在孔子对乡原的批判上。所谓乡原，就是中间道路，老好人，泥守居中。在孔子看来，中庸庸俗化了，也就成了乡原，从而失去了中庸“允执其中”的根本精神，是“德之贼也”（《论语·阳货》）。同样，孔子也反对偏执一端、固执己见、刚愎自用，对“愚而好自用，贱而好自专”的人极其鄙视。“子绝四：毋意，毋必，毋固，毋我。”（《论语·子罕》）意思是说，唯有抛弃“意”“必”“固”“我”这些成见，才能深刻领会到“时”“变”“中”的深刻含义，从而引发构成态的“天知”，达到“意诚”。可惜的是，“中庸”的这种深层意蕴，却是很多人难以理解和领会的。“中庸之为德也，其至矣乎！民鲜久矣。”（《论语·雍也》）“中庸”是德，但是这种德是在“时”和“变”中求“中”的，是源发式的、当场构成的，而非几何学上的黄金分割点，更非训教式的教条。

正是在这个意义上，孔子虽然提倡学习，却一向反对现成、僵化的知识学习，而是提倡一种缘发式的格物致知。这种格物致知，并非后来宋儒所说的穷理尽性，而是经由“艺”达到的一种“艺境”。六经，作为儒家的文化经典，不在于里面包含着多少真知灼见，而在于六经在本质上乃是一种“艺”，都是进入“中庸”境界的把手和梯子。任何概念化的知识和见闻在“时”和“变”面前都无能为力，唯有“转识成智”，最终把梯子撤掉，方能进入“可以终身行之”的“中庸”境界。

孔子说：“吾少也贱，故多能鄙事。”又说：“吾不试，故艺。”（《论语·子罕》）可见，孔子对“艺”是相当迷恋的。话说回来，作为一种技能的“艺”并不是越多越好，关键在于能通过“艺”深刻领会“艺”所开启的非现成并在当下永远保持着活力的思想境界。“子曰：‘赐也，女以予为多学而识之者欤？’对曰：‘然，非欤？’曰：‘非也，予一以贯之。’”（《论语·卫灵公》）知识并不是越多越好，而最为关键的是要向智慧转化，从而能够一通百通，知人知天，出神入化，无所不能。

“六艺治于一也，《礼》以节人，《乐》以发和，《书》以道事，《诗》以达意，《易》以神化，《春秋》以义。”（《史记·滑稽列传》）天下大道往往殊途而同归，这里的“节”“和”“道”“达”“神”“义”虽然途不同，最终的导向却是共同的，即进入“道”的澄明之境。因此，孔子说“治于一也”。孔子还说：“君子不器。”（《论语·为政》）君子无论是做学问还是从政，都应该博学且才能广泛，如此才不会像器物一样，只能作有限目的之使用。器者，拘于一也。君子，知“六艺”相通，道德贯串之。学问相通，以大道达。因此说，君子知一，道德即在，通而不器。因此，翻开《论语》，孔子本人的“学”和启发学生的“诲”的全部精髓都在于将那些出神入化的艺境转换为人的根本思想方式和行为方式。对思想方式而言，就是通过投身于其中的方式来领会“天时”和“人事”；而所谓的行为方式，即“时中”，就是在当下不偏不倚地切中，随心所欲而不逾矩。

4. 阴阳不测谓之神

如前所述，民族文化的独特性和优越性，不仅体现于显性的世界观和价值观，还根植于隐形的思维模式中。在人类文明的进程中，中华文明之所以成为人类古代文明中唯一延续下来的文明，在很大程度上得益于中国人思考问题的方式和解决问题的路径，得益于我们这个民族独特的方法论和辩证法原则。

西方著名心理学家荣格对中国的《周易》非常重视。他曾经说：“我们的科学立基于因果律之上，而我们都认为因果原理是万古不易的真理。……然而，《易经》一书所表现的中国思想，似乎专着眼于机会率（chance）。我们认为是偶然性的（无关宏旨的），中国人却极为关心。而我们所崇拜的因果论，他们似乎不屑一顾。”[①] 的确，《周易》中蕴含的中国传统的思维结构与西方人大相径庭。西方人奉若神明的“因果律”，我们的古人并不

① 陈炎．多维视野中的儒家文化．济南：山东教育出版社，2006：97.

十分重视。然而，由《周易》所引发的思维模式不是“机会率”，而是“阴阳率”。

“因果律”的直接表现就是科学的思维方式。科学思维是人类在认识自然界的过程中逐渐形成的。这种思维注重定性定量分析，善于总结和归纳以不变应万变的客观规律，却无法应用到人事互动的社会领域。比如，对于带有主体间性博弈特征的社会关系，我们就无法总结出普遍适用的规律和法则，因为对你适用的，未必对别人适用。康德曾说：给我物质，我能撬起整个宇宙。但是，科学定律连一只毛毛虫的生命运动都解释不了，因为对生命过程不可能只作纯然机械的描述。正如康德所说：“十分确定，我们只靠自然的机械作用原理是永远不能关于有机物与其内部的可能性得到足够的知识的，更不必说得到它们的解释了。……对人来说，乃至怀着这样做的思想或者这样作指望，都是荒谬的……”[①] 可见，一旦涉及人类社会领域，因果线性思维就暴露出其局限性，而阴阳式的矛盾辩证思维却有了用武之地，因为这种思维恰恰要求摆脱直来直去的固定模式，强调随机应变，注重踏准矛盾双方所展开的辩证运动的节奏。

中国兵法思想正是这种辩证智慧的集中体现。兵法研究的是战争，而战争又是人类历史上最残酷的博弈式对决，它用流血的方式来强迫失败者臣服，让参与方必须在“生”与“死”、“存”与“亡”之间作出最极端的选择。在生死存亡面前，一切僵化的

---

① 卡西尔．卢梭·康德·歌德．刘东，译．北京：三联书店，2015：78.

经验都将失效，所有的科学理论无不陷入苍白，任何的形而上学都可能会使己方陷入万劫不复之地。难怪《孙子兵法》开篇就说：“兵者，国之大事，死生之地，存亡之道，不可不察也。”

试想，两军对峙，兵戎相见，战争的双方常常并不处于单向制约的因果关系中，而是处于彼此消长、相互转化的阴阳关系中。正因为此，高明的将领不会把任何法则当作万能钥匙，而总是在当时的局势和情境下，在敌我双方所展开的阴阳互动和转化中随机采取相应的策略，正所谓“阴阳不测谓之神”。在《三国演义》中，孙权和庞统曾有一段对话。孙权问庞统：“公平生所学，以何为主？”庞统回答：“不必拘执，随机应变。”孙权又问：“公之才学，比公瑾如何？”庞统笑答：“某之所学，与公瑾大不相同。”一个拘泥兵法，一个随机应变，高下之分已不言而喻。难怪在《三国演义》中，卧龙、凤雏齐名，而周瑜却棋差一着。

因此，《孙子兵法》中最高的智慧并不是“兵以诈立”的战术思想，也不是“兵者诡道”的用兵法则，而是一种“阴阳不测谓之神”的“无形”智慧。翻开《孙子兵法》，最高明的战略就是“微乎其微，至于无形”，最高明的战术则是“不战而屈人之兵”。所谓“微乎其微，至于无形”，是在告诉我们：在战争中切莫有“执着之心”。因为你一旦“执着”，必然有破绽，有破绽就有软肋，有软肋则战不能胜。所谓“不战而屈人之兵”，就是不费一刀一枪而平息战争，将战争化于无形。这估计是战争中最高明的战术了，因为这一思想已经是跳出战争来看待战争了。战争是在利益纷争面前迫不得已才采取的手段。既然如此，最高明的战争则是没有战争。所以说，“古之所谓善战者，胜于易胜者也。故善战者之胜也，无智名，无勇功。”（《孙子兵法·形》）没有勋章的将军才是最好的将军，默默无闻的领袖估计才是最有智慧的领袖，正如庄子所说：“至人无己，神人无功，圣人无名。”（《庄子·逍遥游》）

“尽信书，则不如无书。”这是孟子说的话。意思是说，如果照抄照搬书本上那些教条般的知识，就不如没有知识。这是因为，知识会让我们的思维形成套路，造成思维负担，最终作茧自缚。战国时期，赵国名将赵奢的儿子赵括年轻时熟读兵书，谈起兵事来父亲也难不倒他。后来，赵括接替廉颇成为赵军统帅，在长平之战中，只知道照搬兵书，不知变通，贸然进攻，结果被秦军大败于长平，给后人留下了“纸上谈兵”的笑谈。中国革命战争时期，王明能将马克思主义的经典著作倒背如流，但在革命实践中，他却死搬硬套地将中国革命引向了歧途。难怪马克思说：“我播下的是龙种，收获的却是跳蚤。”而毛泽东将马克思主义基本原理与中国革命的具体实践相结合，找到了一条挽救中国革命的“突围”之路。

所以说，知识关乎自然，智慧关乎人生。与人相关的学问就不再是知识了，而是智慧。智慧还有现成的法则可用吗？肯定没有。就拿战争来说吧！你想把敌人置于死地，同样，敌人也想将你打得不能翻身。这里已经是两个“活体”的对抗了，线性因果思维在这里肯定会遭到挫败，而阴阳互动、此消彼长的阴阳思维却派上了用场。

正如冯梦龙所说："智无常局，以恰肖其局者为上。故愚夫或现其一得，而晓人反失诸千虑。何则？上智无心而合，非千虑所臻也。人取小，我取大；人视近，我视远；人动而愈纷，我静而自正；人束手无策，我游刃有余。夫是故，难事遇之而皆易，巨事遇之而皆细；其斡旋入于无声臭之微，而其举动出人意想思索之外。"（《智囊·上智部》）这段话的意思是说："智慧没有固定的模式，以顺应时势者为最高。所以愚人千虑或有一得，聪明人千虑亦有一失。而大智之人遇事能应付自如，无须经过千思万想。他人取其微末，我则执其大端；他人看得近，我则看得远；他人愈忙愈乱，我则以逸待劳；他人束手无策，我则游刃有余。正因为如此，难事遇到大智之人就变易了，大事遇到大智之人就化小了。大智之人观察事物，入于无声息的毫芒之微；大智之人举止行动，出人意想思考之外。"

可见，所谓的兵书和兵法，不是今天意义上的使用说明书和操作指南，而仅是引领我们进入辩证智慧之境的"敲门砖"。如果把知识当成智慧，把兵法看作教科书，把"阴阳不测谓之神"的"神"理解成了无往而不利的规律，就仍然逃脱不了失败的命运。知识可以复制，但智慧却不能照搬。西施一笑，风情万种；而东施效颦，则是丑态百出。韩信破釜沉舟，背水一战扭转败局；马谡凭借孤山，逞匹夫之勇，结果是全军覆没。佛家讲，你要放下，就连"放下"的念头也要放下。兵法何尝不是如此？你也要放下，最后连兵法也要放下。

三、民本政治与人文精神

1. “民惟邦本”的执政理念

习近平总书记在党的十九大报告中深刻指出：“文化是一个国家、一个民族的灵魂。文化兴国运兴，文化强民族强。”在五千多年的历史长河中，中华民族创造了博大精深的灿烂文化，形成了专属于自己的文化传统。这一文化传统是中华民族的基因和精神命脉，为世界上所有华人提供了精神家园。因此，提高国家文化软实力，就需要努力展示中华文化的独特魅力，把跨越时空、超越国度、富有永恒魅力、具有当代价值的文化精神弘扬起来。21 世纪的世界，文化交流、交融、交锋日益频繁。这既需要我们以理性、科学的态度对待别人的文化，更需要我们以敬畏之姿态认知我们自己的文化，体认中华传统文化的内在特质。

同世界上其他民族和国家一样，中华文化在其发端处也曾弥漫着宗教主义情绪，即相信万物有灵，崇拜人力之外的超自然力量。但是，这种宗教情绪却没有转化为西方式的宗教崇拜，而是转向了重视“民本”的人文主义。这一思想，不仅直接强调了民众在国家政治生活中的重要地位，而且深刻体现了执政者对民众价值的认识和洞察，至今仍具有强烈的现实意义。

民本思想的第一要义是“民惟邦本”的执政理念。夏朝时期，大禹的孙子太康即位，他荒淫无度，百姓苦不堪言。他到洛水南面打猎，有穷氏国君羿趁机篡夺了夏朝的政权。太康的五个弟弟被驱逐到洛河边，过着颠沛流离的生活。他们追思大禹的遗训而作《五子之歌》，其中第一句就是："皇祖有训，民可近，不可下。民惟邦本，本固邦宁。"这估计是关于中国古代民本思想的最早记载。意思是说，百姓才是国家的根本，唯有巩固这个根本，国家才能长治久安。

"民本"真正地被提升为一种执政理念，是在后来的殷周时期。殷商后期，纣王无道，致使众叛亲离，民心不附。而此时，身为诸侯的周文王却在西岐"阴修德行善"，联络各路诸侯，暗中积蓄力量，势力不断壮大。危难之际，纣王却有恃无恐。当大臣祖伊将文王的活动告知纣王时，纣王满不在乎，还嚣张地说："我生不有命在天乎！"（《史记·殷本纪》）意思是说，我的王位是老天封的，这种命运谁又有本事改变呢？结果可想而知。公元前 1046 年初（据"夏商周断代工程"），周武王率大军长途远征，讨伐商纣王，纣王也发兵七十万抵抗。可是，"纣师虽众，皆无战之心，心欲武王亟入。纣师皆倒兵以战，以开武王。武王驰之，纣兵皆崩畔纣"（《史记·周本纪》）。商纣军队之所以迫不及待地投降，正是因为商纣已失去民心，丧失了为政的德行，而这恰恰是国家兴亡的关键。

就这样，崛起于西隅的"小邦周"迅速消灭了"大邑商"而成为天下共主。对于周人来说，这个成功似乎来得太快了一些，甚至大大超出了预期，以至于在改朝换代之后很长一段时间里，周人仍然定格在“殷是大邦、大邑，而周是方国、小邦”的传统记忆中。正因为此，西周前期几代君主，始终铭记着“小邦周”代替“大邑商”的戏剧性转变，同时也在反思何以小邦可以轻易取代大国，大国何以会一败涂地。殷商何以失败？归根到底是因为过于迷信“天命”而有恃无恐，以至于民心不附，众叛亲离。周朝何以成功？靠的是重人事，修道德，实行仁爱之政，使天下归心。由此，周人得出结论：“天”“神”的意志都是由人心、民意决定的，百姓才是君立、国存的基础。即使“天命”存在，即使“鬼神”显灵，也必须配合地下的“人事”。民心所向，天必从之；致于神者，必先致力于民。不尽人事，仅信天命，灭亡是迟早的事情。正是遵循这种思路，周朝统治者的信仰较之商朝统治者有了很大的改变，他们不再百无聊赖地期盼着上天的赐福，而是开始关注自己的子民。就这样，一个信奉“天命”和祖先保佑的商王朝灭亡了，伴随着商朝同时灭亡的还有其信仰的天命神学的意识形态和思想体系。因此，周朝灭商，在中国文化史上的意义非常重大，因为它不仅仅是一个改朝换代的历史事件，而且意味着一种意识形态的变迁、一种信仰体系的崩溃，是人文观对天命神学观的胜利。这种人文观也正是影响了中华民族几千年的民本思想和人文传统。正如王国维在《殷周制度论》中所说，中国政治与文化之变革，莫剧于殷、周之际。自此，中华文化的天人不再分离，硬邦邦的“天命”也不复存在，“天命靡常，惟德是辅”的“天人合一”的思想开始登上历史的舞台。孔子最为欣赏的就是周文化，正是因为这种文化中所蕴含的人文思想。正如

他所说："周监于二代，郁郁乎文哉！吾从周。"（《论语·八佾》）

德即得，有德才能得，无德则无得。这是后来周王朝在殷商灭亡中得出的结论。按照《说文解字》的解释，"德"即"外得于人，内得于己"。段玉裁注释说："内得于己，谓身心所自得也。外得于人，谓惠泽使人得之也。俗字假'德'为之。"意思是说，"德"是一个"个人"和"社会"相统一的概念，指的是内心的仁善修养和外在的惠爱行为。对个人来讲，"德"是一种品质、一种修养，是安身立命之本。对国家社稷来讲，修德能够德化天下、治国安邦，是社会稳定的需要，是巩固政权的必需。所以说，"德"指向的不是鬼神，正是人心。"皇天无亲，惟德是辅；民心无常，惟惠之怀。"（《尚书·蔡仲之命》）正因为"皇天无亲"，所以才需要对人民存有敬畏之心，做到为政以德。同样，正因为"民心无常"，才需要对世事抱有忧患意识，时刻慎惕，为民造福。道德丧失，才去求助神灵；缺少智谋，才去占卜命运。这是孔子一直坚持的观点。孔子说自己有"三畏"，排在首位的就是"畏天命"。但孔子从来都不直言"天命"，仅是教导人们要对世间的人和事给予最大程度的关注。在他看来，直言就是空谈，而空谈，就会让人丧失属于自己的力量。天命就在世间，何必四处寻觅？谈天论地，评鬼论神，只能离"天命"越来越远。正因为此，孔子对鬼神避而不谈，"敬而远之"。其实，孔子何尝不关注鬼神？他不能容忍的是脱离开人自身无关痛痒地谈论看不见、摸不着的鬼神，更不能容忍以"临时抱佛脚"的态度仅把鬼神看作避祸祈福的对象。可以说，在中华文化传统中，"天命”“天道”虽然总是代表着最深沉的高级信仰，但这种信仰却没有将中国人的价值取向引向宗教，而是转向了鲜活丰富的现实世界，突出了“人文”和“民生”，即：依靠人，为了人，寻求真正属于人的意义，建立起真正属于人的文明。“天命”固然玄秘，但恪尽“人事”就能倾听天命，正所谓“尽人事而知天命”；“天道”虽然高远，但遵循“人道”就能参悟“天道”，正所谓“人能弘道，非道弘人”。

中国共产党既是中国先进文化的积极引领者，又是中华优秀传统文化的忠实传承者和弘扬者。可以说，我们党全心全意为人民服务的宗旨与中华优秀传统文化中的民本思想是一致的，只是根据时代的发展赋予了其全新的内涵。中国共产党自从成立起，就把为中国人民谋幸福、为中华民族谋复兴视为共产党人的初心和使命。习近平总书记指出：“人民对美好生活的向往，就是我们的奋斗目标。”他还强调，民心是最大的政治。必须始终把人民放在心中最高的位置，始终全心全意为人民服务，始终为人民利益和幸福而努力工作。他的那句“我将无我，不负人民”，体现的正是对中华优秀传统文化最为深刻的体认和表达。

历史唯物主义的一条重要的原理就是：人民是历史的创造者。人民是真正的英雄。离开了人民，我们就会一事无成。只有坚持历史唯物主义的这一基本原理，才能把握历史前进的基本规律；只有按规律办事，才能无往而不胜。我们党最大的政治优势就是密切联系群众，党执政后最大的危险就是脱离群众。中国特色社会主义进入了新时代，我们面临的挑战和问题依然严峻复杂，这就需要我们党始终坚持把中国传统的民本思想与马克思主义的群众史观结合起来，与世情、国情、民情联系起来，进一步强化宗旨意识，提高服务群众的质量，促进民众利益的实现，不断提高社会治理水平和执政水平，努力向历史、向人民交出新的更加优异的答卷。

2. “为政以德”的政治情怀

民本思想的第二要义是“为政以德”的执政原则。为政者作为领导者，最为关键的一点就是要“修德”，不断提高自身的道德修养和人生境界，而后才能外化为管理原则。用孟子的话来说，就是要将“不忍人之心”推而广之，成为治理国家的“不忍人之政”。孔子说，这是管理的至高境界。“为政以德，譬如北辰居其所而众星共之。”（《论语·为政》）北极星，众星都拱卫在它的周围；同样，为政者依靠道德的力量治理国家，民众也会簇拥在为政者的周围，自觉地拥护为政者的统治——这点非人力压制所能奏效。

中国自古就有“以吏为师”的传统。执政者的个人品德之所以如此重要，是因为他们肩负着管理和教化民众的双重职责。他们既是大众的“领导”，也是大众的“老师”。用道德来引导民众，用礼仪来规范民众，用言行来影响民众，民众不但会心悦诚服，而且自己也才会产生廉耻之心。战国时期，毛遂出使楚国时就曾对楚王说：“汤以七十里之地王天下，文王以百里之壤而臣诸侯，岂其士卒众多哉?”（《史记·平原君虞卿列传》）成汤就有方圆七十里的土地，却能统治天下；周文王所管辖也不过方圆百里，却能让四海臣服。难道他们倚仗的是兵强马壮？非也，这些贤明的君主靠的是自己的威望和高尚的品质，才得以让诸侯臣服。正如孟子所说：“天下不心服而王者，未之有也。”（《孟子·离娄下》）可见，中华传统文化中的“德”是个“个人”和“社会”相统一的概念。对个人而言，“德”是一种品质。对国家社稷来讲，修德能够德化天下，是稳定社会、维护政权的需要。而“为政以德”，就是要把自己内在的良好品质外化到政治实践中。而这一过程，就是古人孜孜以求的“修身、齐家、治国、平天下”的内圣外王之路。正因为此，古人对从政者的个人品格往往提出很高的要求和标准。百姓做到的，君主更要做到；百姓做不到的，君主也要做到。战国时期，魏国太子击出行，途中遇见国师田子方，下车伏拜行礼。田子方却不作回礼。击怒气冲冲地对田子方说：“富贵的人能对人骄横，还是贫贱的人能对人骄横呢?”田子方说：“当然是贫贱的人能对人骄横了。富贵的人哪里敢对人骄横！国君对人骄横就会亡国，大夫对人骄横就会败家。贫贱的游士呢，言语不中听，行为不合意，就穿上鞋子告辞了，到哪里得不到贫贱呢!”

孔子曰：“君子之德风。”（《论语·颜渊》）“德”能够像风一样四处扩散，像春雨一样润物无声。一君子有德，慢慢地就可以感染千万人。正如天气大旱，禾苗将死，此时的你无论花费多少力气浇水灌溉都不可能尽如人意。可是，一旦春风化雨，天降甘露，立即就会生机盎然，绿色一片。战国时期，孟子就曾经用这个道理来劝导魏襄王注重德化：“王知夫苗乎？七八月之间旱，则苗槁矣。天油然作云，沛然下雨，则苗浡然兴之矣。其如是，孰能御之?”（《孟子·梁惠王上》）禾苗一旦受到雨水的滋润，生机顿起，岂是人力所能奏效？治理国家也是一样，一旦德行蔚然成风，所到之处，必然也是所向披靡、无恶不化。

解放战争时期，一些外国记者到解放军队伍中采访，他们最犯愁的一件事就是无法分辨共产党军队的军官和士兵，因为他们穿的军装、吃的东西都是一样的。而国民党军队的多数高级将领身边都跟着一个副官，有的副官手里还拎着一个箱子，箱子里装满了金条。整个淮海战役中，共动员民工 543 万人次，运送弹药 1 460 多万斤，粮食 9.6 亿斤。山西临猗有位农民推着手推车，千里迢迢，只为把两发炮弹送上前线。这正是人民战争的汪洋大海。难怪陈毅元帅后来总结淮海战役时说，淮海战役的胜利是人民群众用小推车推出来的。中国共产党凭着“解放全中国，让人民当家做主，全心全意为人民服务”的“德行”赢得了全国人民的心，继而夺取了革命胜利，建立了新中国。

得人心者得天下。五千年来，这一历史规律总是以冷峻的面孔审视着世间百态，宣示着其无法撼动的尊严和威力。1945 年 7 月，黄炎培到延安考察，谈到“其兴也勃焉，其亡也忽焉”，称历朝历代都没有能跳出兴亡周期律。毛泽东表示：“我们已经找到新路，我们能跳出这周期律。这条新路，就是民主。只有让人民来监督政府，政府才不敢松懈。只有人人起来负责，才不会人亡政息。”1949 年 3 月 23 日，毛泽东等党中央领导离开河北省平山县西柏坡进京筹建新中国时，毛泽东同周恩来在路上有一段对话。毛泽东对周恩来说：“今天是进京的日子，进京赶考去。”周恩来回答说：“我们应该都能考试及格，不要退回来。”毛泽东说：“退回来就失败了。我们决不当李自成。我们都希望考个好成绩。”

2013 年 7 月 11 日至 12 日，习近平总书记在河北省调研指导党的群众路线教育实践活动时强调：“60 多年过去了，我们取得了巨大进步，中国人民站起来了，富起来了，但我们面临的挑战和问题依然严峻复杂，应该说，党面临的‘赶考’远未结束。”当下，世界正经历百年未有之大变局，国内外形势正在发生深刻复杂的变化，中国发展仍处于重要战略机遇期，前景十分光明，挑战也十分严峻。昨天的成功并不代表着今后能够永远成功，过去的辉煌并不意味着未来可以永远辉煌。时代是出卷人，我们是答卷人，人民是阅卷人。中国共产党人要经受住人民的“考试”，就要深刻认识党面临的执政考验、改革开放考验、市场经济考验、外部环境考验的长期性和复杂性，深刻认识党面临的精神懈怠危险、能力不足危险、脱离群众危险、消极腐败危险的尖锐性和严峻性，保持清醒自觉，时刻绷紧“赶考”这根弦，既要充满信心，又要如履薄冰。

人心惟危，道心惟微。危则难安，微则难明。越隐蔽的地方越能看出人的品质，越微小的事情越能显示人的灵魂。中国共产党“赶考”的新征程，正是在这“危”与“微”的途中行走。如何使危者安、微者著，让干部知敬畏、存戒惧、守底线，正是全面从严治党向纵深发展的新要求。

3. “安民养民”的惠民政策

民本思想的第三要义是“安民养民”的执政策略。《左传》中有言：“天生民而树之君，以利之也。民既利矣，孤必与焉。”意思是说，上天产生人民并且让人民树立他们的君主，是让君主来保障他们利益的。人民得到了利益，君主也会和他们一样得到利益。相反，人民饥困交迫，不堪其苦，一旦到了“进则死，退则死，进退无所逃”的地步，就会揭竿而起革你的命，推翻你的统治。

孟子讲“民为贵，社稷次之，君为轻”，正是出于对民众力量的敬畏。历史上很多开明的君主都将安民养民视为治理国家的第一要务。唐太宗李世民目睹了隋朝二世而亡的历史过程，深感人民力量之强大。他经常把老百姓和君主的关系比喻成水和舟、树根和枝叶的关系：“水能载舟，亦能覆舟”“夫治国犹如栽树，本根不摇，则枝叶茂荣”。他经常告诫百官说：“为君之道，先存百姓。如果剥削百姓来奉养自己，无异于割自己大腿的肉来填饱自己的肚子。肚子虽然饱了，性命却丢了。”由此，唐太宗即位之初，就下令轻徭薄赋、去奢省费，让老百姓休养生息。他爱惜民力，从不轻易征发徭役。他患有气疾，不适合居住在潮湿的旧宫殿，但他却在隋朝的旧宫殿里住了很久。此外，他还下令合并州县，革除“民少吏多”的弊端，减轻人民负担。正是在唐太宗的带领下，唐初君臣和谐，全国上下一心，经济很快得到了好转。到了贞观八九年，大唐境内牛马遍野，百姓丰衣足食，夜不闭户，道不拾遗，出现了一片欣欣向荣的升平景象。这也就是后世津津乐道的“贞观之治”。

安民养民，不能仅仅落实到口号上，而必须转化成一系列利民惠民的政策？明朝初期，朱元璋向他的大臣刘基问询“生息之道”，刘基给出的答案是：“生民之道，在于宽仁。”对于这一回答，朱元璋很不以为然。他说，不能给人民带来恩惠，仅是空泛地谈论“宽仁”没有任何意义。问题的关键是，如何将“宽仁”的思想转变为实实在在利民惠民的政策？就此，朱元璋提出了他的利民惠民举措：“节用，省役，明教化，禁贪暴。不节用则民财竭，不省役则民力困，不明教化则民不知礼仪，不禁贪暴则民无以遂其生。”刘基听完后连声赞道：“此所谓仁心行仁政也。”

不难看出，在中国古代，统治者安民养民，仅仅是出于维护自身政权的需要。他们虽然看到了老百姓的疾苦，感受到了老百姓的力量，但在他们眼里，人民仍然被视为统治的对象，所以是“可治”的、“可驭”的。只有到了今天，人民掌握了政权，中国共产党作为执政党来自人民、扎根人民、服务人民，并将人民利益视为最高利益，这种倒置的格局才得以最终打破。党性和人民性的内在统一性内在地要求作为执政党的中国共产党要始终保持与人民水乳交融的关系，做好人民利益的忠实代表，唯有如此，才能经受住长期执政的考验。正如习近平总书记所说的：“我们党来自人民、植根人民、服务人民，党的根基在人民、血脉在人民、力量在人民。失去了人民拥护和支持，党的事业和工作就无从谈起。”[①] 他还进一步指出：“检验我们一切工作的成效，最终都要看人民是否真正得到了实惠，人民生活是否真正得到了改善，人民权益是否真正得到了保障。”[②] 在这里，紧扣民心这个最大的政治的要求，体现出我们党来自人民、植根人民、服务人民的本质，彰显了党的根基在人民、血脉在人民、力量在人民的特征。无论过去、现在还是将来，以人民为本、密切联系群众都是我们党从胜利走向胜利的最大政治优势，“赢得民心民意、汇集民智民力”都是我们党治国理政的永恒课题。中国共产党的这一执政理念，既是马克思主义人民立场和群众观点的鲜明表达，也是对中华优秀传统文化中“民本”思想在新时代的继承和发展。

四、从“内圣”到“外王”的贯通之路

1. “三省吾身”的内在反思情怀

“内圣外王”最早出现于《庄子·天下》：“圣有所生，王有所成，皆原于一（道）。”此即“内圣外王之道”。所谓“内圣”，

① 习近平．习近平谈治国理政．北京：外文出版社，2014：367.
② 同①28.

是庄子所追求和向往的一种人格理想，它表现为："不离于宗，谓之天人；不离于精，谓之神人；不离于真，谓之至人。以天为宗，以德为本，以道为门，兆于变化，谓之圣人；以仁为恩，以义为理，以礼为行，以乐为和，熏然慈仁，谓之君子。"而"外王"，则是庄子所追求和向往的政治理想，即"以法为分，以名为表，以参为验，以稽为决，其数一二三四是也，百官以此相齿；以事为常，以衣食为主，蕃息畜藏，老弱孤寡为意，皆有以养，民之理也"。通俗来讲，"内圣"就是修身养德，要求人做一个有德性的人；而"外王"就是齐家、治国、平天下的政治理想。

中华文化自古就强调政治与道德的统一，主张二者须臾不能分离。国家的治乱、吏治的好坏，关键就在于什么样的人掌握政权。"内圣外王"一词虽然出自中国古代的道家文化，但也是儒家学者们孜孜以求的最高境界。可以说，中国的政治文化，自古坚守的就是从"内圣"到"外王"的内外贯通之路。"内圣"无方，则"外王"不达。至于"内圣"的方法，就是执政者要在自身道德修养和人格塑造上下足功夫，以仁人求仁政，以德行求德教。这种反身内求和自我升华的精神，不仅打造了中华文化特有的内在超越品格，而且也成为今天最有意义的资政镜鉴。

正因为此，《大学》开篇第一句就是："大学之道，在明明德，在亲民，在止于至善。"又说："自天子以至于庶人，一是皆以修身为本。"对于普通人来讲，"明德""修身"仅是指个人的道德修养，目的是为了知书达理，能在社会上立足。而对于执政者而言，“修身为本”则有着特殊的政治意义。执政者只有“修己”，才能真正做到“安人”“安百姓”。如果执政者自己德行不修、作风不正，而又强迫百姓提高觉悟和修养，是起不到任何效果的。正所谓“其身正，不令而行；其身不正，虽令不从”。

立正推化，必在推诚。加强道德修养，贵在自觉，关键在于正心诚意，自省自律。孔门弟子曾子所讲的“吾日三省吾身”，指的正是这种自我反思、自我反省的意识。后来，“慎独”的功夫更是成了仁人君子加强自我修养的不二法门。在这里，所谓“独”，是说外在的监督和束缚全部消失，人处于“人所不知而己独知”之境地。而人之所以要“慎其独”，是因为“莫见乎隐，莫显乎微”，最隐蔽的地方最能看出人的品质，最微小的事情最能显示人的灵魂。因此，君子越是个人独处、无人监督，越要小心谨慎地行事，时刻检讨自己是否保持了操守和品格，是否做到了面对自己的影子也不惭愧。比如，东汉安帝时的荆州刺史杨震，在史书上以“性公廉，不受私谒”著称。他去荆州赴任，道经昌邑。昌邑县令王密是杨震当年举荐上来的。王密为了表示对杨震当年提携之恩的感谢，趁夜给他送去十两金子，并说：“暮夜无知者。”杨震当即严厉批评王密说：“天知，神知，我知，子知，何谓无知?”王密听了杨震的一番话，“愧而出”。

忘己济人，不吝改过。自省自律之外，为政者还要善于自我批评和检讨。《左传》记载，鲁庄公十一年（公元前683年）秋天，宋国遭遇大水灾，鲁庄公派使者前去慰问。宋闵公对来使说：“都是因为我对上天不诚敬，上天才降下了灾难。让贵国国君担忧了，真是感激不尽。”本来，宋国遭遇水灾，是天灾而非人祸，宋闵公并无责任，但宋闵公却主动罪责自己，做了自我批评。后来，鲁国大夫臧文仲听到了宋闵公的这些话，非常感慨地说：“宋其兴乎！禹、汤罪己，其兴也勃焉；桀、纣罪人，其亡也忽焉。”可见，君主是否敢于“罪己”，是否具有自我批评精神，已经不再是纯粹个人的行为，而是会直接影响到王朝的兴衰安危。这条“历史定律”，就像周期律一样受到后世的重视，成为资治的重要镜鉴。

中华优秀传统文化中修身养性的思想在今天仍然具有强烈的时代意义。特别是在新的历史条件下，我们党面临新的执政考验，对领导干部的综合素质提出了新的更高要求。早在中央党校2011年秋季学期开学典礼上的讲话中，习近平同志就指出：“我们要学习中华民族优秀的传统文化和高尚的精神追求。历经磨难而不衰的中华文明，蕴涵着丰富而宝贵的思想文化遗产。”他还强调：“中国优秀传统文化，领导干部也要学习，以学益智，以学修身。中国传统文化博大精深，学习和掌握其中的各种思想精华，对树立正确的世界观、人生观、价值观很有益处。”① 习近平总书记非常重视干部的道德修养。他在河南考察时强调：“面对纷繁复杂的社会现实，党员干部特别是领导干部务必把加强道德修养作为十分重要的人生必修课，自觉从中华优秀传统文化中汲取营养，老老实实向人民群众学习，时时处处见贤思齐，以严

① 习近平．习近平谈治国理政．北京：外文出版社，2014：405.

格标准加强自律、接受他律，努力以道德的力量去赢得人心、赢得事业成就。”他还把“三严三实”作为干部改进作风的要求，其中摆在首位的就是“严以修身”。他引用“修其心，治其身，而后可以为政于天下”“安天下，必须先正其身”等来强调干部修身。

修身养德对于党员干部之所以如此重要，正在于“德”之特点是自觉的，而不是外在规定的。习近平总书记在兰考县委常委扩大会议上的讲话中就指出，“干部不论大小，都要努力做到慎独慎初慎微，不以恶小而为之”。领导干部要追求“慎独”的高境界，做到台上台下一个样、人前人后一个样，尤其是在私底下、无人时、细微处，更要如履薄冰、如临深渊，始终不放纵、不越轨、不逾矩。从这一意义上讲，共产党人的修身养德和理想信念是内在统一的，失德也就意味着理想信念的动摇。而坚定理想信念，恰恰是共产党人安身立命的根本。当前在一些党员干部中出现的种种问题，追根溯源是由于动摇甚至丧失了共产党人的理想信念。只有理想信念坚定，用坚定的理想信念炼就“金刚不坏之身”，干部才能在大是大非面前旗帜鲜明，在风浪考验面前无所畏惧，在各种诱惑面前立场坚定，在关键时刻靠得住、信得过、能放心。在中国共产党的百年历史中，一代又一代共产党人之所以能够前仆后继，愈来愈多的人之所以能够汇聚到共产党的队伍中来，所依靠的正是“革命理想高于天”的精神力量。习近平总书记多次强调，对马克思主义的信仰，对社会主义和共产主义的信念，是共产党人的政治灵魂，是共产党人经受住任何考验的精神支柱。如果理想信念不坚定，不相信马克思主义，不相信中国特色社会主义，政治上不合格，经不起风浪，这样的干部能耐再大也不是我们党需要的好干部。习近平总书记常说，理想信念是共产党人精神上的“钙”，没有理想信念，或理想信念不坚定，精神上就会“缺钙”，就会得“软骨病”。

2.“闻过则喜”的自我批评精神

古语既有“三省吾身”的警句，也有“闻过则喜”的名言。“闻过则喜”出自《孟子·公孙丑上》：“子路，人告之以有过则喜。”意思是说，听到别人批评自己的缺点或错误就高兴，即虚心接受意见。宋朝陆九渊《与傅全美书》也说：“故其闻过则喜，知过不讳，改过不惮。”人非圣贤，孰能无过，过而能改，善莫大焉。而善于接纳别人的批评和建议，恰恰是改正错误的关键。在中国历史上，大舜“善与人同”、大禹“闻过则拜”、子路“闻过则喜”。他们都是善于接受别人批评，敢于承认自己错误的典范，因此也成为古典意义上的圣人和君子。

当然，面对批评的过程也是一个自我否定的过程，其中所经历的尴尬可想而知。但是，不经历这一过程，就无法实现自我净化、自我革新和自我提升。西方哲学家苏格拉底曾将这一过程比喻为“分娩前的阵痛”，虽一时痛苦，但诞生的却是新生的力量。韩非子在《外储说》中也说：“夫良药苦于口，而智者劝而饮之，知其入而已己疾也；忠言拂于耳，而明主听之，知其可以致功也。”意思是说：药虽然苦，但聪明的人会因大夫的劝告而喝下，因为他们知道，只有把药吃了，自己的病才会痊愈；同样，大臣进忠言时，虽然听着不顺耳，但贤明的君主还是会听的，因为他们知道，只有听了这些金玉良言，才能改正错误，成就事功。

可见，是否善于接纳别人的批评，也是衡量执政者开明与否的重要标准。春秋时期，子思游历至卫国，对卫侯说："你的卫国离灭亡不远了。”卫侯问："为什么?”子思对曰："你认为正确的事情，卿大夫都不敢矫正其中的错误；卿大夫认为正确的事情，平民百姓都不敢矫正其中的错误。君臣都自我感觉良好，而下属又大肆奉承附和，奉承附和的就有封赏，不附和的大祸就要临头。这样的国家，还会持续多久呢?”在这里，卫侯“不察事之是非而悦人赞己”，而手下的大臣“不度理之所在而阿谀求容”，最终助长的是歪风邪气，压制的是箴言正气。正如子思得出的结论："君暗臣谄，以居百姓之上，民不与也。若此不已，国无类矣。”

而唐太宗李世民就不一样了，他善于纳谏，专爱听逆耳之言。贞观十八年（公元644年），唐太宗对群臣道："现在我想听听自己有何过失，你们要畅所欲言，专谈我的缺点。”长孙无忌等大臣都说："陛下以恩德教化，使天下太平，有何过失。”侍中刘洎却说："陛下圣德确如长孙无忌所言，但近来有人上书，陛下觉得不称心，当面诘难，使上书者惭愧退下，这不是褒奖进言之路。”唐太宗听后，高兴地说："你说得对，我一定改正。”有一次，唐太宗问魏徵说："历史上的人君，为什么有的人明智，有的人昏庸?”魏徵说：“多听听各方面的意见，就能明智；只听一面之词，就会昏庸。”又有一次，唐太宗读完隋炀帝的文集，跟左右大臣说：“我看隋炀帝这个人学问渊博，也懂得尧舜贤德、桀纣暴虐，为什么做的事情却如此荒唐?”魏徵接口说：“一个皇帝光靠聪明渊博不行，还应该虚心倾听臣子的意见。隋炀帝自以为才高，骄傲自信，说的是尧舜的话，干的是桀纣的事，到后来糊里糊涂，就自取灭亡了。”据说，为了帮助太宗改正过失，仅魏徵一人一生中就向太宗进谏了200多次，有些批评甚至还非常尖锐，而李世民都接受了下来。一位是敢于直谏的臣子，一位是善于接受批评的君主，太宗与魏徵的故事，在历史上才被传为佳话。魏徵死后，太宗十分难过。他对朝臣说：“以铜为鉴，可正衣冠；以古为鉴，可知兴替；以人为鉴，可明得失。朕尝保此三鉴，内防己过。今魏徵逝，一鉴亡矣。”这句话，估计是对魏徵功绩最充分的肯定，也是对“贞观之治”盛世风景的最好注解。

批评与自我批评，是中国共产党加强自身建设的三件法宝之一。当年，毛泽东曾把有无认真的自我批评视为“我们和其他政党互相区别的显著的标志之一”。党的十八大以来，习近平总书记强调，“批评和自我批评是一剂良药，是对同志、对自己的真正爱护”，并指出“自我批评难，相互批评更难”，明确要求：对自己的缺点错误，要敢于正视、主动改正；对别人的缺点错误，要敢于指出、帮助改进；对同志的提醒批评，要闻过则喜、虚心接受。他还多次指出，对中国共产党而言，要容得下尖锐批评，做到有则改之、无则加勉。当前，我们党正面临着具有许多新的历史特点的伟大斗争。为更好地推进党的建设新的伟大工程、推进中国特色社会主义伟大事业，经受“四大考验”、克服“四种危险”，就必须做到全面从严治党。一个运转良好的政党要有自我净化能力，要有不断增强免疫力、不断自我提高的能力。中国共产党素来有批评和自我批评的优良传统。新形势下，党面临的任务及情况发生了变化，但坚持批评和自我批评的要求却丝毫未变。

中国共产党为什么“能”？关键在于具有批评和自我批评的自觉，具有自我纠错的能力。习近平总书记指出，中国共产党的伟大不在于不犯错误，而在于从不讳疾忌医，敢于直面问题，勇于自我革命，具有极强的自我修复能力。可以说，中国共产党的历史就是一部勇于自我革命的历史。回顾我们党百年的光辉历程，不难发现，没有勇于自我革命精神，党就不可能从成立时只有几十名党员的小党，发展成为拥有 9 000 多万名党员的世界第一大党，并充分彰显“大的样子”。正如习近平总书记所强调的：勇于自我革命，从严管党治党，是我们党最鲜明的品格。习近平总书记的这些重要论述，深刻揭示了中国共产党永葆旺盛生命力的原因。全面从严治党，彰显着强烈的勇于自我革命精神，体现了我们党推进自我革命的决心和意志。

3. “下接地气”的实践姿态

对于古代执政者而言，无论是省身以养性，还是闻过而矫非，最终的目的仍然是安民养民，从而巩固政权。知屋漏者在宇下，知政失者在草野。执政者在提高自身修养的同时，更要尊重民意、体察民情，从而观察政治得失，调整政治方针。而实现这一目标的手段就是要广开言路，下接地气。

关于此，古希腊神话中英雄安泰的故事是富有启示意义的。英雄安泰是大地母亲的儿子。只要身体不离开大地，他就拥有无穷的力量，从而能够所向无敌。有一次，勇士赫拉克勒斯在同安泰角力的时候，发现要打败他是几乎不可能的，因为每次安泰倒地，起来时总是获得了新的力量。赫拉克勒斯把安泰打倒了三次，终于找到了他恢复力量的秘密，于是用强有力的手臂设法把他高高举起，在空中掐死了他。

下接地气，就是执政者在作出重大政治决定之前，要重视听取人民的意见，而不是仅仅听取左右官员的意见。战国时期，齐威王有一次召见即墨大夫说："自从你到即墨任官，每天都有指责你的话传来。然而，我派人去即墨察看，却是田土开辟整治，百姓丰足，官府无事，东方因而十分安定。我知道，这是你不善于巴结奉承我左右内臣的缘故。"齐威王封赐即墨大夫享用一万户的俸禄。齐威王又召见阿地大夫说："自从你到阿地镇守，每天都有称赞你的好话传来。但我派人前去察看阿地，只见田地荒芜，百姓贫困饥饿。我知道，这是你用重金买通我的左右近臣替你说了好话！"当天，齐威王下令烹死阿地大夫及替他说好话的左右近臣。从此，臣僚们毛骨悚然，再也不敢弄虚作假，都尽力做实事，齐国因此大治，成为当时最强盛的诸侯国。

下接地气，获取的不仅仅是力量，还有智慧。这是因为，人民既有无穷的力量，更有无尽的智慧。执政者执政水平的高低，关键是看其是否有总结群众经验、汇集群众智慧的能力。这就意味着，汇集民智作为一种方法论上的要求，关键在于“民本”思想的真正确立。没有把人民放在最高位置的价值观，就不可能有从群众中来、到群众中去的方法论。这也正是中国古代“内圣”与“外王”无法真正贯通的根本原因。人民群众是历史的创造者，为政者唯有真心实意地做人民的公仆，全心全意地为人民服务，才能深刻体会到“体用不二”“道器合一”的至理，从而在人民群众的伟大实践中提高自身的执政智慧和执政能力。

中国共产党从建党之日起，历来高度重视群众工作，将党和群众的关系，比之如鱼水，喻之为血肉，视之为种子与土地。毛泽东曾说：“我们共产党人好比种子，人民好比土地。我们到了一个地方，就要同那里的人民结合起来，在人民中间生根、开花。”① 解放战争时期，毛泽东有一次接见起义将领郑洞国。郑洞国问毛泽东：“您的马列主义为什么学得这样好?”毛泽东答道：“拜人民为师，这就灵了，学马列主义也就容易学好。”邓小平也曾说；“我们改革开放的成功，不是靠本本，而是靠实践，靠实事求是。农村搞家庭联产承包，这个发明权是农民的。农村改革中的好多东西，都是基层创造出来，我们把它拿来加工提高作为全国的指导。”②

① 毛泽东．毛泽东选集：第4卷．2版．北京：人民出版社，1991：1162.

② 邓小平．邓小平文选：第3卷．北京：人民出版社，1993：382.

党的十八大以来，党中央在全党范围内开展了群众路线教育实践活动，并作出了改进工作作风、密切联系群众的八项规定，作风建设呈现新的气象，赢得了人民群众的拥护。习近平总书记多次强调党的群众路线是党的生命线和根本工作路线，是我们党永葆青春活力和战斗力的重要传家宝。回顾中国共产党百年的光辉历程，历史反复证明，人民群众中蕴藏着无穷的智慧和力量。习近平总书记号召全党拜人民群众为师，意在告诫广大党员干部：要把党的光荣传统发扬好，切实尊重人民群众首创精神，从人民群众中汲取政治智慧，增强执政本领。在纪念毛泽东同志诞辰 120 周年座谈会上的讲话中，他强调说："群众路线是我们党的生命线和根本工作路线，是我们党永葆青春活力和战斗力的重要传家宝。不论过去、现在和将来，我们都要坚持一切为了群众，一切依靠群众，从群众中来，到群众中去，把党的正确主张变为群众的自觉行动，把群众路线贯彻到治国理政全部活动之中。"① "在人民面前，我们永远是小学生，必须自觉拜人民为师，向能者求教，向智者问策；必须充分尊重人民所表达的意愿、所创造的经验、所拥有的权利、所发挥的作用。"② 由此可见，中国的"民主"，其真实的内涵就是"人民当家作主"。这一内涵不仅体现在人民的主体性地位上，还表现在汇集人民群众的智慧上。民主不是装饰品，不是用来做摆设的，而必须放下架子、扑下身子，接地气、通下情，深入开展调查研究，解剖麻

①② 习近平．习近平谈治国理政．北京：外文出版社，2014：27.

雀，发现典型，真正把群众面临的问题发现出来，把群众的意见反映上来，把群众创造的经验总结出来。党的十八大以来，党中央在治国理政中始终坚持调研开局、调研开路。无论是“四个全面”战略布局的提出，还是新发展理念的树立，习近平总书记总是事先带头调研，深入基层一线，同干部群众一起讨论问题，倾听呼声、体察民情，总结经验、汲取智慧，研究提出破解难题、开拓前进的策略和路径，总结提炼推动新时代经济社会发展的理念和战略。这启示我们，唯有相信群众、依靠群众、团结群众，切实把调查研究作为践行群众路线的重要途径，群众的智慧才能升华为我们党执政的智慧。

五、治大国若烹小鲜

1.“以正治国”的管理智慧

在中国的文化传统中，管理向来是作为一种智慧，而非一门知识被谈及。它的最高目标不是科学化，而是艺术化。“治大国若烹小鲜”就是其中一个形象的比喻。这句话语出《道德经·六十章》。意思是说，治理国家就像烹煎小鱼一样，不能总是去搅动它，多搅则易烂。这句话中隐含着道家“无为”的政治主张，对后世的国家治理理念产生了深刻和深远的影响。正如清末著名学者马其昶所言：“烹鱼烦则碎，治民烦则散，知烹鱼则知治民。”可见，治大国若烹小鲜，象征的就是一种高超的治国艺术。烹炒一个小鱼，只需油盐酱醋料恰到好处，但不能随便搅动它，否则它就烂了。同样，治理一个国家，也不能过于随意地人为干预，而是要有所为、有所不为，让国家机器在既定的规则下自发良性运转，只有如此，才能达到“一国之政犹一身之治”的至高境界。今天，虽然社会的管理组织模式发生了很大的变迁，但古人的智慧仍能穿透寰宇，令人掩卷沉思。

“治大国若烹小鲜”的第一要义是以正治国。老子在《道德经》中有言：“以正治国，以奇治兵，以无事取天下。”治国要“正”，就是要光明正大，不能搞歪门邪道；而治兵要“奇”，则要出其不意，攻其不备。用领兵打仗的“诡道”来治国是不行的，而用治国的“正道”来领兵打仗也是大错特错。儒家宗师荀子最反对的也是治国不正、权术横行。他说：“人君者，隆礼尊贤而王，重法爱民而霸，好色多诈而危，权谋倾覆幽暗则亡。”在他看来，以德治国是“王道”之路，以法治国是“霸道”之途，而权术立国则是最糟糕的一种治国方案。这是因为，权术一旦横行，就会把国家带入毫无秩序的混乱之中。这样的国家，内耗必然增加，管理成本也会骤然上升，到了无法应付的那一天，就自然而然地亡国了。后来，法家的集大成者韩非子虽然将“法”“术”“势”三者综合了起来，但也强调三者的适用范围：“法”是用来治国、管理子民的，而“术”和“势”是君王用来对付群臣的。对象不一，办法自然不同。

以正治国，具体来说，就是要有一套保障国家机器自发运转的良性规则，而且这一规则能够一以贯之，不因人而废、因事而止。一旦做到了政令畅通，国家这一组织系统就会自发运转、自动调节，而不需要领导者过多地干预。春秋战国时期，各路诸侯为求自保纷纷变法图强，但真正变革成功的却寥寥无几。究其原因，主要是新法在推行的过程中遭到了太多人事和权术的羁绊，以至于虎头蛇尾、有始无终。韩昭侯时期，申不害曾在韩国主政，他打破血缘宗亲的羁绊，选贤与能，锐意改革，将韩国由一个弱小的国家带进了“战国七雄”的行列。但是，申不害有个哥哥，想借助兄弟的关系在韩国谋个一官半职。于是，申不害便去向韩昭侯求情。可是，韩昭侯却拒绝了申不害的请求：“不拘一格选拔人才本来就是你主张的。而现在，你又来为自己的哥哥跑关系，这不是自相矛盾吗?”可见，当国家的变革政策和自身的利益发生冲突时，倡导变革的人自己尚不能坚持原则，新法推行的效果也就可想而知了。

变革成功的唯有后来商鞅在秦国推行的新法。当时，七国争雄，秦国之所以能够吞并八荒而有天下，正是因为商鞅为秦国留下了一整套健全的法律制度。商鞅的新法，虽然历史上褒贬不一，却是“正”的：有功则赏，有过则罚，都按照法律的规定透明地执行，决不玩弄权术、暗箱操作。最为重要的是，赏与罚，都能及时兑现，决不失信于民。据《史记》记载，商鞅刚开始变法的时候，法令已详细制定但尚未公布，他怕百姓难以相信，就在国都的集市南门立下一根长三丈的木杆，下令说有人能把它扛到北门去就赏给十金。百姓们感到此事蹊跷，没人动手去搬。商鞅又说："能拿过去的赏五十金。"有一个人半信半疑地扛着木杆到了北门，果然获得五十金的赏赐。

治国以正，赏罚有信，是秦国在战国时代脱颖而出的关键。就连一直恪守德化、对法治颇有微词的司马光，也在《资治通鉴》中对商鞅大加赞扬。他说："商君虽用法苛刻，但身处乱世，诈力横行，仍然能做到不失信于民，就凭这一点，就足以治四海，平天下。"

治国以正，在当下仍然具有重要的启示意义。正如荀子所说的："权谋倾覆幽暗则亡。"权力一旦不受束缚而成为"不正"，一旦不是用来"秉公"而是用来"谋私"，造成的危害是不可想象的，甚至可以颠覆一个政权、灭亡一个国家。正是在这个意义上，英国近代思想家阿克顿才说出了他那一句近乎世人皆知的名言：权力导致腐败，绝对权力导致绝对腐败。法国思想家孟德斯鸠在《论法的精神》中进一步指出："任何有权力的人，都易滥用权力，这是万古不易的一条经验。有权力的人们使用权力一直到遇有边界的地方为止。""从事物的性质来说，要防止滥用权力，就必须以权力约束权力。"① 对此，习近平总书记一再强调，权力是人民赋予的，要为人民用好权，让权力在阳光下运行。对于权力的约束和监督，最为关键的就是把权力关进制度的笼子里。2015 年 2 月 2 日，习近平总书记在省部级主要领导干部学习贯彻十八届四中全会精神全面推进依法治国专题研讨班开班式

---

① 孟德斯鸠．论法的精神：上册．张雁深，译．北京：商务印书馆，1961：154.

上进一步强调："权力是一把'双刃剑'，在法治轨道上行使可以造福人民，在法律之外行使则必然祸害国家和人民。把权力关进制度的笼子里，就是要依法设定权力、规范权力、制约权力、监督权力。"

从中国历史文化来看，我们国家自古就有以德治国的传统。当前，我们国家致力于推进国家治理体系和治理能力现代化，法律必然成为治国之重器。当前，法治已经是国家治理体系和治理能力的重要依托。全面推进依法治国，是解决党和国家事业发展面临的一系列重大问题，解放和增强社会活力、促进社会公平正义、维护社会和谐稳定、确保党和国家长治久安的根本要求。但是，我们不能把依法治国和以德治国简单地对立起来。改革开放以来，我们把依法治国确定为党领导人民治理国家的基本方略，走出了一条中国特色社会主义法治道路，这条道路的一个鲜明特点，就是坚持依法治国和以德治国相结合，强调法治和德治两手抓、两手都要硬。这既是对历史经验的总结，也是对治国理政规律的深刻把握。正如习近平总书记所指出的，法律是成文的道德，道德是内心的法律。法律和道德都具有规范社会行为、调节社会关系、维护社会秩序的作用，在国家治理中都有其地位和功能。我们看法律和道德的关系，从原理上讲，就是法安天下、德润民心。从形式上讲，就是：法律是底线的道德，也是道德的保障，法律条文的正当性、合理性的依据来源就是道德。因而，以法治承载道德理念，道德才有可靠制度支撑。在依法治国的实践方面，法律有效实施有赖于道德支持，道德践行也离不开法律约束。因此，在新的时代条件下，我们更应该把握依法治国和以德治国之间的辩证关系，坚持依法治国和以德治国相结合，既要重视发挥道德的教化作用，也要运用法治手段解决道德领域的突出问题，让法律和道德在国家治理中协同发力。

2. “选贤与能”的领导艺术

“治大国若烹小鲜”的第二要义是选贤与能。这是一种领导艺术。具体来说，就是要将合适的人安置在合适的位置，充分发挥其角色作用，而不是对具体的事务进行干预。法家的集大成者韩非子，在老子这一思想的影响下，曾提出“君道无为，臣道有为”的观点。在他看来，君主作为最高管理者，不必事必躬亲，而是要学会将主动权交给手下的大臣，发挥他们的积极性。毛泽东主席深谙此道，他曾说：“领导者的责任，归结起来，主要地是出主意、用干部两件事。”[①] 邓小平在谈到解决问题的方法时也说：“我的抓法就是抓头头，抓方针。”出主意，就是抓方针；用干部，就是抓头头。抓住了这两条，也就抓住了做领导的根本。司马光的《资治通鉴》中有一个故事很形象地说明了这一点：

> 文侯与田子方饮，文侯曰：“钟声不比乎？左高。”田子方笑。文侯曰：“何笑？”子方曰：“臣闻之，君明乐官，不

---

① 毛泽东．毛泽东选集：第2卷．2版．北京：人民出版社，1991：527.

明乐音。今君审于音，臣恐其聋于官也。”文侯曰：“善。”

魏文侯曾与儒生田子方在一起饮酒。文侯对田子方说：“我感觉编钟的乐声不是很协调，左边有些高。”田子方听后笑了。魏文侯问：“你笑什么?”田子方说：“臣下我听说，国君懂得任用乐官，不必懂得乐音。现在国君您精通音乐，我担心您会疏忽了任用官员的职责。”魏文侯说：“对。”

魏文侯作为一国之君，要把国家治理好，只要把好的乐官选拔出来就可以了，根本不需要去关心“钟声不比”这样的琐事。对琐事关心得太多，势必对大事糊涂。难怪田子方批评他“审于音”而“聋于官”。历史总是无情地嘲弄那些“忙碌”的管理者。楚汉战争时期，项羽因战起家，虽然骁勇，却不善战。刘邦上马不能征战，下马不能抚民，却最终夺取天下，皆因其有独门法宝。个中缘由，刘邦最为清楚：“夫运筹策帷帐之中，决胜于千里之外，吾不如子房；镇国家，抚百姓，给馈饷，不绝粮道，吾不如萧何；连百万之军，战必胜，攻必取，吾不如韩信。此三者，皆人杰也，吾能用之，此吾所以取天下也。项羽有一范增而不能用，此其所以为我擒也。”

的确，项羽本事很大，大到不需要别人帮忙，所以手下的谋臣都跑到刘邦那里去了，因为自己在这里没有用武之地，不能实现自己的价值。诸葛亮本事也很大，大到几乎可以一个人把所有的事情全办了，这种表面风光的另一面却是：手下的人没有了施展才能的机会和平台，走不出诸葛亮的锋芒和阴影。诸葛亮临死还要把身后的事情安排好，何等可悲！三国角逐，蜀国衰弱到最后灭亡，原因固然很多，但诸葛亮的光芒太盛，以至于群臣无用武之地，恐怕是一个很大的原因。

毛泽东同志曾说：政治路线确定之后，干部就是决定的因素。用一贤人则群贤毕至，见贤思齐就蔚然成风。正是在这个意义上，古人才说："治天下惟以用人为本，其他皆枝叶耳。"因此，领导艺术，首先应该表现在对人的领导上，看是否能够将人选好、用好、用得当。《吕氏春秋》中所记载的"内举不避亲，外举不避仇"的故事，至今传为佳话。晋平公在位时，一次，南阳县缺少个县令。于是，平公问大夫祁黄羊，谁担任这个职务合适。祁黄羊回答说："解狐可以。"平公听了很惊讶，说："解狐不正是你的仇人吗？你怎么推荐仇人呢？"祁黄羊答道："您是问我谁担任县令这一职务合适，并没有问我谁是我的仇人。"又有一次，朝廷需要增加一位军中尉，于是平公又请祁黄羊推荐。祁黄羊说："祁午合适。"平公不禁问道："祁午是你的儿子，难道你就不怕别人说闲话吗？"祁黄羊坦然答道："您是要我推荐军中尉的合适人选，而没有问我儿子是谁。"

习近平总书记经常引用《墨子》"尚贤者，政之本也"一语，来强调选拔人才、选贤任能的重要性。2013 年 6 月 28 日，习近平总书记在全国组织工作会议上的讲话中指出："我们党历来高度重视选贤任能，始终把选人用人作为关系党和人民事业的关键性、根本性问题来抓。治国之要，首在用人。也就是古人说的：'尚贤者，政之本也。''为政之要，莫先于用人。'"可见，只有坦荡无私，领导者才能发现、选拔到优秀的人才。对此，习近平总书记多次强调要严明选人用人方面的政治纪律，强调领导干部要严格自律，要注重在选人用人上把好方向、守住原则，坚持党管干部原则，带头执行党的干部政策，坚决纠正各种不正之风。选好人是根本，而用好人才是关键。在新的时代条件下，用人得当，就需要做到知人善用。所谓“知人”，就是要做到“四观”：观察干部对重大问题的思考，看其见识见解；观察干部对群众的感情，看其品质情怀；观察干部对待名利的态度，看其境界格局；观察干部处理复杂问题的过程和结果，看其能力水平。所谓“善用”，就是要坚持科学合理使用干部，用当其时、用其所长，树立强烈的人才意识，寻觅人才求贤若渴，发现人才如获至宝，举荐人才不拘一格，使用人才各尽其能，不能一厢情愿地将不合适的干部用在其无法适应的岗位上。要建立科学有效的选人用人机制，紧密结合干部工作实际，形成系统完备、科学规范、有效管用、简便易行的制度机制。要推进干部能上能下，通过激励、奖惩、问责等一整套制度安排，保证能者上、庸者下、劣者汰，形成良好的用人导向和制度环境。

3. “无为而为”的治理境界

“治大国若烹小鲜”第三要义是无为而为。无为，是老子哲学的核心观点。老子说：“人法地，地法天，天法道，道法自然。”（《道德经·二十五章》）在他看来，大道运行，自有其章法和规律，一旦人为干预，强制作为，就会陷入异化而不可自拔。

人类社会也是如此，只要做到“无为”，把主动权交给人民自己，自然走的是正途。因此，老子说：“我无为，而民自化；我好静，而民自正；我无事，而民自富；我无欲，而民自朴。”（《道德经·五十七章》）同样，在国家的治理上也需要“无为”。“圣人无常心，以百姓心为心。”（《道德经·四十九章》）意思是说，圣人永远没有自己的主观偏见，应百姓的意见为意见。可见，无为而治，才是老子眼中的圣人之治。根据无为而治的思想，老子提出了他的理想世界：“小国寡民。使有什佰之器而不用，使民重死而不远徙。虽有舟舆，无所乘之；虽有甲兵，无所陈之。使民复结绳而用之。甘其食，美其服，安其居，乐其俗。邻国相望，鸡犬之声相闻，民至老死不相往来。”（《道德经·八十章》）

老子眼中的这个理想世界当然无法实现。也正因为此，用“无为”的方式来治国，多被视为“消极”，遭后人诟病。而实际上，老子的“无为”并非什么都不干，而是在倡导一种“无为而为”的辩证法，即在顺乎事物自身规律的前提下有所作为。在中国历史上，秦始皇虽统一了六国，但后来的他却不懂得与民休息，总是通过各种政策干扰老百姓的正常生活，动不动就抓壮丁去修坟墓、垒长城、征北方、打百越……后来的刘邦参加过秦末农民战争，很注意吸取秦朝灭亡的教训，“无为而为”的思想在汉朝也得以发扬光大。刘邦及他的继任者都推行休养生息政策，减轻田租，鼓励农耕，提倡节俭，减轻刑罚，使汉朝的生产与经济得到极大的恢复和提高。到了汉武帝时期，当匈奴屡次侵犯北方边境时，大汉王朝凭借强大的经济和技术条件，打败了凶蛮强悍的匈奴骑兵，消除了后患。有所为，有所不为。无为时，静若处子；有为时，动若脱兔。这正是“无为而为”这一辩证法的奥妙之处。无为而治，其实是中国历代所追求的国家治理的最高境界。

2013 年 3 月，习近平主席接受金砖国家媒体联合采访，在回答巴西记者提问时说：“（中国）这样一个大国，这样多的人民，这么复杂的国情，领导者要深入了解国情，了解人民所思所盼，要有‘如履薄冰，如临深渊’的自觉，要有‘治大国如烹小鲜’的态度。”习主席在这里所提到的“深入了解国情，了解人民所思所盼”与老子所说的“圣人无常心，以百姓心为心”实乃有异曲同工之妙。意思就是说，领导者不应有自己的主观偏见，而应该永远以百姓的意见为意见。具体到治国理政方面，就是要把主动权交给人民，多体察“民之所盼”，而不是拍脑袋决策，凭感觉折腾。

新中国成立之后的相当长一段时期，我们国家实行计划经济体制，生产分配都主要靠计划指令，应该算是有所作为了。在特定的历史阶段，计划经济体制有其历史合理性。但到后来，这种经济体制的弊端越来越凸显严重制约了生产力的解放和发展。在走过弯路以后，我们才逐步认识到市场在资源配置中的作用，进行了计划经济向市场经济的伟大转型。让市场来决定生产要素的流动，不强加妄为，看似没做什么，其实已经做了一切。还是老子说得好：“天下神器，不可为也，不可执也。为者败之，执者失之。”（《道德经 · 二十九章》）

党的十九大报告中指出：“转变政府职能，深化简政放权，创新监管方式，增强政府公信力和执行力，建设人民满意的服务型政府。”简政与放权，二者是辩证统一的。前者是“有所为”，通过精简机构、厉行节俭，切实减轻人民负担，完成向服务型政府的转变；后者是“有所不为”，即减少对各行各业的不合理的干预、束缚，增强其发展的主动性、能动性。这一观点和政策，体现了我们党对新的历史条件下社会管理规律的深刻洞察，也必将催生一个职能科学、结构优化、廉洁高效、人民满意的服务型政府。对此，我们满怀期待。

第五篇

文化自信是最根本的自信

一、在继承和发展中弘扬中华优秀传统文化

1. 激进与保守的双向扬弃

习近平总书记指出："民族文化是一个民族区别于其他民族的独特标识。""一个国家、一个民族的强盛，总是以文化兴盛为支撑的，中华民族伟大复兴需要以中华文化发展繁荣为条件。"中华文明绵延数千年，有其独特的价值体系。中华优秀传统文化已经成为中华民族的基因，根植在中国人内心，潜移默化地影响着中国人的思想方式和行为方式。因此，文化自信是更基础、更广泛、更深厚的自信。而这种自信的确立，既取决于我们能否对自身所拥有的文化价值充分肯定和积极践行，也取决于我们是否对文化的生命力保持坚定的信心和发展的希望，并立足于时代推动传统文化的创造性转化和创新性发展。

近代以降，西方列强凭借坚船利炮打开了中国的国门，使得我们这个古老的民族被迫放弃了闭关锁国的政策，走上了"被近代化""被世界化"的道路。身处"三千年未有之大变局"，中国

不得不正视“与西洋交涉已成终古不易之局”① 的事实。自此以后，国人对于自家文化的态度可以说是辗转起伏，时而骄傲，时而自卑，爱恨交织，真可谓“剪不断，理还乱”。综观近现代学人，保守者有之（如辜鸿铭、梁漱溟）；激进者有之（如胡适、鲁迅）；开始激进，后来又趋于保守者有之（如梁启超）；把目光深邃地看远，把希望寄托于未来，坚持“三十年河东，三十年河西”者有之（如季羡林）；勇于先去，以死殉道者有之（如王国维）……但无论何种观点，都是一代学人身处剧烈的时代变革中对自身文化作出的某种反思和回应，为今天我们重新打量中国传统文化提供了宝贵的思想资源。

诚然，一种文化的命运有时候并不完全取决于它自身所蕴含的精神力量，往往还会受到种种历史条件的限制。正如马克思所说：“意识在任何时候都只能是被意识到了的存在，而人们的存在就是他们的现实生活过程。”② 由此不难看出，不论是文化态度上的自信和自卑，还是文化主张上的激进和保守，无不与中国近代以来“救亡情结”压倒“启蒙情结”③ 的特殊历史背景相关。实际上，当时引进西学（包括马克思主义）以变革中国社会的政治诉求早已经先行构成了国人看待自家文化的“前理解”。从这个意义上讲，无论是主张全面西化的激进派，还是坚决捍卫

---

① 郭嵩焘．郭嵩焘诗文集．杨坚，点校．长沙：岳麓书社，1984：196.

② 马克思，恩格斯．马克思恩格斯文集：第1卷．北京：人民出版社，2009：525.

③ 李泽厚．中国现代思想史论．北京：东方出版社，1987：37.

传统文化的保守派，都是当时中国社会特殊处境的折射，被打上了浓厚的历史烙印。激进派所谓激进，正是基于中国当时贫困积弱甚至几近亡国灭种的现实，认为应该全面引进西学以改造中国的旧文化传统。所以，在他们眼里，所谓的“全面西化”其实是“充分世界化”。正如胡适所说：“我们必须承认我们自己百事不如人。不但物质机械上不如人，不但政治制度不如人，并且道德不如人，知识不如人，文学不如人，音乐不如人，艺术不如人，身体不如人。”“试想想，何以帝国主义的侵略压不住日本 60 年的发奋自强？何以不平等条约捆不住日本的自由发展？”“我们到今日还迷信不学无术可以统治国家，不肯低头学人。”[①] 尽管如此，激进派对彻底抛弃中国文化也是心有不甘的，其偏激的外表下面仍带有十足的斗争策略的味道：“中国旧文化的惰性实在太可怕了，我们大可以不必替‘中国本位’担忧。我们肯往前看的人们，应该虚心接受这个科学工艺的世界文化和它背后的文明，让那个世界文化充分和我们的老文化自由接触，自由切磋琢磨，借它的朝气、锐气打掉一点我们这个老文化的惰性和暮气，将来的文化大变动的结晶，当然是一个中国本位的文化，那是毫无疑问的。”[②] 鲁迅也以一个文学家的手法为自己的反传统的偏激辩护：“譬如你说，这屋子太暗，须要在这里开一个窗，大家一定

---

① 葛懋春，李兴芝．胡适哲学思想资料选：上．上海：华东师范大学出版社，1981：345.

② 胡适．试评所谓“中国本位的文化建设”//胡适．反省与尝试：胡适集．朱文华，编选．上海：上海文艺出版社，1998：213.

是不允许的。但你如果说要拆掉屋顶，他们就会来调和，愿意开窗了。没有更激烈的主张，他们总连平和的改革也不肯行。那时白话文之得以通行，就因为有废掉中国字而用罗马字母的议论的缘故。”①

文化虽有惰性，但仍然需要文化的传承者以一种对待生命的热情去呵护、去坚守。不然，这个古老的传统是难以为继的。试想，当一个屋子里越来越多的人主张要拆掉屋顶时，屋顶很可能就真的会被拆掉了。正是在这个意义上，顾炎武才说改朝换代意义上的“亡国”并不可怕，可怕的是文化意义上的“亡天下”！天下亡了，中国人就不是中国人了，那才是真正意义上的亡国灭种。对此，保守派的出现就难能可贵了。正如张之洞所说：“中学为内学，西学为外学；中学治身心，西学应世事。”他所倡导的“洋务运动”就是以“中体西用”为基本宗旨的。在洋务派看来，向西方学习，只是在器物层面学习西方的“富强之术”，但在文化上仍然应“以中国伦常名教为原本”。否则，“抛荒中学功底”，只会造成“西学未兴，吾学先亡”的文化沙漠。② 我们学习的仅仅是西方的先进技术而已，而安身立命的根本还应该是我们自己的。后来的保守派学者更是极力坚持不同民族文化之间的异质性和不可通约性，反对以物质后果来评判文化之间的优劣和贵贱，以期在物质文明狂飙猛进的时代为中华文化的合法性保留地盘。正如梁漱溟所认为的，文化不过是一个民族特定的生活样

① 鲁迅．鲁迅文集：第4卷．北京：人民文学出版社，1981：13-14.
② 吴汝伦．吴汝纶全集：卷四．合肥：黄山书社，2002：407.

式，根本就不存在先进与落后的问题："我们所要知道某家文化是如何的，就是要知道他那异于别家的地方。""一家民族的文化原是有趋往的活东西，不是摆在那里的死东西。"① 这种"活东西"，内在地要求我们决不能以"凭吊古迹"的态度视之，而必须以投入其中的方式加以体认。否则，文化只能是一堆"无生命"精神之文物，如同"自然界的化石"②。

1958 年，新儒家的四位代表人物——唐君毅、牟宗三、徐复观、张君劢联合发表了《为中国文化敬告世界人士宣言》，对中国文化的"道统"进行了情真意切的呼吁：

> 我们首先要恳求：中国与世界人士研究中国学术文化者，须肯定承认中国文化之活的生命之存在。……因为忘了这些，便不能把此过去之历史文化，当作是一客观的人类之精神生命之表现。遂在研究之时，没有同情，没有敬意，亦不期望此客观的精神生命之表现，能继续发展下去；更不会想到：今日还有真实存在于此历史文化大流中的有血有肉的人，正在努力使此客观的精神生命之表现，继续发展下去，因而对之亦发生一些同情和敬意。③

以上观点无疑是以保守的姿态坚持了本民族文化本位的自觉性。但是，中华文化发展的现代命运问题并不是靠一味地坚守就能解决的，而必须直面现代社会所要求的"民主"和"科学"。

---

① 梁漱溟．东西文化及其哲学．上海：商务印书馆，1926：24.

② 封祖盛．当代新儒家．北京：三联书店，1989：8.

③ 同②7－8.

而且，过多的民族感情投入，往往又会造成文化研究中客观态度和理性精神的缺席。新儒家的尴尬正在于此。他们身处中国近代向现代的剧烈转型期，既承受着来自西方文化的巨大压力，又坚持认为中华文化中存在永恒的价值，由此不得不进行“老内圣开出新外王”的艰苦努力。牟宗三就指出，“第三期儒学”的“文化要命”就是要返本开新，进行“良知的自我坎陷”。主要有三点：一是道统之肯定，即肯定道德宗教之价值，护住孔孟所开辟之人生宇宙之本源。二是政统之继续，此即由认识政体之发展而肯定民主政治为必然。三是学统之开出，此即转出“知性主体”以融通希腊传统，开出学术之独立性。[①] 在这里，牟宗三强调用“道统”对“学统”（科学）和“政统”（民主）进行统摄，正是反对从根本处对中华文化进行变革，坚持认为“老内圣”本身就具有永恒的价值。正如他所说：“儒家这个学问，从古至今，发展了几千年，它代表了一个‘常道’——恒常不变的道理。中国人常说‘常道’，它有两层意义：一是恒常不变，这是纵贯地讲它的不变性；一是普遍于每个人都能够适应的，这是横地讲、广阔地讲它的普遍性，即说明这个道理是普遍于全人类的。”[②] 但是，他所谓的“学统”和“政统”显然又是用西方的文化后果对中华文化进行裁剪。这一做法不仅忽视了中华文化与西方文化之间的实质性差别，而且在论证上也陷入了牵强附会，最后的结果

① 陈炎．多维视野中的儒家文化．济南：山东教育出版社，2006：3.
② 封祖盛．当代新儒家．北京：三联书店，1989：154.

只能是造成“价值之幕对事实判断的捕杀”[①]。正因为此，新儒家遭到了来自方方面面的批评。他们所谓的“忧患意识”，一方面在于其对中华文化传统的独特体认，另一方面又何尝不是他们吊影孤行的真实写照？试想，既然中国人的“常道”已经超越了时空，具有了永恒的价值，那何以解释近代以来中华文化在与西方文化相遇时所产生的危机？既然中华文化所代表的精神已经是放之四海而皆准的真理了，那又何必在不同的历史时期规定其不同的任务？“儒家的学问原来讲的是‘内圣外王’，宋明儒则特意重‘内圣’这一面，亦即强调道德意识，讲求道德意识的自我体现。”“儒家学术第三期的发展，所应负的责任即是要开这个时代所需要的外王，亦即开新的外王。”[②] 如此一来，在儒家的所谓“内圣”之学丝毫不加改动的前提下，又能开出什么样的具有现代意义的“新外王”呢？

“知古不知今，谓之陆沉。”“知今不知古，谓之盲瞽。”（《论衡·谢短篇》）纵观近现代以来在文化主张上的激进派和保守派之争，我们不难发现，二者都有着不可克服的时代局限。钱穆先生在《秦汉史》中曾对战国时期“齐鲁之学”和“三晋之学”两个学派有过一段精彩的分析。在他看来，以儒、墨为代表的东方齐鲁之学“尚文化，重历史，其学风对象，以整个社会为主，重一般之人生，不以狭义的国家富强为出发点。故其议论思想，往

① 殷海光．中国文化的展望．北京：中国和平出版社，1988：467.
② 封祖盛．当代新儒家．北京：三联书店，1989：162.

往求为整个社会谋彻底之改进”[①]。而以兵家、法家、纵横家为代表的三晋之学，则是“目光意气，往往仅限于一国，仅以谋其国家之富强为基准。其用意所在，仅就现状粗加以革新，并不能注意及于整个之社会，全部之人生。其思想大体，仅为因利就便，趋于目前之功利而止”[②]。这两个学派所折射出的“重一般之人生”和“趋于目前之功利而止”的分野与近代的保守派和激进派的思想分歧何其相似！保守派捍卫中华传统文化的独特价值，根本之处正在于以民族性立场守望中华民族的安身立命之本，反对目光短视的功利行为。激进派则是奉行实用主义和拿来主义，以期拯救中国近代之危亡时局，谋求国家之富强。但是，“盖齐鲁诸儒之病，或有陷于迂远，而三晋群士之弊，则不免流于刻急”[③]。同样，在近代中国，保守派虽然以文化自觉的姿态对以西方化为归宿的发展路径表示拒绝，但是，他们对中国当时面对的重大现实问题无法在实践层面提出一个切合可行的操作方案，不免陷入迂远，可谓“知古不知今”。正如习近平总书记所说，搞保护主义如同把自己关进黑屋子，看似躲过了风吹雨打，但也隔绝了阳光和空气。实际上，恪守“中国”而拒绝“世界”，只能沦为一种拒绝开放、抵制外来文明的遁词和借口。与之相反，激进派则是从现代化的历史维度出发，主张通过“全面西化”“充分的世界化”拯救中国近代之危局，谋求国家之富强。但是，这种赤裸裸的功利主义和拿来主义，却是将中华文化连根

---

①② 钱穆．秦汉史．北京：三联书店，2004：5.

③ 同①23.

拔起，不免陷入了短视和刻急，可谓“知今不知古”。他们认识不到，“言必称希腊”复制不了他人的荣光，拾人牙慧只能落得亦步亦趋，最终难免丧失独立性，进而成为西方国家的附庸。对此，习近平总书记深刻地指出：“文化是一个国家、一个民族的灵魂。历史和现实都表明，一个抛弃了或者背叛了自己历史文化的民族，不仅不可能发展起来，而且很可能上演一幕幕历史悲剧。”①

可见，保守派和激进派的观点看似互相对立，实则两极相通，折射出的是那一代学人浓厚的文化焦虑，甚至是文化自卑。而真正的文化自信，关键在于国人能够理性、辩证地看待自身文化。而这种理性态度的确立，则有赖于历史条件本身的成熟。这是因为：文化作为一种社会意识形态，其命运有时候并不完全取决于它自身所蕴含的精神力量，还需要以实践的需求和时代的发展为契机激活这种力量。今天，中国特色社会主义进入了新时代，中华民族既扎根于优秀传统文化，又致力于改革开放这一伟大决策，在实践中走出了一条独特的民族复兴之路，取得了令世人瞩目的成就。可以说，近代以来久经磨难的中华民族迎来了从站起来、富起来到强起来的伟大飞跃，已经在实践层面超越了近代保守派和激进派对待传统文化态度上的对立格局。这就要求我们保持对自身文化理想、文化价值的高度信心，保持对自身文化生命力、创造力的高度信心，在推动中华优秀传统文化的继承和

---

① 中共中央文献研究室．习近平关于社会主义文化建设论述摘编．北京：中央文献出版社，2017：16.

发展中实现中华民族的文化复兴。

2. 中华传统文化与现时代

推动传统文化的创造性转换和创新性发展，关键在于把握“继承”和“发展”的辩证统一关系。没有继承，发展就会失去根基；而没有发展，所谓的继承就会成为一句空话。埃德蒙·伯克曾言：“无法接受改变的国家是无法生存的。”实际上，无法接受改变的文化也是无法生存的。“周虽旧邦，其命维新。”“旧邦”和“新命”之间的对立与统一，唯有通过文化基于时代的自我革新、自我发展才能得到合理的解释。因此，继承和发展中华传统文化，就需要在中华传统文化和现时代之间开展富有建设性的对话，从而使中华民族最基本的文化基因与当代文化相适应、与现代社会相协调。中华文明延续着我们国家和民族的精神血脉，既需要薪火相传、代代守护，更需要与时俱进、推陈出新。

实际上，文化在发展模式上都是“接着讲”，而不是“照着讲”的。英国历史学家汤恩比曾经提出过著名的“挑战与应战”的观点。按照这一观点，任何一种文化的创新和发展，无不是对于“挑战”的“应战”：当外在社会环境和自然环境的变迁向文化提出不容回避的历史问题时，也就形成了对文化的“挑战”。而文化积极调整自身以适应新环境的过程，也就形成了文化自身的“应战”。每一次“应战”的成功，都会导致一种文化模式的出现或者变革；而每一次“应战”的失败，都会导致一种文化模式的衰败或破产。[1] 可见，社会从来都不是一成不变的，而文化也必然伴随着社会的发展而不断创新和发展。所谓的“照着讲”，不过是书斋里抽象和想象的结果，在现实中既无意义，也不可能。因此，文化的传承在实践层面必然是继承和发展的统一，即创新性的继承和继承性的创新。唯有如此，文化在保持自身认同和确认的同时才能不断地发展创新。

对中华文化“接着讲”，要坚决反对文化原教旨主义，即固执地认为中华传统文化在内容上具有永恒的价值，拒绝在根本处进行变革和创新。如前所述，新儒家“老内圣开出新外王”的努力之所以遭到挫败，正是因为它预设了“内圣”的不可动摇。实际上，没有什么文化在内容上是永恒的、一成不变的，而必然是有发展、有生长的。中华文化也是如此，它源自中华传统文化，经由革命、建设、改革三个历史时期，回答了不同历史时期的时代课题，从而完成了自身的创新和发展。但是，一种文化之所以区别于其他文化，又有着自身内在的文化特质。这里面就有一个“变”与“不变”的辩证法问题。关于此，冯友兰先生晚年曾提出著名的“抽象继承法”。他指出：“在中国哲学史中有些哲学命题，如果作全面了解，应该注意到这些命题的两方面的意义：一是抽象的意义，一是具体的意义。”[2] 冯先生举例说：“《论语》中所说的‘学而时习之，不亦说乎’，从这句话的‘具体意义’

---

① 陈炎．多维视野中的儒家文化．济南：山东教育出版社，2006：159.

② 冯友兰．三松堂自序//冯友兰．冯友兰文集：第1卷．长春：长春出版社，2008：177.

看，孔子叫人学的是诗、书、礼、乐等传统的东西。从这方面来理解，这句话对于现在就没有多大用处，不需要继承它，因为我们现在所学的不是这些东西。但是，如果从这句话的'抽象意义'看，这句话就是说：无论学什么东西，学了之后，都要及时地、经常地温习和实习，这就是很快乐的事。这样的理解，这句话到现在还是正确的，对我们现在还是有用的。"① 可见，如果只关注"具体的意义"，我们的文化就只能停留在过去而无从发展，因为这些命题是与"跟作这些命题的哲学家所处的具体社会情况有直接关系的"。所谓的"抽象继承法"，就是要将其中"抽象的意义"继承下来，根据时代的发展再赋予其具有时代特征的"具体意义"。冯先生此处所言的文化的"抽象的意义"，指的正是中华民族的文化精神。这一精神是"跨越时空、超越国度、富有永恒魅力"的，因此需要我们继承并发扬光大的。但是，中华文化的内容和形式则需要根据时代的发展和实践的需求被赋予新的内涵。这正是冯友兰先生所言的文化的"具体的意义"。对于文化的"具体的意义"而言，它不仅不能不变，反而需要"日日新"。纵观中国五千年文明史，从先秦子学、两汉经学、魏晋玄学，到隋唐佛学、儒释道合流、宋明理学，每一次文化的危机同时也成为文化发展的契机。当今世界，各民族文化之间的交流交锋交融日益明显。中华文化若不能有效借鉴其他民族的文化成果，在内容和形式上进行创造性转化和创新性发展，与当代文化

---

① 冯友兰．三松堂自序//冯友兰．冯友兰文集：第1卷．长春：长春出版社，2008：177.

相适应、与现代社会相协调，继承和发扬中华民族的文化精神就会沦为一句空话。

对中华文化“接着讲”，还要克服文化进化论逻辑，反对僵化地以外来文化为模板对中华文化进行裁剪的做法。不可否认，西方文化在当前社会已经成为中华文化自身发展不可剔除的参照。但是，这并不意味着将中华文化“西方化”，而是应该以平等的姿态推动二者之间对话和交流，使二者互相成为彼此发展和创新的契机。因此，二者之间的关系应该是“主体间性”的，而不是“主客体”式的。也只有文化之间互为主体性，真正的对话和交流才可能发生；否则，文化碰撞的结果只能是西方文化对中华文化的“格式化”。近现代以来，西方社会借助启蒙时代所塑造的进步观念，在全世界范围内宣扬一种社会发展方面的进化论逻辑。在这种进化论逻辑面前，中西方文化之间这种地域性和民族性差异就被偷换成了历史维度上落后与进步、古典与现代的差别。这也是西方文化殖民主义的意识形态宣传的惯用手法。但这里的问题是：现代社会有没有特定的文化土壤？现代性历史地产生于西方文化之中，是否就意味着其他国家接受现代化的目标就必须抛弃自身的民族性而全盘西化？答案无疑是否定的。当前，中国在中国共产党的领导下所探索的完全不同于西方模式的现代化历程正在打破这种“一元现代化”的神话。正如党的十九大报告中所指出的：“中国特色社会主义道路、理论、制度、文化不断发展，拓展了发展中国家走向现代化的途径，给世界上那些既希望加快发展又希望保持自身独立性的国家和民族提供了全新选择，为解决人类问题贡献了中国智慧和中国方案。”一些不带有意识形态偏见的西方学者就曾公允地指出：“‘中国模式’不仅优越于由美英所极力推崇的占统治地位的传统自由资本主义模式，而且考虑到中国在过去 30 年所取得的巨大发展，该模式也优越于 18 世纪资本主义现代化出现以来欧美社会所开创的发展道路。”① 显然，中国的现代化模式是由中国的历史传统、文化积淀和基本国情塑造的，与西方那种偏执于市场原教旨主义和新自由主义的现代化模式有着本质的不同。其中，中华优秀传统文化作为一种文化资源无疑起到了奠基性作用。进入 21 世纪以来，很多学者都不约而同地开始了对西方所主导的现代化道路的反思。他们认为，当前人类所面临的全球性环境危机，其根源就在于现代化的西方模式或道路本身固有并难以自行克服的矛盾性。正如格里芬所言：“我们时代严重的全球性问题——从核武器的威胁和有毒化学物质到饥饿、贫困和环境恶化，到对地球赖以生存的体系的破坏——凡此种种都是几个世纪以前才开始统治世界的西方工业思想体系所产生的直接后果。”② 因此，要超越并克服这种现代性的危机，必须回眸东方，“对传统社会的智慧予以新的关注”，进而对以牛顿力学为核心和以“祛魅”为特征的机械论自然观展开批判，重塑整体有机的自然观和世界观。为使西方摆脱困境，美国社会学家特德·霍华德和杰里米·里夫金早在

---

① 德里克．“中国模式”理念：一个批判性分析．国外理论动态，2011（7）．

② 格里芬．后现代科学：科学魅力的再现．马季方，译．北京：中央编译出版社，1995：169.

20世纪80年代就曾专门合写了一本论著：《熵——一种新的世界观》。在这本书中，作者认为："人类要生存，唯一的希望就是放弃对地球的掠夺，转而适应自然秩序。"[①] 而要做到这一点，西方发达国家就应该从如今的高熵值的社会模式向东方低熵社会模式转变。这就意味着，在多元现代化道路并存且西方现代化模式不断式微的今天，我们应承担的一项重要文化使命，就是要将中华民族跨越时空、跨越国界、富有永恒魅力、具有当代价值的文化精神弘扬起来，把继承优秀传统文化又弘扬时代精神、立足本国又面向世界的当代中国文化创新成果传播出去。这正是"中国智慧"和"中国方案"的世界意义。

3. 中华传统文化与马克思主义

今日之中国，既是承载着几千年文化传统的现代化国家，也是以马克思主义为指导并以之作为意识形态的社会主义国家。因此，在现代化与社会主义的双重视域下，继承和发展中华传统文化，就需要正确处理马克思主义与中华传统文化之间的关系。可以说，当前学术理论界和文化宣传工作的一项重要任务，就是在学理层面系统地阐释马克思主义与中华传统文化之间的关系。二者有无共通之处，彼此之间是否存在着相互诠释、彼此发明的内

① 霍华德，里夫金．熵：一种新的世界观．吕明，袁舟，译．上海：上海译文出版社，1987：233.

在契机？对这一问题的回答，其意义绝不仅仅在于给出一个简单的历史结论，而是关乎如何发展 21 世纪马克思主义和创新中华优秀传统文化的重大理论问题和实践问题。

从马克思主义在中国的传播历史来看，马克思主义中国化，不仅是马克思主义与中国革命、建设和改革实践相结合的过程，也是与中华传统文化不断接触、碰撞和交融的过程。这就意味着，马克思主义与中华传统文化的融合在实践层面已经是一个历史事实，“是否可能”已经不成问题，关键在于理论层面的“如何可能”。就此，围绕马克思主义哲学得以中国化的文化因素和文化背景，国内外诸多学者的观点大体可以分为三类：一是主张理性选择为主导的“同质说”。这种观点认为，马克思主义哲学与中华传统文化在内容上有相近之处，这构成了中国近代社会在繁杂纷纭的众多学说中选择马克思主义的民族文化心理基础。一些国外的汉学家也认为二者在内容上有接近和共通之处。二是主张实践选择为主导的“异质说”。这种观点认为，马克思主义作为一种西方学说传入中国，一方面在于革命实践的需要，另一方面则在于当时的中国社会对传统文化失去了信心。在理论上思考二者之间的关系，是革命实践之后的事情。三是文化交流意义上的“影响说”。这种观点认为，马克思主义特别是辩证唯物主义，在产生过程中本身就受到了中华传统文化的影响。近年来，国内学者对于二者之间关系的研究多持辩证观，主张二者在时代化的过程中应同向并行，既要反对历史虚无主义，也要反对文化复古主义。

马克思曾言："问题就是时代的口号，是它表现自己精神状态的最实际的呼声。"① 近现代学者基于马克思主义中国化的成功实践，以理论反思的姿态对马克思主义哲学与中华传统文化之间关系的研究持续推进，取得了丰硕的成果。但由于历史条件的限制抑或文化上的隔膜，以上研究也有着诸多不足之处，主要表现在以下几个方面：第一，无论是"同质说""异质说"还是"影响说"，多是以回溯过去为主，缺乏了与时代的亲近关系和对话关系；第二，以上研究多是以经验实证的方式论证二者在内容上的"形似"之处，没有在整体的精神气质上体认二者之间的"神似"之处，以至于零敲碎打、挂一漏万；第三，在研究视野上，要么将二者之间的关系视为一种"主客体"关系，要么将二者视为一种对立关系。这无疑将二者之间的关系彼此静态地外在化了。在实际研究或现实理解上，主张"主客体"关系，势必会造成研究的机械性：要么把马克思主义的基本概念、原理当作公式去改造中华传统文化，要么为马克思主义披上民族外衣，从中华传统文化中寻找与马克思主义类似的概念，进而用中国人的"话语""概念""范畴"去解读马克思主义学说。这些做法都存在着简单僵化、牵强附会的问题，无法进一步"激活"二者之间彼此阐释的内在关系。同样，若把二者理解为一种对立关系，后果更是可怕，因为它势必会造成这样一种局面："似乎强调坚持马克思主义思想指导，就是贬低以儒学为主导的中国传统文化，

① 马克思，恩格斯．马克思恩格全集：第 40 卷．北京：人民出版社，1982：289－290.

反之，则应把马克思主义请下指导地位的‘神坛’，重走历史上尊孔读经以儒治国的老路。”正如陈先达先生所说的：“这种非此即彼、冰炭不可同炉的看法，理论上是错误的，实践上是有害的。”[①]

党的十八大以来，习近平总书记围绕坚持马克思主义、弘扬中华优秀传统文化多次发表重要讲话，阐述了以马克思主义为指导弘扬中华优秀传统文化的重大意义、基本原则、主要任务、重要途径和重要保证，丰富和发展了马克思主义文化观，为在新的历史条件下推进马克思主义中国化、实现中华传统文化的创新性转化和创造性发展指明了方向，提供了根本遵循。但是，围绕着马克思主义和中华传统文化之间的关系，一些理论工作者仍然感到迷茫。尤其是在“国学热”“文化热”的时代潮流下，有人甚至认为中国共产党在意识形态领域已经开始转向中国本土文化，而不再坚守马克思主义的指导地位。这种观点无疑是偏颇的，因为它固守了一种非此即彼的知性思维，从而将马克思主义与中华传统文化置于一种机械的外在关系中。事实上，自从马克思主义在中国传播伊始，马克思主义与中华传统文化就形成彼此阐释、相互发明的契机和视野。一方面，中华传统文化构成了马克思主义中国化的内在尺度，是让马克思主义“说中国话”“办中国事”的前提条件。另一方面，马克思主义构成了中华传统文化发展和创新的外在机缘，是促进中国自身文化完成现代性转化、展现当

---

① 陈先达．马克思主义和中国传统文化．光明日报，2015－07－03.

代价值的推动力量。正如陈先达先生所言，只有以马克思主义为指导，才能变革中国社会；只有继承中华优秀传统文化，马克思主义才能在中国取得胜利。二者之间的关系绝不是公式般的静态关系，而是在历史实践中动态的生成关系。正如马克思在批评蒲鲁东时所说的："两个彼此矛盾的思想的融合，就形成一个新的思想，即它们的合题。"① 但是，"这个综合并不是公式，而是运动"②。

可见，马克思主义与中华传统文化在中国革命、建设、改革的伟大实践中已经发生了事实上的融合，从而形成了具有鲜明民族特点和实践主题的中国特色社会主义文化。而且，这种"综合"随着时代的发展还要继续。只不过，在理论层面系统阐释马克思主义与中华传统文化之间的关系，还没有以文化自觉的姿态进行，尚处于"日用而不知"的阶段。这是由以往的时代特点决定的。今天，中国特色社会主义进入了新时代。以理论自觉的姿态阐释马克思主义与中华优秀传统文化之间的关系，则成为历史的要求和时代的呼声。正如马克思所言："理论在一个国家实现的程度，总是取决于理论满足这个国家的需要的程度。"③ 在新民主主义革命时期，中国共产党坚持以马克思主义为指导，突出

---

① 马克思，恩格斯．马克思恩格斯选集：第 1 卷．3 版．北京：人民出版社，2012：221.

② 马克思，恩格斯．马克思恩格斯选集：第 4 卷．3 版．北京：人民出版社，2012：414.

③ 马克思，恩格斯．马克思恩格斯文集：第 1 卷．北京：人民出版社，2009：12.

的是“战争和革命”的主题；在社会主义建设时期，中国共产党坚持以马克思主义为指导，突出的是“社会主义革命”的主题；在改革开放新的伟大革命中，中国共产党坚持以马克思主义为指导，突出的则是“中国特色社会主义”的主题。中国特色社会主义进入了新时代，我们正在从事带有新的历史特点的伟大实践，文化的主题必然凸显。一方面，中华民族伟大复兴一个重要的方面就是中华文化世界意义的彰显。我们要树立文化自信，加强中华优秀传统文化的挖掘和阐发，使中华民族最基本的文化基因与当代文化相适应，与现代社会相协调。另一方面，我们要坚持把马克思主义基本原理同当代中国实际和时代特点相结合，以更加宽阔的眼界审视马克思主义在当代发展的现实基础和实践需要。这双重诉求意味着，以理论自觉的姿态思考马克思主义与中华传统文化之间的关系的历史条件已经成熟。我们既需要将马克思主义的立场、观点和方法带入中华优秀传统文化的研究中去，同时也要把中华传统文化的精神内核丰富到马克思主义的学说中来。这既是中华传统文化焕发生机、完成时代转换的需要，更是发展21世纪马克思主义的需要。总体来看，这主要体现在以下两个方面：

一方面，唯有坚持马克思主义的指导地位，中华传统文化才能在根本处完成现代性转换。从历史形态看，中华传统文化是处于“前现代”的文化，而马克思主义对资本主义的批判则彰显了其“后现代”的维度。按照两极相通的辩证法思维，二者确实存在相通之处。比如，我们可以在儒家思想的“大同社会”的理想中看到马克思所昭示的“共产主义”的影子。但我们更应该清醒地认识到，中华传统文化中的这种“大同”理想是没有历史感作为基础的。这也正是中华文化在一定程度上沦为浪漫主义的根源。正因为此，新儒家的“老内圣开出新外王”虽然代表着一种努力的姿态，但由于其囿于“书斋里的革命”，不可能成为一种改变现实的物质力量。如果我们仍然固守中华传统文化的古典价值，漠视物质基础，忽略历史条件，我们所坚守的道德家园就存在着凌虚踏空的危险，民族复兴也会沦为一句空话。实际上，中国近代知识分子之所以对中华文化丧失信心，通过“睁眼看世界”寻求民族救亡之路，正是看到了中华传统文化的软肋——不精于长技。党的十九大报告指出，中国特色社会主义进入新时代，意味着近代以来久经磨难的中华民族迎来了从站起来、富起来到强起来的伟大飞跃，迎来了实现中华民族伟大复兴的光明前景。在这里，“站起来”“富起来”“强起来”，在逻辑上是依次递进关系，后者唯有以前者为条件才具有现实性和可能性。因此，民族复兴的逻辑，就是要牢牢把握生产力和生产关系、经济基础和上层建筑之间的内在关系，积极扬弃中国古代社会“内圣”和“外王”的外在对立，既要重视道德文化资源所焕发出来的集体主义力量和内在超越精神，更要正视“富强”对于推动经济社会发展的根本性作用。可见，唯有坚持马克思主义的唯物史观，正视社会存在决定社会意识的基本原理，我们才能真正做到“阐旧邦以辅新命”，完成中华传统文化的现代性转换。

另一方面，马克思主义唯有立足中华民族的文化视野，才能进一步中国化、时代化、大众化。在空间维度上讲，中华传统文化生长于东方的中国大地，马克思主义则诞生于西方的欧洲世界。对于这两种思想资源之间的“异质性”，我们应该予以正视。以前，我们的研究中对二者之间的“同质性”关注较多，而对二者之间的“异质性”重视不够。实际上，马克思主义在中国的传播、发展，正是在这种“同质性”和“异质性”的辩证运动中得以推动的。正如马克思所指出的：“两个相互矛盾方面的共存、斗争以及融合成一个新范畴，就是辩证运动。谁要给自己提出消除坏的方面的问题，就是立即切断了辩证运动。”① 片面地强调“同质性”而忽视“异质性”，我们的研究不但会陷入“解释世界”的保守立场，而且也无法推动二者构建面向未来的建设性对话。实际上，二者之间的“异质性”非但不是它们沟通交流的障碍，反而是二者富有张力地展开对话的优势所在。这是因为，只有“从它的矛盾中去理解”，才能在更高的层面同时扬弃二者，实现在历史发展过程中的统一。中国化的马克思主义本来就是中国学者和中国共产党人立足于东方大地“续写”的。事实上，唯有“接着讲”而不是“照着讲”，才会有真正的马克思主义。中国特色社会主义进入新时代，我们面临着开辟 21 世纪马克思主义发展新境界的历史使命。21 世纪的马克思主义，是当代中国马克思主义内涵的进一步拓展，它不仅要进一步关注“中国化”，更要拓展到“世界化”，以深化对“时代性”问题的研究：对于

---

① 马克思，恩格斯．马克思恩格斯文集：第 1 卷．北京：人民出版社，2009：605.

当代资本主义的社会制度，我们以马克思主义为指导对其进行内在批判的有效性何在？马克思主义在新的时代条件下若要回答这一问题，就迫切需要到中华优秀传统文化中寻找思想资源、汲取精神养料，以完成自身的进一步发展。唯有如此，当代中国马克思主义才能放射出更加灿烂的真理光芒。

马克思曾言："具体之所以具体，因为它是许多规定的综合，因而是多样性的统一。"[①] 中国 21 世纪的文化建设方向，必然是古代与现代、东方与西方、马克思主义与中华传统文化这一系列"矛盾体"历史地走向辩证统一的过程。这种统一既不是"东风压倒西风"，也不是"西风压倒东风"，而只有在多方建设性的"对话"中彼此扬弃对方才会成为可能。这就意味着，我们必须立足于中国特色社会主义的伟大实践寻找马克思主义与中国传统文化之间开展建设性对话的恰当契机。正如习近平总书记所指出的，我们要善于融通古今中外各种资源，特别是要把握好三方面资源：一是马克思主义的资源，二是中华优秀传统文化的资源，三是国外哲学社会科学的资源。这里所谓的"融通"，在笔者看来，就是要坚持古为今用、洋为中用，不断推进知识创新、理论创新、方法创新。唯有如此，马克思主义才能不断开辟出新境界，中华文化才能真正走向世界、走向未来。对此，笔者将在下面着重谈一下马克思主义与中华优秀传统文化汇通与融合的方法论原则。

---

① 马克思，恩格斯．马克思恩格斯选集：第 2 卷．3 版．北京：人民出版社，2012：701.

二、马克思主义与中华传统文化的会通与融合

1. 马克思主义与中华传统文化不能“隔空对话”

马克思在《德意志意识形态》中曾有一段意味深长的论述：

在思辨终止的地方，在现实生活面前，正是描述人们实践活动和实际发展过程的真正的实证科学开始的地方。关于意识的空话将终止，它们一定会被真正的知识所代替。对现实的描述会使独立的哲学失去生存环境，能够取而代之的充其量不过是从对人类历史发展的考察中抽象出来的最一般的结果的概括。这些抽象本身离开了现实的历史就没有任何价值。它们只能对整理历史资料提供某些方便，指出历史资料的各个层次的顺序。但是这些抽象与哲学不同，它们绝不提供可以适用于各个历史时代的药方或公式。相反，只是在人们着手考察和整理资料——不管是有关过去时代的还是有关当代的资料——的时候，在实际阐述资料的时候，困难才开始出现。[①]

抽象离开了现实的历史就没有价值。推动马克思主义与中华

① 马克思，恩格斯．马克思恩格斯文集：第 1 卷．北京：人民出版社，2009：526.

传统文化的会通与融合，仅仅抽象而空泛地把握几个方向性的原则是不够的，更为重要的是“投入”到牵拉二者进行对话的实际研究中去。唯有如此，这种研究才可能形成真正的“知识”。而对于马克思主义与中华传统文化的关系研究而言，我们以何种方式才能推动二者展开深层次的“对话”而不仅仅是外在、简单的比附?

黑格尔在《小逻辑》中谈及哲学的认识方式时曾言：“哲学的认识方式只是一种反思，——意指跟随在事实后面的反复思考。”① 马克思在《资本论》中立足于“人类社会或社会的人类”，也提出了哲学所特有的“从后思索”的运思方式：“对人类生活形式的思索，从而对这些形式的科学分析，总是采取同实际发展相反的道路。这种思索是从事后开始的，就是说，是从发展过程的完成的结果开始的。”② 在《政治经济学批判》导言中，他针对这一思考方式比喻说：“人体解剖对于猴体解剖是一把钥匙。反过来说，低等动物身上表露的高等动物的征兆，只有在高等动物本身已被认识之后才能理解。”③ 可见，以理论反思的姿态审视马克思主义与中华传统文化之间的关系，也只有在马克思主义与中华传统文化实际地已经会通与融合之后才成为可能。但是，马克思带有哲学反思意味的“从后思索”与传统认识论意义

---

① 黑格尔．小逻辑．贺麟，译．北京：商务印书馆，1996：7.

② 马克思，恩格斯．马克思恩格斯文集：第5卷．北京：人民出版社，2009：93.

③ 马克思，恩格斯．马克思恩格斯选集：第2卷．3版．北京：人民出版社，2012：705.

上“从后证明”却有着本质的区别。前者是把“完成的结果”作为前提，通过辩证法构建面向未来的“对话”，追求的是一种意义的建构和生成。后者则是把“完成的结果”作为结论，向前追溯使这种结论成为可能的原因和根据。具体到马克思主义与中华传统文化的关系而言，前者并不纠缠于经验证据或考据学意义上的联系，而是以反思的姿态进入二者之间的“对话”中，通过自身的参与“激活”彼此之间意义阐发的契机，带有明显的哲学解释学的味道；后者则立足于发生学立场，特别重视考据功夫，力图通过实证的方法挖掘出二者的相似和关联之处，并以此作为历史事实出现的根据，带有知识论意义上的反推证明的色彩。

当前学术界在阐述马克思主义与中华传统文化之间的关系时，在方法论上多选择后者，而对前者有意无意地进行了规避。这不仅在一定程度上遮蔽了马克思主义学说中所蕴含的超验视野，而且使得马克思主义和中华传统文化仍处于“隔空对话”“自言自语”的状态。这是因为，一旦马克思主义和中华传统文化被外在地置于对象性的规定中，二者之间的关系只能是马克思所比喻的“袋中的马铃薯”，仅是机械、牵强的“形似”，而没有精神气质方面的“神似”。正如包心鉴先生所指出的：“当前，学术界在论及马克思主义与中国传统化相结合的问题时存在着两种倾向：一是用马克思主义的基本概念、原理去改造中国传统文化。二是为马克思主义披上民族外衣，从中国传统文化中寻找与马克思主义类似的概念，进而用中国人的‘话语’‘概念’‘范畴’去解读马克思主义学说。这两种倾向都存在简单僵化、牵强附会的问题。”[①] 在笔者看来，之所以出现这两种倾向，归根到底就在于实证视野和经验立场所固有的局限性。实际上，从发生学的立场出发，我们似乎找不到这两种文化资源在近代以前彼此发生实际影响的“铁证”。中央编译局编译的《马克思恩格斯论中国》一书收录了马克思、恩格斯论及中国的 18 篇文章和部分摘录。从其中的内容不难看出，马克思、恩格斯在当时关注中国，在很大程度上源于欧洲列强针对中国发动的两次鸦片战争，而不是在中华传统文化中找到了与自己的学说相近的“兴奋点”。相反，当时的中国在马克思眼中多是以愚昧落后的面目出现的。马克思之所以在《鸦片贸易史》中将当时的中国人称为“半野蛮人”，把当时的中国称为“陈腐世界”，主要是因为时代和地域的局限而造成的对中国的不了解，但也有可能是沉潜在他文化潜意识中的“西方中心主义”在作祟。“如果亚洲的社会状态没有一个根本的革命，人类能不能实现自己的使命？如果不能，那么，英国不管犯下多少罪行，它造成这个革命毕竟是充当了历史的不自觉的工具。”[②] 在这里，马克思对东方社会和西方社会做了“落后”和“进步”的划分，颇具有历史进化论的味道。“工业较发达的国家向工业较不发达的国家所显示的，只是后者未来的景象。”[③] 如此一来，《共产党宣言》中所说的“使东方从属于西

① 包心鉴．马克思主义与中国传统文化内在精神的融通．光明日报，2009－11－21.

② 马克思，恩格斯．马克思恩格斯文集：第 2 卷．北京：人民出版社，2009：683.

③ 马克思，恩格斯．马克思恩格斯文集：第 5 卷．北京：人民出版社，2009：8.

方”就不难理解了。由此，我们丝毫看不出中华传统文化在马克思思想创建过程中的贡献，也看不到马克思本人对中华传统文化的赞许。如此一来，那种给马克思披上民族外衣的观点不仅牵强，而且有失学术的严肃了。

显而易见，马克思主义与中华传统文化的实际性接触是在近代开始的。李泽厚曾言：“马克思主义输入中国后，中国传统意识形态才发生了迅速的改变。但是，为什么马克思主义会这样迅速和真挚地首先被中国知识分子而后为广大人民所接受所信仰？这便是一个值得思考的问题。”① 实际上，李泽厚之所以能够以反思的姿态提出这个问题，恰恰是因为他已经与马克思主义最初传入中国的那段历史拉开了一定的距离。正所谓“旁观者清，当局者迷”。那么，近代的知识分子最初接受马克思主义是出于什么样的期待视野呢？对此，我们可以在早期中国共产党人对马克思主义的介绍中看出端倪。李大钊在《我的马克思主义观》中如是说：“马氏社会主义的理论，可大别为三部：一为关于过去的理论，就是他的历史论，也称社会组织进化论；二为关于现在的理论，就是他的经济论，也称资本主义的经济论；三为关于将来的理论，就是他的政策论，也称社会主义运动论。”② 其中，“阶级竞争说恰如一条金线，把这三大原理从根本上联络起来”③。在这里，吸引李大钊“眼球”的显然是马克思主义关于阶级斗争

---

① 李泽厚．中国古代思想史论．北京：人民出版社，1985：315.

② 李大钊．李大钊选集．北京：人民出版社，1959：176.

③ 同②177.

的理论。毛泽东也说："十月革命一声炮响，给我们送来了马克思列宁主义。"① 不难看出，在马克思主义理论体系中，阶级斗争学说之所以优先进入中国近代知识分子和早期共产党人的期待视野，是由近代中国社会的革命主题先行决定的，而不是因为马克思主义与中华文化的内在契合而由广大人民进行的自觉选择。正如马克思所说的："理论在一个国家实现的程度，总是决定于理论满足这个国家的需要的程度。"② 对此，莫里斯·迈纳斯的评价是中肯的："中国人选择共产主义首先是在政治上致力于马列主义革命运动，过了很久以后，才在思想上接受马克思主义。"③

今之学者在处理马克思主义与中华传统文化的关系时，多从马克思主义中国化的成功这一既定的历史事实出发，反推证明马克思主义与中华传统文化在价值追求上存在着某些"契合点"，并努力去寻找这些"契合点"，以此在文化层面认定中国社会接受马克思主义是历史的必然。笔者认为，这种做法很值得商榷。这是因为，即使存在着所谓的"契合点"，也未必能构成中国自觉接受马克思主义的内在理由。比如，有学者认为，正是因为马克思主义理论中的共产主义社会理想与中国传统儒家思想中的"大同"理想有共通之处，才使得中国人在接受马克思主义的过

① 毛泽东．毛泽东选集：第 4 卷．2 版．北京：人民出版社，1991：1471.

② 马克思，恩格斯．马克思恩格斯文集：第 1 卷．北京：人民出版社，2009：12.

③ 迈纳斯．马克思主义、毛泽东主义与乌托邦主义．张宁，陈铭康，译．北京：中国人民大学出版社，2005：44.

程中产生了强烈的文化共鸣，从而消除了文化上的陌生和隔阂。[1] 对此，我们不禁要问：近代的知识分子难道是对马克思主义和中华传统文化进行了一番比较之后才自觉地选择了马克思主义的吗？事实上恰恰相反，近代的知识分子正是对中华传统文化失去信心，才借助包括马克思主义在内的“西学”来变革当时的中国社会的。既然如此，又何谈存在经验层面的“契合点”呢？

2. 马克思主义与中华传统文化应该“相互理解”

在马克思主义与中华传统文化关系的研究方面，如果我们仅仅停留于二者“契合点”的探究和挖掘上，仅仅满足于对这一跨文化交流事件的“正确解释”，就难免会陷入“事后诸葛亮”的尴尬境地。这种尴尬的出现，并不是因为在细枝末节上出现了问题，而是因为在观照视野和方法论上出现了错位。方法论的选择之所以如此重要，是因为“客体和方法永远不可能分离”，“方法已经限定了什么是我们将要看到的。它已经告诉我们什么是客体的客体”[2]。正是在这个意义上，恩格斯说：“马克思的整个世界观不是教义，而是方法。它提供的不是现成的教条，而是进一步

① 尹占文．中国人为什么接受马克思主义：发生学的再思考．当代世界与社会主义，2014（3）．

② 帕尔默．诠释学．潘德荣，译．北京：商务印书馆，2014：38.

研究的出发点和供这种研究使用的方法。”① 科西克更是富有洞见地指出：“（马克思主义——引者注）通过方法论的探究，实在本身被改变了；方法论被本体论化了。”② 熊伟先生在介绍“现象学”时也表达过同样的观点：“现象学要做的事不是要认识现成的现象，而是要研究无论如何让无论是什么的认识对象出现在当前，要现象出来，成为我们感性的眼睛或智慧的眼睛的对象。”③ 当前，马克思主义与现象学之间关系的研究在西方学界已经成为“显学”，这似乎不是偶然的，因为二者的运思思路使得二者在根本处得以“神交”，都强调了“理解方式”对于“理解对象”的建构作用。

因此，在马克思主义与中华传统文化之间构建富有张力的对话，就需要重新回归马克思“从后思索”的方法论。实际上，马克思的世界观和方法论正是在批判实在论的基础上发展起来的，因而总是表现为对实在论和知识论的超越。在《关于费尔巴哈提纲》这个“包含着新世界观的天才萌芽的第一个文件”中，马克思就说：“哲学家们只是用不同的方式解释世界，问题在于改变世界。”④ 所谓的“解释世界”所秉持的正是一种实在论立场。从这一视野对事物进行观照，只能满足于在知识论意义上确立对

---

① 马克思，恩格斯．马克思恩格斯选集：第4卷．3版．北京：人民出版社，2012：664.

② 科西克．具体的辩证法：关于人与世界问题的研究．北京：社会科学文献出版社，1989：编者序．

③ 熊伟．自由的真谛：熊伟文选．北京：中央编译出版社，1997：166.

④ 马克思，恩格斯．马克思恩格斯文集：第1卷．北京：人民出版社，2009：502.

存在的事物的正确解释。而马克思的“新唯物主义”“新世界观”之“新”，正是因为采取了“当作实践去理解”“从主体方面去理解”的全新审视视野。在“直观”中达成的“解释”和在“实践”中实现的“理解”是两种完全不同的与世界打交道的方式。前者是经验的实证立场，要求人置身于事外，采取旁观、不干预的姿态，以说明、描述的方式对实在的世界予以确认。后者则需要人实践地扬弃现存世界，并在扬弃过程中实现对现存世界的超越性“领会”。显然，前者的方法论选择，正是自然科学研究所要求的。在自然科学研究中，主体与客体必须保持足够的距离，否则，知识的客观性就难以保证。可以说，实在论和“科学的”视角之间存在着天然的亲缘关系。正如梅洛-庞蒂所说的：“科学操纵事物，并且拒绝栖息其中。”① 而后者的方法论选择，更多地表现出“反身内求”的特点，其不但不预设主客体的外在分离，反而要求二者打成一片，在“使现实的世界革命化”的过程中实现意义的能动建构和生成。

马克思关于两种视野的甄别，在于他对“自然史”和“人类史”的自觉划分。“从后思索”是立足于“人类的社会和社会的人类”的，而“全部社会生活在本质上是实践的”②。正是在这个意义上，马克思引用维柯的话说：“人类史同自然史的区别在于，人类史是我们自己创造的，而自然史不是我们自己创造的。”③

---

① 梅洛-庞蒂．眼与心．杨大春，译．北京：商务印书馆，2007：30.

② 马克思，恩格斯．马克思恩格斯文集：第1卷．北京：人民出版社，2009：501.

③ 马克思，恩格斯．马克思恩格斯文集：第5卷．北京：人民出版社，2009：429.

对于自然史，我们需要的是正确的解释，以便对实然世界进行说明。这正是维特根斯坦意义上“世界是怎样的问题”。但人类史是依靠人的参与才创造出来的，是人置身于事外无法解释的，而必须把人们“既当成他们本身的历史剧的剧作者又当成剧中人物”① 才能得到理解。“剧作者”和“剧中人物”双重角色的纠缠，决定了人类史只能依靠人以投入其中的方式去理解。固执地认为一种学说、一个文本、一个跨文化交流事件存在一种“原本的真实”，只能是马克思所批判的“一个纯粹思辨哲学的问题”。从一定意义上讲，一切原教旨主义无不与这种致思取向相关。

正因为此，跨文化交流唯有被“当作实践去理解”才是富有建设性的。也唯有“当作实践去理解”，所谓的跨文化交流才可能发生。比如，翻译作为跨文化交流的奠基性工作，绝不是将一种“真实”从一个语言系统简单地搬到另外一个语言系统，更不是寻找同义词的单纯的机械性事件（若是如此，翻译将是何等简单的一项工作!），它协调的其实是两个世界。在翻译过程中，所谓的“误读”不仅被容忍，还是翻译之所以可能的前提。这是因为，唯有“误读”，语言背后的两个世界才能在彼此扬弃的层面上得以融合。佛教刚传入中国时，当时的知识分子面对这个与自家文化迥然相异的思想体系，采取了以“无”解“空”的方式进行“格义”。从实证的角度看，“格义”显然是“失真”的，但这种“失真”却为佛教的中国化成果——禅宗的出现做了思想上的

① 马克思，恩格斯．马克思恩格斯选集：第1卷．3版．北京：人民出版社，2012：227.

准备。同样，马克思主义在中国传播的历史难道不是一部不断被“误读”的历史吗？最起码，在实证的经验层面，让马克思主义“说中国的话”“办中国的事”，就已经是“误读”了。“说中国的话”必然要经过中华传统文化的“内翻译”，“办中国的事”则需要立足于中国社会的实践需要。但是，这二者恰恰促进了马克思主义在中国的“实现”。

3. 马克思主义与中华传统文化需要“彼此实现”

明晓了跨文化交流事件研究的方法论原则和审视视野，就需要我们将马克思“从后思索”的运思方式自觉地融入马克思主义与中华传统文化的研究中去，而不是简单地重申这个抽象性原则。实际上，一种运思方式是无法被外在地直观到的，它只能在具体的运思过程中显示出来。在这方面，马克思给我们做了很好的榜样，因为马克思的作品从来就没有展现一条道路供作为读者的“你”去“看”，而仅仅是引领“你”进入运思状态，即让“你”在思想上“上路”[①]。正如马克思所说：“哲学的实现同时也就是它的丧失。”[②] 今天，若我们总是以一个旁观者的姿态一遍遍地宣布“运用马克思主义的立场观点方法分析现实问题”这句话，而不是实际地进入“分析现实问题”中去，马克思主义实

① 何中华．重读马克思：一种哲学观的当代诠释．北京：人民出版社，2009：3.

② 马克思，恩格斯．马克思恩格斯全集：第40卷．北京：人民出版社，1982：258.

际上并没有“丧失”，当然它也没有“实现”。同样，马克思主义与中华传统文化唯有在对方中彼此“丧失”，才会有在对方中的“实现”。在笔者看来，马克思主义与中华传统文化的对话可以在以下两个方面展开：

（1）马克思主义与中华传统文化都表现出了对实在论倾向的超越。

如前所述，马克思对旧唯物主义批判的着眼点正是其所信奉的实在论立场和自然思维态度。这种思维态度，不仅将主客体的二元划分视为不需要清算和审查的前提加以接受，而且将主客体在直观中的“符合”视为真理，从而把哲学贬低为了科学的“婢女”。马克思“实践的唯物主义”观点的提出，不仅确立了实践在自己“新世界观”中的本体论地位，还提出了“新唯物主义”的方法论原则，即以（实践地）投入的方式去领会、理解的运思方式。

反观中华传统文化，其表现出的致思取向与马克思主义可以说有异曲同工之妙。中华文化所追求的“天人合一”“体用不二”“内外兼修”，正是源于那种“反身内求”的致思取向。这里的“天”“外”不像西方的“上帝”那样悬在半空，成为超验的形而上学设定的对象，而是唯有通过人之“切身”方能领悟的境界，即由“人”知“天”、由“内”知“外”。“诚者，天之道也，思诚者，人之道也。”（《孟子·离娄上》）“人能弘道”，而“道”永远也不会“远人”。在这里，中华文化同马克思主义一样，都自觉地排斥了外在地追问“道是什么”的认识论倾向，拒绝了“人不在场”的实在论立场，而主张一种内在超越的领会方式。在《庄子·知北游》中，东郭子向庄子请教“道”到底存在于什么地方。这种提问方式本身就是一种认识论的视野和实在论的立场。庄子不愿意回答，只说“道”无处不在。东郭子不解，继续追问，庄子只好极端地说，道“在屎溺”，希望以此诱导东郭子开悟。《道德经》开门见山就言：“道可道，非常道；名可名，非常名。”“道”一旦变得可以言说，就已经被预设为与人无涉的外在之物了。这种外在之物，无论如何去规定、去认识、去言说，都无法“当作实践去理解”。因此，老子从来不说“道是什么”，而总是说“道像什么”。“是”和“像”虽一字之差，却有着本质的不同。前者是认识论的视角，后者则是存在论的立场。翻开《论语》，这种境域化的领会方式更是扑面而来。比如，孔子对鬼神的态度。“子不语怪、力、怪、神。”（《论语·述而》）“季路问事鬼神。子曰：‘未能事人，焉能事鬼？’”（《论语·先进》）由此，很多人认为孔子对鬼神是“存而不论”的，即承认鬼神存在，但从不谈论。但是，我们注意到，孔子又特别重视面向鬼神的祭祀。所谓的“周礼”，正是祭祀之礼。这一点令人感到颇为疑惑：孔子到底是否相信鬼神的存在？他是仅仅承认鬼神存在，还是相信鬼神的保佑和赐福？其实，这种非黑即白的认知思路，是无法进入孔子的实践境域的，因为在孔子那里，鬼神根本就不是认知的对象，其意义不在别处，就在你虔诚地祭祀鬼神的过程中。“祭如在，祭神如神在。”（《论语·八佾》）离开了祭祀这一具体的实践活动，离开了在这一具体实践活动中生发的切身感受，空泛地谈论鬼神就没有任何意义。正如朱熹对这句话的解释："非诚敬足以事人，则必不能事鬼，幽明始终，初无二理。"（《四书章句集注》）这个注解可谓一语中的。人世间的事情，你如果不诚不敬，可能还能蒙混过关。可是，对待鬼神，如果你不以虔诚的态度去投向他，就什么也没有。正是在这个意义上，朱熹引二程的话说："人多信鬼神，惑也；而不信者又不能敬，能敬能远，可谓知矣。"（《论语集注·雍也》）

正是这种将实践境域化的运思方式，使得孔子很少外在地谈论他认为最重要的事情。难怪子贡慨叹说："夫子之文章，可得而闻也。夫子之言性与天道，不可得而闻也。"（《论语·公冶长》）确实如此，老师写的文章，可以现成地拿来学习讨论，可是，老师言必称的"性"和"天道"，却是听不到的，也学不来的。就此，一些学生很不满意，总认为老师在故弄玄虚，有意向他们隐瞒了一些什么。但孔子却说："二三子以我为隐乎？吾无隐乎尔。"（《论语·述而》）既然没有隐瞒，为什么不说呢？这听起来好像是笑话，但道理却是极为深刻："性""命""天道"绝不是外在认识的对象，一旦脱离了人的实践境域，它们就是一片虚无。正如马克思所说："被抽象地理解的，自为的，被确定为与人分隔开来的自然界，对人来说也是无。"[①] 同样，孔子虽然把"性""天道"视为人之在世的根本，但却从来不去"直言"。

① 马克思，恩格斯．马克思恩格斯文集：第1卷．北京：人民出版社，2009：220.

那么，领会“天”的契机和机缘在哪里呢？就在地下，就在实践和人事中。“子曰：‘予欲无言。’子贡曰：‘子如不言，则小子何述焉？’子曰：‘天何言哉？四时行焉，百物生焉，天何言哉？’”（《论语·阳货》）天什么时候说过话呢？四时运行，百物生长，里面已经有“天机”了，又何必四处寻觅？天之几微，不离世间；而世间之事，天又参与构建。这种天与人、天命和人事的纠缠，使得我们的文化虽没有宗教的特质但仍然有着强烈而自觉的超越情怀。中华文化绵延五千年而薪火相传，原因大概也在于此吧！

（2）马克思主义与中华传统文化在内在品格上都注重实践过程中的意义生成。

在马克思的思想体系中，历史观与方法论犹如一枚硬币的两面，内在地镶嵌于“实践”范畴中。“作为实践去理解”不仅为我们提供了重要的方法论原则，还深刻地揭示出人类历史特有的展开方式，即实践地生成。“对实践的唯物主义者即共产主义者来说，全部问题都在于使现存世界革命化，实际地反对并改变现存的事物。”[①] 也正是在这种“改造世界”的过程中，人有了自己的历史。“人们之所以有历史，是因为他们必须生产自己的生命。”[②] 人类史之所以不同于自然史，正是因为人的历史是依靠

① 马克思，恩格斯．马克思恩格斯文集：第1卷．北京：人民出版社，2009：527.

② 同①533.

人的实践生成的，而不是预成的。实践在本性上的这种“生产”性，决定了辩证法必然是专属于人的。而且，“辩证法不崇拜任何东西，按其本质来说，它是批判的和革命的”①。在具体展开形式上，辩证法就是“对每一种既成的形式都是从不断的运动中，因而也是从它的暂时性方面去理解”②。正因为此，马克思把一切脱离实践的抽象的原则、规律都视为辩证法的反面。正如他所说：“人的思维是否具有客观的真理性，这不是一个理论的问题，而是一个实践的问题。……关于思维——离开实践的思维——的现实性或非现实性的争论，是一个纯粹经院哲学的问题。”③

立足于实践的生成本性，我们又一次看到了马克思主义与中华传统文化得以“对话”的契机。中华传统文化虽然没有像马克思主义学说那样立足于“实践”构建了宏大的历史叙事，却对实践开启的生成境域保持了足够的敏感。这一点突出表现在中华传统文化对于语言抽象性和知识教条化的提防上。从哲学上考察，知识本就来自基于实践的个体经验，却依靠语言获得了公共性，从而能够复制、分享和传递。但是，知识在显示其优越性的同时也暴露出了自身的致命弱点，即在语言的外衣下抽掉了鲜活的主观体验而丧失了实践所生成的“现场感”。而没有了“现场感”

①② 马克思，恩格斯．马克思恩格斯选集：第2卷．3版．北京：人民出版社，2012：94.

③ 马克思，恩格斯．马克思恩格斯文集：第1卷．北京：人民出版社，2009：500.

的信息和知识总会面临一种危险：要么可能沦为僵化而空洞的教条，要么可能成为无关痛痒的说教。一旦迷恋书本和知识，死读书，读死书，所铸造的只能是“离开实践的思维”，从而陷入教条主义和本本主义不能自拔。孔子对语言也保持着高度的警惕。他一生“述而不作”，仅是笔削了春秋，却慨叹说：“知我者，其惟《春秋》乎！罪我者，其惟《春秋》乎！”（《孟子·滕文公下》）他一生推行“德性”，但又担心“修德”会蜕变成对道德知识的简单学习，变成一种与自己无关的“为人”之学，因此才强调“时中”和“中庸”。“君子之中庸也，君子而时中；小人之中庸也，小人而无忌惮也。”（《中庸》）朱熹注释说：“盖中无定体，随时而在，是乃平常之理也。”（《中庸章句集注》）即是说，“中庸”，是因“时”而“中”的，而非骑墙、折中，所以只能“当作实践”才能得到理解。当司马牛向孔子讨教什么是“仁”时，孔子说：“仁者，其言也讱。”（《论语·颜渊》）意思是说，要想说出什么是“仁”，无异于在刀刃上行走，太艰难了。但是，认识到这种困难并不是坏事，因为你一旦体验到“时中”的艰难，就会有一种危机感。而这种危机感又会让你在行为上谨小慎微、如履薄冰，相时顺势，避免犯形而上学的错误。

如果说警惕“语言”和“知识”在于强调实践生成性的否定方面，那么，迷恋实践开启的“艺”境则是中华文化强调实践生成性的肯定方面。在中国古代，“艺”总是表现为“技”，而“技”总是实践性的。也正是因为其实践性的特征，“技”才有着向“艺”转化和升华的可能。“技”是有明显的外在实际用途的。比如，《庄子·养生主》中的庖丁，他完成“解牛”这项工作需要的即是“技”。但是，他一旦不再关心如何能将“解牛”这个技术活完成好，而是看重怎样才能达到“以无厚入有间”“游刃有余”的水平，甚至在节奏上也要产生“合于《桑林》之舞，乃中《经首》之会”的美感时，“技”就完成了向“艺”的转化。而要做到这一点，就必须抛弃功利心态，保持住技术运作中的灵性，“以神遇而不以目视，官知止而神欲行”。否则，“目无全牛”，仅把牛看作一个待屠宰的对象，永远也不可能达到“艺”的境界。正是在这个意义上，庖丁说：“臣之所好者，道也，进乎技矣。”还有欧阳修笔下的卖油翁，他不仅要完成滴油这么一项工作，还要把铜钱盖在葫芦口上，让油从钱孔中滴过去而不沾湿铜钱。前者是实现功利用途的“技”，后者则是自己陶醉于其中的“艺”。可见，古代意义上的“艺”以超越功利性为前提，兼有两个特点：一个是实践性，一个是境域化。所谓实践性，即对“技艺”而言，人必须以身临其境的姿态投身于其中加以领会，而不能外在地观摩和打量。正如游泳，如果你不下水去试，无论你以旁观者的姿态了解了多少关于游泳的专业知识，你就无法掌握游泳这项技能。要想学会游泳，必须亲自下水，现场体验，别无他途。孔子说：“吾少也贱，故多能鄙事。”又说：“吾不试，故艺。”（《论语·子罕》）他一生对“艺”身体力行，正是强调“艺”的实践性。所谓境域化，则是指“艺”开启了一个非现成、在当下永远保持鲜活的原发创生的态势，有着鲜明的游戏特征。游戏（包括当今社会的电子游戏）之所以令人着迷、引人入境，正是因为游戏开启的境域不是现成的，也不是预成的，而是不断生成和变换的。正如“丸之走盘”，“横斜圆直，计于临时，不可尽知”（杜牧《注孙子序》）。游戏者在游戏过程中既没有具体的规则和套路可以遵循，也没有现成的知识和经验可以利用，而只能依局势的变换、转换而有所选择和决断，讲究的是“运用之妙，存乎一心”，追求的是“出神入化”“炉火纯青”。从这个意义上讲，游戏只能“玩”；而也只有“玩”，才是游戏的最高境界。正因为此，中华文化把实践所开启的最高境界，总是称之为“艺术”，而不是“科学”。比如，领导艺术、军事艺术、管理艺术……中华文化之所以把我们这个文明国度打造成了一个“诗意”的王国，大抵与此相关。

从以上两个可以称之为“形式指引”的方面看，在马克思主义与中华传统文化关系研究的过程中，我们必须摆脱掉关于二者的那些标签式定位，既不能满足于二者的表面相关性，更不能机会主义地寻找所谓的“第三条道路”，而应立足于马克思主义所特有的立足于实践的运思方式，寻找到促使二者彼此阐释的恰当契机。在笔者看来，实践境域的开启，正是马克思主义所要求的分析跨文化交流的重要方法论原则。而实践境域的交融，正是马克思主义与中华传统文化得以会通的契机。这也正是发展 21 世纪马克思主义和推动中华传统文化创新必须立足于中国特色社会主义伟大实践的深层学理根据。正如伯恩哈特·瓦登菲尔斯在《现象学与马克思主义》一书的前言中所说的：“一种不把日常实践作为其旨归的马克思主义是无法持续地对拜物教的范畴和建制进行严肃批判的，它在马克思主义的创建者及其门徒的眼中将只是一种琐碎的活计。”①

① 牟春，解建峰．分殊世界，共同关切：现象学与马克思主义对话的广阔视野．当代国外马克思主义评论，2011（1）．